细说史记三千年·秦史之谜

王嗣敏 著

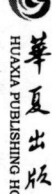
华夏出版社
HUAXIA PUBLISHING HOUSE

图书在版编目（CIP）数据

细说史记三千年．秦史之谜／王嗣敏著．--北京：华夏出版社有限公司，2022.7

ISBN 978-7-5222-0214-3

Ⅰ．①细… Ⅱ．①王… Ⅲ．①中国历史－古代史－纪传体 ②《史记》－通俗读物 Ⅳ．① K204.2-49

中国版本图书馆 CIP 数据核字（2021）第 238134 号

细说史记三千年·秦史之谜

著　　者	王嗣敏
责任编辑	张　平
出版发行	华夏出版社有限公司
经　　销	新华书店
印　　刷	三河市少明印务有限公司
装　　订	三河市少明印务有限公司
版　　次	2022 年 7 月北京第 1 版 2022 年 7 月北京第 1 次印刷
开　　本	890mm×1280mm 1/32
印　　张	10.625
字　　数	253 千字
定　　价	69.00 元

华夏出版社有限公司　地址：北京市东直门外香河园北里 4 号　邮编：100028
网址：www.hxph.com.cn　　电话：（010）64618981
若发现本版图书有印装质量问题，请与我社营销中心联系调换。

/ 目 录 /

秦史之谜

第 一 章 / 道神话追本溯源　秦襄公崭露头角 / 003
第 二 章 / 秦穆公尊贤重士　百里奚饲牛拜相 / 008
第 三 章 / 为利益上下其手　图霸业左右开弓 / 016
第 四 章 / 几何时秦晋之好　崤之战反目成仇 / 024
第 五 章 / 思图强孝公纳士　用霸术商鞅变法 / 038
第 六 章 / 是与非庭上争锋　小见大徙木立信 / 044
第 七 章 / 推垦草试点改革　抓三农树立国本 / 052
第 八 章 / 农战策环环相扣　军功爵等级森严 / 065
第 九 章 / 计首功人屠杀敌　倡公斗全民皆兵 / 083
第 十 章 / 执法平壹罚壹赏　壹教行党同伐异 / 091
第十一章 / 株连制行于军法　抱成团敢死同生 / 102

第十二章 /	虎狼师利益驱动	荀子论天下无敌	/ 109
第十三章 /	秦密档重现天日	郡县制一插到底	/ 116
第十四章 /	度量衡参差不齐	两诏版秦皇意决	/ 125
第十五章 /	以军法代行宪法	废肉刑缇萦救父	/ 134
第十六章 /	除非死税赋必缴	只要活定受盘剥	/ 144
第十七章 /	户口制大行其道	兵徭役无处遁逃	/ 153
第十八章 /	隶臣妾死而后已	看经济一叶知秋	/ 162
第十九章 /	帝王术惊心触目	商君书惊世骇俗	/ 175
第廿章 /	在秦国罚多奖少	做官吏实属不易	/ 187
第廿一章 /	执军刀刑治天下	细节处有法可依	/ 193
第廿二章 /	定标准匠人精作	考其诚物勒工名	/ 200
第廿三章 /	铁血相趁火打劫	得意人作茧自缚	/ 210
第廿四章 /	秦商鞅死得其所	不废法继往开来	/ 216
第廿五章 /	论功罪各抒己见	察得失垂鉴后世	/ 221
第廿六章 /	吕不韦机关算尽	庄襄王枯木逢春	/ 230
第廿七章 /	淫太后红杏出墙	秦始皇韬光养晦	/ 237
第廿八章 /	十二年相国勤勉	八岁前嬴政凄苦	/ 241
第廿九章 /	左手钱右手横刀	十年间诸侯束手	/ 247
第卅章 /	霸天下功首罪魁	焚诗书文化遭劫	/ 254
第卅一章 /	建阿房大兴土木	行苛政岌岌危矣	/ 263
第卅二章 /	想求仙接连被骗	秦皇死鲍鱼随车	/ 268
第卅三章 /	不孝子阴谋夺权	创业难守业更难	/ 273
第卅四章 /	人不人婢学夫人	鬼不鬼大开杀戒	/ 276
第卅五章 /	奸赵高指鹿为马	昏胡亥黔驴技穷	/ 282

第卅六章 /	成功易终功不易	秦帝国轰然崩塌	/ 286
第卅七章 /	迎客卿有容乃大	不择流海纳百川	/ 290
第卅八章 /	魄力大用人不疑	频失策叶公好龙	/ 298
第卅九章 /	重实用真龙入秦	尚空谈坐以待毙	/ 306
第 卌 章 /	冠带剑秦王掌权	清障碍拳打脚踢	/ 313
第卌一章 /	秦嬴政敲山震虎	谏逐客始皇一统	/ 319
第卌二章 /	读秦史书生着迷	看战略价值无双	/ 323

秦史之谜

千里之行、始于足下。六百年，嬴氏小变大。非子养马、襄公立国、穆公西拓、献公变法。秦昭王雄才大略，北并义渠、南建巴蜀、东出函谷，帝业之基已成。秦王政十年之间，灭韩、败赵、追燕、击魏、溃楚、降齐。自认功盖三皇德兼五帝，非秦始皇名号，无以称成功。

为山九仞、功亏一篑。十五载，帝业转头空。中央集权、设立郡县、明法定律、统一标准。始皇帝耗尽民力，平定百越、开凿灵渠、北伐匈奴，万里长城在建。秦王朝疆域之内，尊法、排儒、焚书、征税、修坟、开路。不信刚柔并济文武之道，给汉高祖奠基，谁是大赢家？

嗣敏试对《秦史之谜》

第一章　道神话追本溯源　秦襄公崭露头角

　　任何事物的发展都不是凭空出世的，都是有历史传承的，中国历史上第一任皇帝秦始皇的诞生也离不开他祖先几百年的苦心经营，秦国能在弱肉强食的时代脱颖而出，完成统一大业，绝非偶然。对我们来说，秦国是一个谜一样的国度，秦人是怎样在西北高原迅速崛起的呢？秦朝的历史功绩和现实影响力究竟在哪里呢？翻开尘封的历史，我们还能找到它那历久弥新的魅力吗？本书是《史记》之《秦本纪》《秦始皇本纪》《商君列传》《吕不韦列传》的合传。

　　要想说清秦国的历史，我们先要从神话传说说起。我们在本系列丛书之《霸主之路》中介绍三皇五帝时提到，五帝指黄帝、颛顼（Zhuān xū）、帝喾（Kù）、尧、舜。其中颛顼是黄帝的孙子，他有一个孙女叫女修，有一天，她正在织布，有一只玄鸟掉落了一个蛋，她吞下去以后，就生下了儿子大业。至于这玄鸟究竟是一种什么样的鸟，也没有最后的定论，一说是燕子，一说是凤凰。

秦史之谜

◎ 秦国及秦朝名片

中文名称	秦国（前771—前221）；秦朝（前221—前206）
简称	秦
主要民族	华夏族
首都	咸阳
疆域	东、南皆至海，西南到今云南、广西和越南北部，北及今内蒙古阴山山脉，东北有朝鲜半岛西北部
郡的数量	三十六郡说、四十一郡说、四十八郡说。这有历史演变过程
三十六郡说	《史记·秦始皇本纪》中记载，"秦王政二十六年，初并天下为三十六郡"，但没有列举具体名字，《汉书·地理志》中的这个说法依然有争议，今依此说。其中列举的郡名有：河东郡、太原郡、上党郡、三川郡、东郡、颍川郡、南阳郡、南郡、九江郡、泗水郡、巨鹿郡、齐郡、琅邪郡、会稽郡、汉中郡、巴郡、蜀郡、陇西郡、北地郡、上郡、九原郡、云中郡、雁门郡、代郡、上谷郡、渔阳郡、右北平郡、辽西郡、辽东郡、南海郡、桂林郡、象郡、邯郸郡、砀郡、薛郡、长沙郡，以京师（咸阳为直辖市）为内史，不在36郡内
官方口语	陕西话
官方文字	小篆
通行文字	秦隶（《睡虎地秦墓竹简》均为墨书秦隶）
货币	秦半两
名人	秦穆公、百里奚、秦孝公、商鞅、秦昭王、范雎、白起、秦王嬴政、吕不韦、李斯、王翦
法律体系	商君法
道路通行	秦驰道、秦直道
中央政治体制	皇帝制度、三公九卿制度、中央集权制度
地方政治体制	郡县制度
社会升迁体制	军功授爵制度
管理理念	罢黜百家，独尊法术
历史贡献	统一六国、统一文字、统一度量衡、统一货币、统一法律
历史败点	以法（刑）治国、严刑峻法、焚书坑儒、穷兵黩武、不恤民力
知识产权	万里长城、兵马俑、秦始皇陵、政治体制、匠人精神、客卿制度

第一章　道神话追本溯源　秦襄公崭露头角

大业娶了当时少典部落的女华为妻,生了一个儿子叫大费,大费生活的时代是大舜时期。在大禹治水的时候,大费辅佐大禹立下了功劳,当舜帝赏赐大禹的时候,大禹说:"我之所以能成功,大费作为助手功不可没。"舜帝对大费说:"大费,是你辅助大禹治水成功的,我赏赐给你有黑色悬垂饰物的旌旗,你的后代会因此而繁荣昌盛。"又把一个姚姓的女子嫁给他为妻,大费行礼接受了。后来大费辅佐舜帝驯服饲养鸟兽,并取得了成绩,所以大费也叫柏翳,被赐姓嬴。秦人是马背上的民族,所以,推测他们的祖先是掌管鸟兽的官员是合理的。嬴姓是从大费开始的。

从大费开始经过了十多代,这时中国正处于商王朝时期。因为嬴氏族人每一代都有人立过大功,所以他们在商朝逐渐显贵,一直传到蜚廉。蜚廉有两个儿子,一个叫季胜,一个叫恶来,其中季胜的曾孙造父是给周穆王赶马的(这时商朝已被周朝替代)。因为造父善于驾车,所以他得到了周穆王的宠幸,他套上骥、温骊、骅骝等千里马,载着周穆王到西方巡回视察,使得穆王乐不思蜀,结果有一个叫徐偃王的在后方作乱。造父替穆王驾车,一路急驰,返回镐京,又一日千里地奔驰到东方平定叛乱。穆王就把赵城封给造父,造父一族从此就姓赵,这是百家姓中赵姓的源头。宋朝时编排百家姓的顺序是"赵钱孙李",这是因为皇帝姓赵。所以,若是按血统来说,秦与赵本是一家。这个赵就是"战国七雄"中的赵国。赵国一直是秦国的劲敌,赵人骁勇善战,和勇猛异常的秦人真是十分相像。

上面提到的几匹千里马一直是宝马良驹的代名词,大家若是读中国古典小说的话,会经常发现用这几种马指代宝马,而造父和周天子巡游的故事也是一个著名的中国古代神话传说。有一本书叫《穆天子传》,

其中就有这段故事。

蜚廉和另一个儿子恶来，都是商纣王的臣子，其中蜚廉善于奔跑，而恶来力大无穷。"恶来"这个名字后来常作为勇士的代名词。恶来在周武王伐纣时被杀，他这一支传到第六代时的子孙叫非子。非子是给周天子养马的，他非常喜欢马匹和其他牲畜，熟悉它们的脾性，所以能把牲畜调理得膘肥体壮。因为这项功劳，非子被封在秦地建立城邑，接续嬴氏的香火，称号为"秦嬴"。从此，秦人在今天陕西、甘肃一带的草原繁衍生息，这也是秦王朝的雏形。

从非子开始，经过秦侯、公伯、秦仲、秦庄公几代，传到了秦襄公，这时周朝发生了一件影响国家命运的大事，就是"周幽王烽火戏诸侯（笔者在本系列丛书之《霸主之路》中已说过，这在技术上不太可能，姑且存此说）"。周幽王宠爱褒姒，把他和褒姒生的儿子伯服立为太子，整天沉迷酒色，朝政大乱，原配申后和原太子姬宜臼被废。周幽王为了博得美人一笑，竟然轻易点燃烽火。这烽火是周王朝有难、召集天下诸侯勤王的信号，结果诸侯王被戏弄一番，周王朝失去了公信力。申后的父亲、周幽王的老丈人申侯联合犬戎攻破镐京，周幽王被杀。

犬戎一进镐京就烧杀掳掠，申侯也控制不住。本来申侯以为犬戎得到珍宝后就会满意而归，谁知犬戎主把杀死周幽王当成了不世之功，人马盘踞京师，整天饮酒作乐，并没有退出镐京的意思。百姓归怨于申侯，申侯只好写密书三封，恳求诸侯勤王，其中一封就是给秦襄公的。秦襄公统率军队救援周朝，作战英勇，立下战功，把犬戎赶跑，周幽王的儿子、原太子宜臼登基，成为周平王。

因为犬戎已尝到甜头，所以隔三岔五就来骚扰，周平王无奈之下只能迁都洛阳。这标志着西周结束，东周时代开始，中国从此进入战火纷飞、人才辈出的春秋战国时代，而周天子也就成了牌位，只是在需要的时候才被摆到台面上来充当"政治花瓶"。在周平王东迁洛阳时，秦襄公又派兵护卫，得到了周平王的首肯，周平王正式封秦国为诸侯国。若是说秦国真正的形成，应该是从"襄公立国"开始的。

第二章　秦穆公尊贤重士　百里奚饲牛拜相

从秦襄公开始，历经文公、宁公、武公（*此时齐桓公称霸*）、德公、宣公、成公，传到了秦穆公，他是另一位影响秦国至深的君主，是"春秋五霸"之一。中国有一个成语叫"秦晋之好"，指春秋时秦、晋两国国君几代都互相通婚，结为姻缘，现在也指两姓联姻，这个开端就是从秦穆公开始的。秦穆公娶的是谁呢？娶的是晋献公的女儿、太子申生的姊妹。那么这个晋国又是怎么来的呢？大家还应该听说过一个成语"桐叶封弟"，说的是周武王的儿子周成王有一次和弟弟唐叔虞开玩笑，把桐树叶子削成"圭"（*权力的象征*）的形状送给他，说要用这个封他。周公马上请求封唐叔虞，成王说自己只是开玩笑，可周公说天子无戏言，要言出必行，于是周成王把叔虞封在黄河、汾河一带，也就是今天的山西一带，而秦国位于今天的陕西、甘肃一带，所以两国有这种互通姻亲的想法最正常不过了。这一点必须交代一下，因为春秋时秦、晋的政治与军事活动非常密切，不交代清楚，很多内容没法理解。

第二章　秦穆公尊贤重士　百里奚饲牛拜相

秦穆公四年，穆公迎娶晋献公的女儿为妻。在陪嫁的队伍中，有一个后来大名鼎鼎的人物叫百里奚，但当时他仅仅是晋献公女儿陪嫁的奴仆。一个栋梁之材怎么会沦落到这般田地了呢？原来，百里奚是虞国的臣子，虞国灭亡后，他也开始了颠沛流离的落魄生涯。这虞国又是什么来历呢？吴国的始祖吴太伯、其弟弟仲雍和周文王的父亲季历都是兄弟，他们的父亲看季历的儿子周文王比较聪明仁慈，就想把王位传给季历，再传给周文王，于是吴太伯和仲雍就逃到了长江中下游地区，而吴太伯后来就成了吴国的始祖。他死后因为无子，弟弟仲雍即位。仲雍的曾孙中有一个叫虞仲的在周朝建立以后被封为诸侯，封地是虞国，而另一个曾孙周章继续传承吴国的血脉，这就是吴王阖闾（lú）的祖先。虞国挨着虢（Guó）国，这两个国家又与晋国毗邻，"春秋五霸"之一晋文公的父亲（加这些定语，我不认为是累赘，主要是想通过一个耳熟能详的人把生僻的人物联系起来，让人能够真正读懂《史记》，理解成语典故的内涵）晋献公用名马、珠宝贿赂虞国国君，说要借道攻打虢国，达到目的后，回过头来就把虞国灭了。这就是"假道伐虢"。

有个成语"唇亡齿寒"就是从这个事件中提炼出来的。虞国大臣宫之奇劝谏时打比方来说明虞国与虢国唇齿相依的关系，可虞公不听。《古文观止》上有一篇《宫之奇谏假道》，也指这件事，"假道"是借道的意思。百里奚也多次进言（那时他还没有到秦国。虞国是百里奚的故乡，他在外漂泊半生，郁郁不得志，只好再回到故乡，下文详叙），可都没被采用。就这样，百里奚也被晋献公抓来，作为陪嫁送给了秦穆公。百里奚到了秦国，叹息道："我有命世之才，遇不到明主，施展不了抱负，如今年事已高，又沦为别人的仆役，这真是耻辱至极。"于是他就逃到了长江流域的楚国，被楚边境的人捉住。百里奚说自己是虞国人，因为国破家亡逃难于此，不是奸细，而且自己善于养牛，于是这些人把他进献给楚王。楚王让他养牛，果然很有效果。楚王问他用什么方法把牛养得这么好，百里奚说："按时让牛吃草，爱惜它的身体，能够设身处地为牛着想。"楚王大喜，又让他养马。就这样，他在楚国混日子。他的命运如果再不改变，他很可能会成为一个养牛专业户。

秦穆公看名单里有百里奚的名字，但是找不到这个人，后来有人说他有经世之才，可惜一直都没有遇到明主，施展不了手脚。秦穆公这时最关心的事就是振兴秦国，他正求贤若渴，有这种人岂能让他白白溜走？穆公就派人打听，得知百里奚在楚国给人养牛饲马。穆公就想用重金把他赎回来。大臣公孙支（《左传》中称公孙枝）劝道："若是用重金赎买他，事情就泡汤了。您想想，楚人之所以让他养牛，就是因为没有认识到他真正的价值，若是我们这么大张旗鼓地赎买，不正是告诉楚人他的真实价值了吗？那样的话，楚王就会重用他，轮不到我们了。现在我们只能不动声色，对楚人说百里奚是我秦国逃亡的奴仆，我们要押解回秦国治他私自逃亡的罪，这样才能成功。"穆公称善，于是对楚人说："我国有个奴仆叫百里奚，现在逃亡到了贵国，我想把他抓回治罪，杀鸡儆猴，用来警告要逃跑的人。我奉上五张羊皮把他赎回来，请您准许。"楚人一看，这算什么，芝麻绿豆大点儿的事情，马上放行。

楚人以为百里奚回到秦国必死无疑，都哭送他，百里奚说："我听说秦穆公有雄才大略，日理万机，怎么会为一个奴仆如此兴师动众呢？他这是想任用我，这次返秦恐怕得遂心愿，你们又哭什么呢？"百里奚一到秦国国境，早有人等候迎接，把他放出囚车，请他沐浴更衣去见秦穆公。穆公问："您今年多大了？"百里奚答道："刚刚七十。"穆公道："可惜老了一点儿。"百里奚说："您若是让我追逐飞鸟，搏击猛兽，那

第二章　秦穆公尊贤重士　百里奚饲牛拜相

我肯定显得老了，但若是让我筹划国事，我现在还年轻得很。当年姜子牙年已八十，才得周文王重用，结果创立周朝的基业。我今日遇到您，不是比姜子牙还要年轻十岁吗？只是败军之将，不可以言勇。"秦穆公说："虞君不用您的建议，这才亡了国，并不是您的错，请您不吝赐教。"穆公如此不耻下问，百里奚感动万分，马上和穆公就秦国的中长期发展规划进行了讨论，一连谈了三日。穆公大喜，授予他管理国政的权力，秦人称他为"五羖（gǔ，公羊）大夫"，因为他是用五张羊皮换回来的嘛。

当穆公想要让他当秦国"首席行政官"的时候，百里奚推辞道："我的才能不及我的朋友蹇（Jiǎn）叔十分之一，您若想治理国家，请任命蹇叔，我当副手辅佐他。"但穆公不知蹇叔究竟怎么贤能，百里奚说：

"蹇叔的贤能，世人都不知道，只有我才一清二楚。要说清这个人，得先从我的身世说起。我是虞国人，少时家贫，三十多岁时才娶妻杜氏，生下一个儿子叫孟明视。我想出游寻找机遇，可是只留妻子在家又有点恋恋不舍。我妻子说：'男儿志在四方，你正值壮年，应该外出寻求富贵之道，怎能坐困愁城，蹉跎岁月（他妻子应该用不了这样的词汇）？我能自己养活自己，你不用挂念。'于是我到了齐国想进见齐襄公（"春秋五霸"之首齐桓公的哥哥），可无人引荐。本来我的盘缠就不多，花光后身无分文，只能沿街乞讨。当时我年已四十，想起自己一事无成，真是心如刀割。就在这时我遇到了蹇叔，他看我不像一个乞丐，就留下我吃饭。在谈论时事的时候，他见我对国内外局势了如指掌、对答如流，大发感慨道：'您有此才能却困顿如此，当真是苍天无眼。'他就把我留在家里，我们结为兄弟，而蹇叔家境也不富裕，我怎能吃白饭？我就在村里养牛贴补生活费用。这时齐襄公被他的堂兄弟公子无知杀死了

（事见本系列丛书之《霸主之路》），公子无知篡位当了国君之后悬挂榜文招贤纳士，我就想投个简历，蹇叔说：'齐襄公有合法继承人，而公子无知妄想非分之福，他肯定不会有所成就。'果然，没过多久，公子无知也被杀死了，公子小白即位。这是蹇叔有先见之明。

"后来，我听说周朝的子颓喜欢牛，为他饲养牛的都得到了丰厚的赏赐。大王您也知道，子颓是当时周惠王的叔叔（百里先生不会这样讲话，是笔者对读者讲话，很多类似情况，别较真）。我想，要是有这个门路，我应该有被重用的机会，就想辞别蹇叔去洛阳。他劝诫我道：'大丈夫不能轻易投靠别人，如果投靠以后才发现此人难成大事，悔之晚矣！若是半途而废，则为不忠；若是共同患难，则又不智。'但我执意要去，他就和我一同去见子颓。我大讲饲牛之道，子颓大喜，想用我为家臣。蹇叔私下对我说：'子颓为人，志大而才疏，他的身边都是一些阿谀奉承、虚伪狡诈之辈，长期耳濡目染，他肯定有觊觎（jì yú）王位的想法，我看他失败的日子不远了。'后来子颓果然作乱，篡夺王位后不足两年，就被杀身亡。这是蹇叔的知人之明。我一直困顿不堪，内心凄苦，加上想念妻儿，就想回虞国，而蹇叔因为有一个故人叫宫之奇的也在虞国为官，他想探望他，就和我一道到了虞国。

"那时我的妻子因为贫困，早已流落他乡，不知去向，我真是痛彻心扉。想自己堂堂男子汉，竟然让妻儿流离失所，真恨不得一头撞死。这时蹇叔向宫之奇推荐我。当我们俩从虞公那里返回以后，蹇叔说：'我看虞君目光短浅，贪爱小便宜，并且刚愎（bì）自用，难听逆耳之言，并非有为之主。'您也应该知道我当时的处境，我对蹇叔说：'常言道：人穷志短，马瘦毛长。兄弟我一直窘迫，好比陆地上快要枯死的鱼，不敢奢望遨游江海的畅快，只要有杯勺之水就能缓解我的困境。'

第二章 秦穆公尊贤重士 百里奚饲牛拜相

蹇叔说：'既然兄弟因为贫困不得不当虞国的大夫，我也无法阻止你，你珍重！'后来果不出蹇叔所料，我在饥不择食的条件下又做了错误的决定。虞君只为了一点儿蝇头小利就准许晋国国君借道讨伐虢国，我和宫之奇极力劝阻，都没有用。再后来就落到这个地步。我听蹇叔的建议，两次都得以免祸，这次没听就差一点身死，所以我说蹇叔目光如炬、明察秋毫，是一个难得的奇才，大王可把他请来，我宁愿当副手。"

秦穆公听后击掌赞叹，派人快马加鞭，卑辞厚币把蹇叔请来，当场向他请教安邦定国之策。蹇叔说："秦国远离中原，位置偏西，与戎狄

◎百里奚的逆袭人生路线图

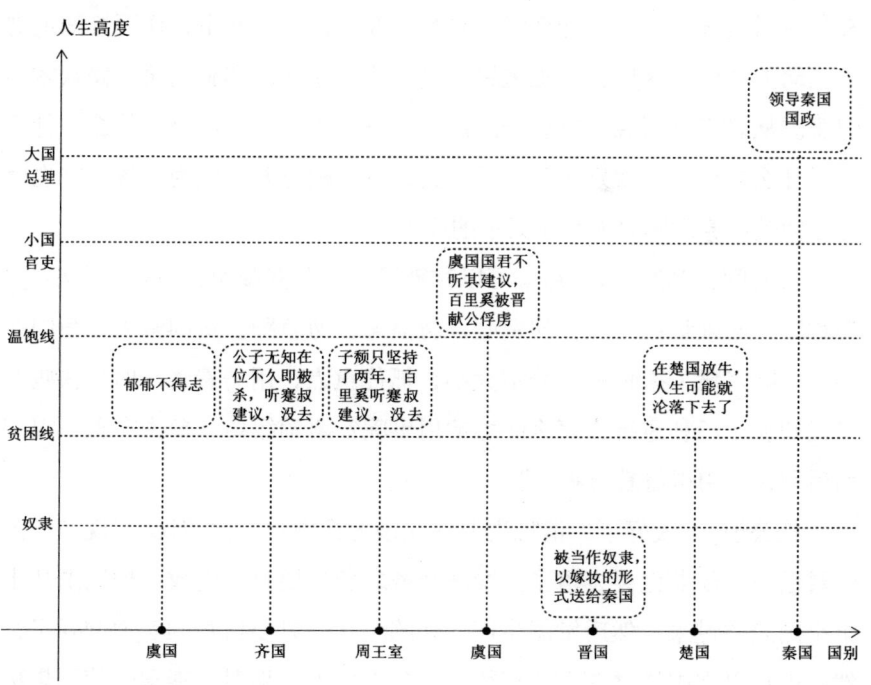

为伍，地险而兵强，进足以战，退足以守，之所以不能和中原诸侯一较短长，是因为威德不足。无威，难以令行禁止；无德，难以长治久安，这样怎能称霸？"

穆公问："威与德孰先孰后？"蹇叔说："二者不分先后，要相辅相成，威与德双管齐下，以德为本，以威为辅。只推崇德治而不实行威权，必有外患入侵；若是只有威权而不知刚柔并济，则民心不服而有内忧。"

穆公问："我想布德又立威，用什么方法呢？"蹇叔说："'近朱者赤，近墨者黑。'秦人和戎狄杂居，也受到感染，很少讲究尊卑贵贱的礼法，形同一盘散沙，这不利于形成核心竞争力，所以我的意思是先行教化而后实施刑罚。为什么呢？先推行教化，三令五申，让百姓知道尊卑长幼的观念。这样，君王施恩，民众才会感激；实施刑罚，民众才会惧服。从君王到百姓形成统一的认识，知道该做什么不该做什么，什么是对什么是错。这就好比手、足、头、目互相协调，成为一体。这也就是管仲辅佐齐国国君无敌于天下的原因。"

穆公问："做到这一点就可以称霸了吗？"蹇叔说："这还不够。要想称霸，必须记住三点：勿贪心，勿愤怒，勿急躁。贪则多失，愤则多难，急则多蹶（摔跟头）。分清大小，抓住重点，用得着贪一时之快吗？知己知彼，趋利避害，怎么能感情用事呢？斟酌缓急，精密布置，谋定而后动，还用得着着急吗？"

穆公说："太好了，请您说说现在该怎么做？"蹇叔说："现在齐国国君已老，霸业也要衰落了。秦国当务之急是要整顿内政，把周围几十个小国兼并过来，然后发展生产、训练士兵，只要自身的实力增强了，然后屯兵以观中原之变，广布德义、急人之难，那时，秦国即使不想称

第二章 秦穆公尊贤重士 百里奚饲牛拜相

霸,恐怕也身不由己了。"

穆公大喜道:"我得二老,真是秦人之福。"封蹇叔为上大夫,百里奚和蹇叔开始革新秦国政治。百里奚的儿子孟明视和蹇叔的儿子西乞术后来都成为将军,加上白乙丙,号称"三帅"。

百里奚和蹇叔真是知音,而且百里奚尤其让人敬重。他敢于承认自己技不如人,能够主动让贤,这是最难能可贵的。嫉贤妒能之辈根本不会让别人夺自己的地位,更不用说主动荐贤了。他们辅佐秦穆公称霸,是真正的贤才。他们俩为秦国的发展设定了"路线图",基本上规划了秦国的未来。到了秦孝公时,商鞅承前启后,推波助澜,最后,秦始皇统一六国。从百里奚、蹇叔开始,秦国一直广纳人才。当时,秦国是最能大胆起用无名之辈的国度,所以它才能完成统一大业。百里奚无疑是一位传奇人物,他一生穷困潦倒,但不屈不挠,终于笑傲江湖,真正是大器晚成的杰出代表。百里奚在当时和以后都是人们品评的对象,孔子、孟子、商鞅和韩信都把他作为成功的案例或分析比较的蓝本。

第三章　为利益上下其手　图霸业左右开弓

　　秦国这里立法教民、兴利除害，秦穆公继续招纳人才，秦国大治，芝麻开花节节高，可是它的邻居晋国却"山雨欲来风满楼"了，为什么呢？因为男女之情而产生了骨肉相残的危机。晋献公也算一个有为的君主了，可是在立嗣问题上色令智昏，结果晋国出了乱子。他有三个成年儿子，分别是：太子申生、公子重（chóng）耳和公子夷吾。太子申生的同母姊妹嫁给秦穆公，公子重耳就是后来闻名遐迩的晋文公，公子夷吾比重耳登基得早些，也就是后来的晋惠公。因为晋国的内乱与秦国的对外政策有密切关系，所以这里要做一个简要的介绍。

　　本来太子申生就应该顺理成章地继位，可是晋献公又爱上一个叫骊姬的女子。骊姬生的儿子叫奚齐，骊姬的妹妹生的儿子叫悼子。骊姬是一个柔媚入骨的女人，把晋献公弄得神魂颠倒。她还是一个颇有心机的女人。她不满足于得到献公的宠幸，还要为自己的儿子谋得长治久安之道，这就只能是让他成为太子。但现在太子已经是申生了，怎么办？只

第三章　为利益上下其手　图霸业左右开弓

能搬开这个绊脚石。骊姬同时还是一个心狠手辣的女人，她巧做安排，上演了一场"太子戏骊姬"的好戏，让献公误会，再另外安排诡计陷害，火上浇油，结果献公恼羞成怒，逼死了太子（关于这段历史，本系列丛书之《霸主之路》中有详细的讲解），公子重耳与夷吾逃到了国外。

晋献公死后，晋国遵照他的遗嘱立了骊姬的儿子奚齐为国君，可是晋国的大臣里克和丕郑（有的书写作"邳郑"）想把公子重耳迎接回来，就杀死了奚齐。顾命大臣荀息又把骊姬妹妹的儿子悼子立为国君，结果悼子又被里克杀死。大臣们要接重耳回国，可重耳认为自己不忠不孝，父亲死了他也没有回去守灵，现在为了继位才回去。他怕天下人说闲话，所以不回去。或者说以重耳之智，知道政局动荡，不如避祸他乡。这些大臣只能迎立公子夷吾，可夷吾一看这些大臣太厉害了，稍不满意就杀国君，于是他向秦穆公求救。秦穆公与晋国有姻亲关系，而且夷吾当时拍胸脯保证，只要他回晋国站稳脚跟，就会让出八座城池给秦国做报酬。穆公从公和私两方面考虑，就派百里奚把他护送回晋国继位，这就是晋惠公。

可晋惠公夷吾这人也真不怎么样，他刚刚坐上宝座就马上把里克杀掉了，还违背约定不给秦国城池，犯下"合同欺诈罪"，并派大臣丕郑到秦国去推脱。这丕郑听说晋惠公还要诛杀其他大臣，自己也被列入黑名单，就害怕了。他对穆公说："晋人不想立夷吾为国君，都看重公子重耳，如今夷吾违背和秦国订立的盟约，又诛杀了里克，这都是吕甥和郤（Xi）芮的主意。希望您用重利把他们召到秦国，只要他们一来，那么再护送重耳回晋国就方便了。"穆公答应了他的请求，派人和丕郑一起回到晋国，诓骗吕、郤二人，可他们俩怀疑这是丕郑和秦国设下的圈套，就对晋惠公说丕郑私通外国，结果丕郑被杀，他的儿子丕豹逃到了秦国。丕豹对穆公说:"夷吾无道,残忍好杀,晋国百姓惴惴不安,朝中大臣人心惶惶。另外,他背弃秦国的大恩,言而无信,这时若是攻打他,其内部必然分崩离析,迅速土崩瓦解,那么再想立谁为新君,您就可以随心所欲了。"穆公向大臣征询意见,百里奚说:"若夷吾的继位让百姓不服,那必有内乱,我们可以静观其变。"穆公道:"我也认为是这样的。夷吾一天杀了九位大臣,若真是众心不附,他能这样做吗?况且没有内应,贸然兴兵,怎么能成功呢?"他没有听从丕豹的话,但私下里重用了他。

后来晋国遭遇旱灾,晋惠公又觍(tiǎn)着脸向秦国借粮救灾,丕豹劝穆公不要借给晋国粮食,而且趁着晋国发生饥荒正好可以攻打它。大臣公孙支反驳道:"俗语说,'仁者不乘危以邀利,智者不侥幸以成功'。我们在晋国困难的时候帮助它,若是获得回报,我们也没什么损失;即使夷吾再次失信,也是他理亏,向天下人显示了他的卑鄙无耻和您的宽仁大度。应该支援晋国。"蹇叔和百里奚也说:"夷吾这个人确实言而无信,也得罪过您,但是我们应该就事论事,一人有罪一人当,晋国的百姓又有什么罪呢?"于是决定支援,这就是成语"救灾恤(xù)邻"的来源。晋人感恩戴德。这本来是两国重新修好的契机,可事情的发展完全出人意料。

两年后,秦国粮食荒歉而晋国丰收,穆公对蹇叔和百里奚说:"您二位当真有先见之明,确实世事无常,若是我此前拒绝晋国,今年歉收,也难向晋国开口了。"丕豹说:"夷吾贪婪而无信,肯定不会答应支援秦国的,这种人只知向自己的腰包里塞,拿出一点都像放自己的血一样。"穆公不以为然,认为晋惠公不会一而再,再而三地失信,就派使者带着珠玉向晋惠公请求借粮。

第三章 为利益上下其手 图霸业左右开弓

晋惠公和大臣们商量怎么办，郤芮问道："您除了借给秦君粮食，还要把当初答应给的土地也一并割让吧？"惠公说："我只借给他粮食，怎能给他土地？"郤芮又问："那您借给他粮食是为了什么呢？"惠公说："回报他此前借粮的恩德。"虢射说："如果您要以秦君借粮为恩德，那么当年他派兵护送您回国继位，是更大的恩惠，您为什么舍其大而报其小呢？我认为，即使回报秦君借粮之恩，他也不会满意。他借给我们粮食，并非对我们好，而是想以此为踏板向我们要土地。不借给他们粮食会招致怨恨，只借给他们粮食但不兑现当初割让土地的承诺也会招致怨恨，无论怎样他们都不会满意。背着抱着一样沉，不如不借给秦国粮食。"这可真是奇怪的逻辑，硬是把自己的背信弃义说成对方心怀叵测。

大臣庆郑反驳道："幸灾乐祸、见死不救是不仁，违背良心、出尔反尔是不义。国君不仁不义，还怎么治理国家？我此前奉命去秦国借粮，秦君一诺千金，慷慨解囊，今年人家有难，我们袖手旁观，这怎么能不招致秦君怨恨呢？"虢射说："去年晋国饥荒，秦人不趁机攻打反而帮我们渡过难关，是他们太愚蠢。今年秦国有灾，这是上天赐给晋国的良机，以我的意思，不如趁机伐秦方是上策。"晋惠公综合了郤芮和虢射的意思，决定不帮秦国。他对秦使说："我国连年饥馑，百姓流离失所，今年虽有点收获，可也仅够自给自足，不能相助。看到贵国有灾，我也夜夜失眠，可又爱莫能助，希望您能理解我的苦衷。"秦使气得直哆嗦，他说："我的国君顾念与晋有婚姻之谊，不追究不予割地的事，在你们有难时不计前嫌，仍然资助。他说：'人要互相担待，体恤难处。'可如今您这么对待，我难以复命。"可是晋惠公不为所动，就这么把他打发回去了。

"自古负恩人不少，无如晋公负秦君。"秦使回国复命时把晋惠公的丑态描述了一番，穆公大怒，决定先发制人攻打晋国。秦军被晋惠公的无耻所激怒，士气高昂，以一当十。晋惠公也亲率军队迎敌，他的实力要强大一些，所以派人向穆公挑战。穆公回复道："你要继位，是我帮你的；你要粮食，是我助你的。如今你要决战，我又怎么忍心拒绝你呢？"当下双方展开大会战。晋惠公骄傲轻敌，脱离主力部队和秦军作战，在回军途中因为马车陷入泥中而行动缓慢。秦穆公亲率壮士急追，但被包抄上来的晋军团团围住，并且在晋军的猛烈攻击下受伤。

在这危急时刻，神兵天降，有三百壮士拼死杀入重围，不但救出穆公，还活捉了晋惠公。穆公像做梦一样，不知他们为何如此拼命。一问才知道，原来这些人是岐山下的野人。此前，秦穆公丢失了好马，这些人抓住马后宰杀吃掉了。官吏抓住他们，想要依法处置，可穆公说："马已死了不能复生，如今又要因此而杀人，别人必会说我贵马贱人，君子是不会因为牲畜而伤害人的生命的。而且我听说吃了好马的肉不喝酒，会伤及脾胃。"秦穆公不但没治野人的罪，反而赐给他们美酒，这些人感念他的仁德，说："我们吃了秦君的好马，秦君不但不依法惩治我们，反而顾念我们的身体健康，赐以美酒，这份恩德真是太大了。"这次听说要反击晋军，他们都请求参军。看到穆公处境危险，他们不避刀枪，争先死战，以报答恩德。穆公听后叹道："野人尚且有报德之义，晋惠公饱读诗书又有何用？你们愿不愿意和我一起干？我肯定不会亏待你们。"野人说："我们这些野人只是为了报答您的恩惠，无意于功名利禄。"穆公又赠以金帛，他们不受而辞，真是"种瓜得瓜，种豆得豆。受恩不报，何异禽兽"。

穆公下令道："我受上天的指派平定晋国的内乱，立夷吾为晋君，而

第三章 为利益上下其手 图霸业左右开弓

夷吾接二连三地辜负我的恩德,也因此得罪了上天。大家都沐浴更衣,斋戒三日,我要用夷吾祭祀上天。"秦穆公想宰了晋惠公以谢天下,可是周王室派人来求情,说晋惠公和他们是同一血统,看在他们的面子上再宽恕他一次。穆公的夫人是晋惠公的同父姊妹,她穿着丧服,光着脚,向穆公请罪,说:"臣妾我罪该万死,既不想眼睁睁地看着夷吾被处死,又怕违背了您的命令,请您先处死我。"她又带着自己的孩子以死相逼。穆公一看这样,就下不了手,说:"我本来以为捉住晋君是大功一件,如今却是周天子来求情,夫人也因此而忧苦。"于是他和大臣商议怎么处置惠公,有大臣提议还是杀了晋惠公,改立公子重耳为晋君。

但公孙支反驳道:"不能杀,晋国是一个大国,我们俘虏晋君,已经引起晋国百姓的怨恨了,若是再杀了晋君,更是火上浇油,晋人总有一天也会猛烈地报复秦国。这是一不可。杀夷吾而立重耳,表面上看是杀无道立有道,按照我们一厢情愿的想法,以为晋人会因此而感激我们,但如果我们从另一方面考虑,就会发现事情并非总那么圆满。重耳是仁德之人,当年他父亲去世时,他仅仅因为没有奔丧,就认为自己失去了君臣父子的礼仪,不忠不孝,所以当有人要拥立他时,他坚辞不受。父子和兄弟相差无几,都是骨肉深情,夷吾是重耳的兄弟,他能以自己兄弟的死作为他继承君位的阶梯吗?这根本不是他的为人之道。这是二不可。假如重耳不答应,我们只好再立新君,这和我们当初拥立夷吾有何区别?一切照样从头开始。如果这个人和夷吾的品行一样,我们还是会竹篮打水一场空,这又何苦来呢?即使重耳成为国君,他也仁义,但毕竟疏不间亲,我们怎么也亲不过他的兄弟,他肯定也要敌视秦国。若是这样,我们会前功尽弃,又让重耳对秦再生新仇。所以既不能靠感情用事,也不能凡事只看表面,要综合评估。这是三不可。"

穆公说:"那你最后表个态,是囚禁他,放逐他,还是再让他复位?三者到底哪一个更有利呢?"公孙支说:"若是囚禁他,他无职无权只是一个废人罢了,对秦有什么用?若是放逐他,把他驱赶到外国,肯定还会有一批追随者组织'流亡政府',密谋让他复位,那时他岂不是又会成为我们的祸患?不如让他继续执政,但我的意思也不是就这么便宜他,对付这种人靠道德感化没有用。既然他见利忘义,我们就以其人之道还治其人之身。他不仁在先,休怪我们不义。他最看重什么,我们就让他失去什么。把他曾经答应给我们的城池要回来,然后让他的太子圉(yǔ)在秦国当人质,这样他投鼠忌器,心有顾虑,再也不敢得罪我们了。我们对待太子圉好一些,父死子继,让晋世世代代对我们感恩

◎秦穆公三救晋难

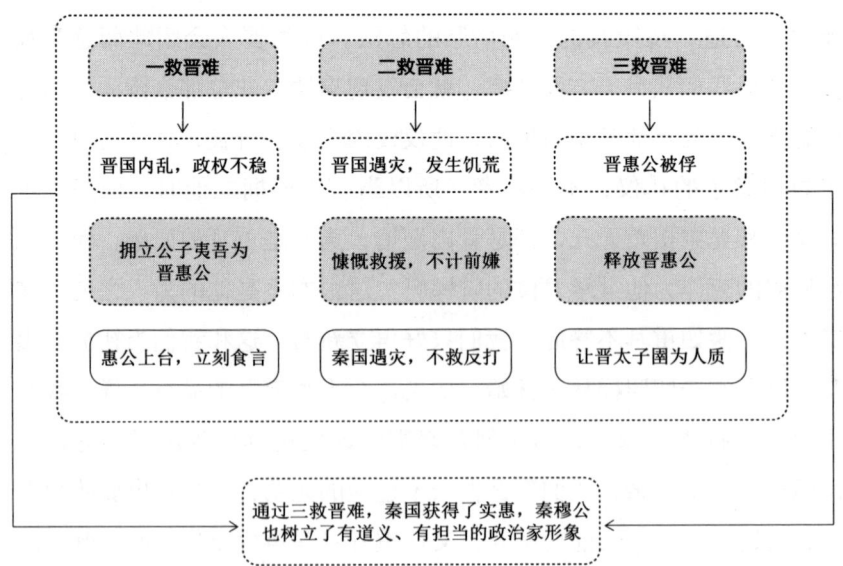

第三章 为利益上下其手 图霸业左右开弓

戴德，还有什么比这更有利的呢？"

公孙支真是足智多谋，对待晋惠公只能如此。公孙支为国家谋福利，这是很让人称赞的。穆公称赞道："你的谋划足以惠及很多年之后了，你真是当之无愧的智囊。"于是秦穆公就和晋惠公订立盟约，把晋国黄河以西的土地划归己有，秦国东部边境抵达黄河。这基本上算是秦国第一次大规模的扩张。这样处理既给了周天子面子，又维护了夫妻感情，而把太子圉留在秦国当人质，把宗室的女儿怀嬴嫁给他为妻，也算是控制了晋国的储君，所以秦穆公这么做是一举多得。若当时只是为了发泄胸中恶气就杀了晋惠公，肯定不会有这种效果。凡事三思而后行，难道不对吗？

第四章　几何时秦晋之好　崤之战反目成仇

秦穆公十八年时,"春秋五霸"中的齐桓公去世。秦穆公二十二年,晋惠公生命垂危。太子圉这时仍在秦国,他琢磨道:"梁国(挨着秦国)是我母亲的家乡,可被秦灭掉了,我失去了强有力的后盾。我的兄弟很多,如果父亲去世,秦国必然会扣留我,让我接受他们开出的条件,不答应的话,他们不会放我走,答应的话,晋人会因此而轻视我,我现在又失去了母亲的依靠,那时晋人就可能立父亲的其他儿子。"太子圉于是逃回了晋国。第二年,晋惠公去世,圉被立为国君,也就是晋怀公。

秦穆公怨恨他,感觉"有其父必有其子",太不够意思了。其实那时晋是大国,秦也未必真敢无中生有要挟他,秦也是让晋惠公搞怕了,本来是想保证不受晋国的骚扰,献点殷勤以图双方修好,可如今太子圉不辞而别,这着实让穆公气愤。他就把晋惠公的兄弟公子重耳从楚国接到秦国,以礼相待,要扶立他为晋君。重耳在外流亡十九年,终于"时

第四章 几何时秦晋之好 崤之战反目成仇

来运转、铁树开花",关于他的故事,我们在本系列丛书之《霸主之路》中详述。

太子圉从秦国逃离时,没有把他的妻子带走,如今重耳来了,秦穆公就把她改嫁给了重耳。重耳是太子圉的叔伯辈,所以重耳刚开始推辞,后来一想,这是秦穆公的美意,也只好笑纳了。穆公对重耳恩宠有加,第二年,把重耳护送回晋国继位,这就是晋文公,后来的"春秋五霸"之一。晋怀公姬圉被杀。

晋文公在位八年,在这八年中,秦晋之间基本没有什么大的摩擦。这也应该是秦晋关系最好的时期,一来是晋文公感念秦穆公的恩情,"你敬我一尺,我敬你一丈"嘛,这两人都是"春秋五霸"中的成员,都有大政治家的处世智慧,自然是"惺惺相惜",战略思维处在同一层面上。二来是通过婚姻关系,双方也结合得比较紧密,秦穆公的夫人是晋文公的姊妹,嬴姓的女儿是晋文公的老婆,虽然差点辈分,但在当时也都算小节,二人把"秦晋之好"推到前所未有的高度。最重要的是,秦国这时还没有足够的实力和晋国抗衡,两国若真是针锋相对,肯定会鱼死网破、两败俱伤,所以双方都比较理性和明智。秦穆公继续向西扩张,巩固实力,而晋文公称霸,主要是向东、向南发展,两国的势力范围没有形成交集。

基本上是这三方面让秦晋关系修好,抛弃了过去的不快,而且两位霸主还曾联手展开军事行动,在各国之间主持公道,派驻"维和部队"。当时周襄王的弟弟姬带凭着武力把襄王赶到了郑国,襄王派人向秦、晋通报情况,秦穆公率兵协助晋文公用武力护送襄王回国,杀死了姬带。后来秦、晋又合兵攻打郑国。这个郑国是因为什么被攻击的呢?说起来,郑、晋与周,五百年前都是一家人,都姓姬,郑国的创始人姬友是成语故事"道路以目"中的罪魁祸首周厉王的儿子。重耳在外逃亡到郑国时,郑国国君并没有因为他们是同姓而对重耳有所照顾,重耳反而受尽了白眼,所以现在"风水轮流转",他就攻打郑国。当然,这主要是国家利益使然。郑国的核心区域离晋国比较近,是其向南发展势力范围的障碍。郑国被团团围困,就派烛之武对秦穆公说:"灭亡郑国只会增强晋国的实力,对秦有什么好处呢?晋国的强盛就是秦国的忧患,莫不如保留一个东方路上的主人,您有使节来往经过郑国时可以供给钱粮,这样对您有什么害处呢?"这就是典故"东道主"的来历。于是秦穆公退兵,晋国也只好罢兵,郑国因此得以保存。

  在攻打郑国的这个战役中,因为秦穆公中途退出,两国的军事行动中道夭折。晋文公很生气,考虑到诸多因素,他并没有和秦国翻脸,但双方还是埋下了不和的种子。在这次战役两年以后,晋文公逝世。这时有人向秦穆公出卖郑国:"我把守郑国的城门,秦军可以来袭击,我做内应,肯定会事半功倍。为什么这样讲呢?晋文公刚去世,晋国正在筹备葬礼,肯定不会救郑。而郑文公也刚刚去世,其子即位不久,守备不足,正是天赐良机。"秦穆公收到密报,喜不自胜,就这件事询问百里奚和蹇叔,他们异口同声地说:"秦离郑有千里之遥,就是打胜了,也不能兼并他们的土地,顶多能有些战利品罢了,而且千里奔袭作战,很少有能成功的,长途跋涉怎能掩人耳目?既然有人出卖郑国,又怎敢保证我国没有人依样画葫芦,把我们的一举一动出卖给郑国呢?若是他们知道我们的意图,提前防备,必定会中途生变,劳而无功。而且趁人家有丧事而攻伐,是不讲仁义,成功则得小利,不成则危害极大,这又不是明智的举动。有这么些不利的因素,我们真不敢相信这事还值得去做。"穆公说:"我两次平定晋国内乱,立了三位晋君,威名早已远播四

第四章　几何时秦晋之好　崤之战反目成仇

方。只因晋文公在城濮之战中大获全胜，威震中原，我才退让一步，让他成就霸业。如今他已去世，天下还有谁能和我们秦国相提并论呢？郑国已是惊弓之鸟，必然要成为别人的盘中美食，不趁此时灭了它，更待何时？若真拥有郑国的土地，我自有处置，晋国黄河以西的土地已归我所有，我再拿郑国土地交换晋国黄河以东的领土，怎么能说没有利处呢？"

这时的秦穆公已经有一点自我膨胀了，也显得有点急不可耐，他认为齐桓公、晋文公相继去世，自己可以"打遍天下无敌手"了，攻打一个小小的郑国还不是手到擒来。可惜，事情总是在最自以为得计的时候出现差错。蹇叔一看有点劝不住他了，就说："君王如果确实想做这件事，您不妨投石问路，先派人到晋国吊丧，试探一下他们的态度，然后再转到郑国吊唁（yàn），实地考察一番，看清郑国的虚实，不要被那些虚妄的小辈骗了，那时再确定是否攻郑，岂不是万全之策？"穆公说："若是派使者吊丧，然后再出师，一往一返又要将近一年。用兵之道在于'迅雷不及掩耳'，你们老了，怎能知道这些奥妙？我意已决，无须多言。"于是与来人约定："二月上旬，我军到达北门，里应外合，不得有误。"

于是，秦穆公派百里奚的儿子孟明视为大将、蹇叔的儿子西乞术以及白乙丙为副手，挑选精兵，准备出征，在东门外举行誓师大会。蹇叔与百里奚号啕大哭道："真是哀痛啊！我们能看见你们出兵，却看不见你们回师了。"穆公大怒道："你们为什么这么丧气？难道是想扰乱军心吗？"百里奚、蹇叔说道："我们怎敢诅咒您的军队呢？这次出发是由我们的儿子带队，我们因为年事已高，怕他们回来晚了无法相见，这才痛哭。我们是顾念父子之情，并不是扰乱军心。"蹇叔私下里给儿子一个密封的竹简，告诉他们出师以后好好研究一下。这就是历史典故"蹇叔哭师"，表示一个人目光独到，有先见之明，也指人听不进正确的意见，必败无疑。

这三位将军在路上打开竹简一看，上面写道："此行郑国不足为虑，对晋国倒要加倍小心，到了崤山地区，你们一定要谨慎行事，我恐怕要在那个地方为你们收拾骸骨了。千万不要麻痹大意。"孟明视大叫晦气，认为这两个老爷子说话太不吉利，胆子也太小了。他自恃勇略过人，认为这次出征，成功唾手可得，对蹇叔的警告不以为然。

秦军向东挺进，越过晋国的领土，经过周朝都城洛阳的北门。王孙满说："他们经过天子的城门，没有偃旗息鼓，反而大呼小叫，这既不符合礼法，也显示了秦军的轻狂。无尊卑礼法则军心易乱，轻而无备必然导致麻痹大意，骄兵必败难道不是千古不易的道理吗？"

秦军行进到滑国（今河南滑县），遇到一个叫弦高的郑国商人，怎么这么巧？弦高本来是想贩卖一批牛到洛阳，在半路上遇到一个从秦国来的故人，意外得知秦军要突袭郑国。他心生一计，主动去献十二头牛。

这弦高可能是中国有史以来第一个爱国商人，他既有忠君爱国之心，也有排忧解患之策，他对孟明视等人说："听说贵国军队将要路过郑国，郑国国君先派在下进献一些小礼物，以示东道主的诚意。另外还有一层意思，就是郑国处在大国之间，经常会遇到一些袭扰，所以我国近日加强了戒备，每日二十四小时巡逻。我们怕与贵军引发不必要的冲突，这才提前知会，不要因为误解伤了双方的和气，我在这里请求将军的谅解。"孟明视向另外两位将军使了一个眼色，三个人商议道："我们千里行军，就是要打郑人一个措手不及，出其不意。如今他们既然已经知道我们出兵，必然预先做好了防备。我们若是强行攻击，他们有备而

第四章　几何时秦晋之好　崤之战反目成仇

战，城池坚固，以逸待劳，我们肯定占不到便宜。我们若是想围困他们，兵力太少，又没有后续支援，也难成功。我们不如因地制宜，趁滑国无备，击破它，有所缴获献给国君，也算师出有名，不至劳而无功。"于是孟明视卖给了弦高一个空人情，故作神秘状，贴着他的耳朵说："我国国君派我来攻击滑国，怎么会对郑国不利呢？这是军事机密，千万不要告诉别人。"弦高虚情假意地周旋一番后离去。当晚，秦军攻破了滑国，大肆掳掠一番，准备班师回秦。

秦军的行为激怒了晋国君臣。晋文公去世以后，儿子晋襄公继位，他这时正在守丧，听说秦军灭掉了滑国后十分震怒。这滑国是晋边境上的一个小国，滑君也是姬姓，与晋是一家，平时也是靠在晋国这棵大树下乘凉。听说秦把滑国灭了，晋国君臣展开讨论，中军元帅先轸说："秦穆公不听蹇叔、百里奚的劝阻，千里奔袭我们的同族，公然挑衅晋国的权威，不可饶恕。"大臣栾枝说："秦穆公扶立先君（晋文公），有大恩于晋，晋没有报德反而袭击秦军，是不是违背先君的意愿？"先轸说："这正是继承先君的遗志。先君去世以后，同盟国争先来吊唁，而秦不来慰问，反而派兵穿越我国的领土，讨伐郑国与滑国，目中无人，真是无礼至极，先君知道后也会含恨于九泉之下，还有什么恩德可言？而且秦晋是同盟国，两国约定彼此支援，同进同退，有福同享，有难同当，可当初伐郑时，秦国违反约定私自退兵，导致我们无功而返，秦国的交情由此可见一斑。他们先丧失信义，我们还顾及什么恩德呢？"栾枝又说："那秦军并没有侵犯我们，攻打他们是否师出无名？"先轸说："秦国拥立先君也未见得是真情实意，他们也是想增加外援罢了。先君当年称霸中原，秦国未必服气。如今先君尸骨未寒，秦国就急于出兵，这明明是欺负我当今国君立足未稳，认为晋国没有能力庇护郑国嘛！我们若不出手,真要让他们认为我们软弱可欺了。这次袭郑让他们尝到了甜头,如果我们大晋默不作声,那么他们下一个攻击目标就是晋国。俗话说:'一日纵敌,数世遗患。'若不击秦,无以自立。"赵衰("战国七雄"中赵国的奠基人,追随晋文公在外流浪十九年的"五贤"之一,当之无愧的智囊。韩、赵、魏三国的奠基人原来都是晋国的臣子,后来这几家势力强大,"三家分晋"了)说:"照此说法倒可以攻击秦国,然而国君正在服丧期间,若是妄起刀兵,恐怕有失人子之礼。"先轸说:"按照礼法确实不宜起兵,但凡事不能拘泥不化。扫除强敌,安邦定国,这难道不是更大的孝道吗?先君在世时,傲视群雄,号称霸主,四方宾服,我们若是因软弱可欺而玷污了他的名头,这难道是尽孝吗?诸位若是不同意,我请求独自前往,宁肯鱼死网破,也要让秦人感受大晋的意志。"

晋襄公听后大受鼓舞,一锤定音道:"秦军欺辱我的先父,是可忍孰不可忍(说这话时还没有《论语》,取其意而已)?攻击它。"于是他和先轸布置伏击的地点,先轸推算崤山是秦军必经之地。晋襄公身穿黑色的丧服,亲率军队打了个漂亮的伏击战。秦军全军覆没,三位将军成了"空头司令"。孟明视对白乙丙说:"你父亲蹇叔真是神机妙算,我们不听老人言,吃亏在眼前。骄傲轻敌、麻痹大意才使我们困于绝地,我准备以死殉国,你与西乞术换上便装,各自逃生,万一老天保佑,有一人得以生还,奏知国君,为我复仇,我也可含笑九泉了。"二人说:"我们生则同生,死则同死,若是一人逃生,还有什么面目返回故国?留得青山在,不怕没柴烧。若是投降再寻机逃脱,倒不失为好办法。"于是三人被晋军活捉。这就是历史上有名的秦晋崤之战。

崤山在《史记》中是一个非常重要的地名(崤山与位于今河南西部灵宝境内的函谷关并称为"崤函之固",是秦国的东大门,位置极其重要。函谷关

第四章　几何时秦晋之好　崤之战反目成仇

当时有"天下第一雄关"的作用，"鸡鸣狗盗""白马非马"和"老子过函谷，著述《道德经》"等典故都涉及函谷关）。这时崤山地区还不是秦国所有，等到秦国取得崤山以后，就以崤山为分界岭，"崤山以西"指秦国，"崤山以东"指韩、赵、魏、楚、燕、齐六国。有个名词叫"山东"，它并非指现在的山东省，而是指"崤山以东"，也是其他六国的代名词。那时山东省叫"齐地"或"齐鲁大地"，因为山东境内主要是齐与鲁两个大诸侯国。这几个概念我们要弄清。

孟明视等三人成了待宰的羔羊，晋襄公准备杀掉三人以告慰先父。晋文公的夫人是秦穆公的女儿怀嬴，她替三人求情道："秦晋世代结亲，相交甚欢，孟明视等贪功心切，妄动干戈，使两国由恩转恨。我考虑秦君必然对这三人恨入骨髓，我们杀之无益，不如放他们回去，让秦君亲手诛杀，这样两国还不失盟好，岂不两全其美？"襄公说："这三位将军在秦国很有名望，若是放他们回去，岂不留下后患了吗？"怀嬴说："兵败者死，这是国家的刑法，秦国难道没有军法吗？孟明视带兵出征，结果全军覆没，只有他们三人得以生还，回去以后怎么向秦国交代？况且当年晋惠公被秦君抓住，秦君礼遇有加放他回国，他们讲究仁义在先，如今我们杀这必死无疑的区区败将，倒显得小肚鸡肠，无情至极。"

晋襄公初时不肯，后来听到放还晋惠公一事，怦然心动，于是就把三人放走了。孟明视等人怕晋君反悔，连面谢都免了，抱头鼠窜而去。这时先轸正在家吃饭，听说晋襄公放了三人，吐掉口中食物，急匆匆地去见晋襄公。他真急了，毫不客气地问道："秦囚在哪儿？"襄公说："夫人请求放他们回秦国受刑，我已放了。"先轸勃然大怒道："孺子真是少不更事。多少将士千辛万苦浴血拼杀，才擒获他们，为什么听信女人的片面之词？放虎归山，将来必定追悔莫及。"襄公也马上醒悟道："这是我的过错。"于是赶忙派大将阳处父追赶到黄河边，可这时孟明视等三人早已坐到秦人来接应的船上。阳处父急中生智，大喊："我国国君怕将军没有脚力，派小将赠送将军良马，聊表寸心，你们快靠岸来。"他们三人心知肚明，哪里还会自投罗网？孟明视说："蒙晋国不杀之恩，已感盛德，哪里还能再接受这么贵重的赏赐？此次回去若是我国国君饶我们不死，三年以后，必然会登门拜谢。"说完飘然而去。阳处父只能掉转马头，惆然若失，闷闷而回。先轸听到他的回报后喟然长叹道："他们说三年之后登门拜谢，这是要报仇啊！"于是晋国君臣商议预防的对策。

话分两头。秦穆公刚开始听说三帅被晋军俘获时，又闷又怒，寝食俱废，后来听说这三人被放回，便喜形于色。左右都说："孟明视丧师辱国，应该杀掉。"穆公说："我不听蹇叔、百里奚的金玉良言，才拖累三帅，罪责在我，不在他人。只要他们能安然无恙，就已经是不幸中的万幸了。"他穿着素色的衣服亲自到郊外迎接三人，君臣见面痛哭流涕，秦穆公对自己的草率行为懊恼不已，仍然任用三人主抓军队，而且恩宠胜过平时。从此秦军更是加紧训练，以图雪耻。

这时的秦国还没有能力统一西方，还有一个西戎的少数民族部落实力强大。说起少数民族，当时有四种说法：东夷、南蛮、西戎和北狄，夷、蛮、戎、狄都指少数民族。戎王听说秦穆公贤德无比，就派一个叫由余（百家姓中的由姓与余姓，就是由余的子孙从他的名字中衍生出来的姓氏）的人作为"驻外记者"，考察秦国强盛的原因。这个由余的祖先是晋国人，逃亡到了戎地，所以由余还能讲晋国的方言。也正是因为懂外语，他才被派出来搞外交。在此期间，秦穆公向他展示了宫室的豪华与

第四章　几何时秦晋之好　崤之战反目成仇

积蓄的富足，由余看后说："这些事若是鬼神做的，就有点太劳神了；若是由人力去做，民众也太劳苦了。"穆公看他并没有表现出惊讶的神态，很纳闷，就问："中原各国纷纷发展国家的实力，然后又用诗书礼乐、规章制度作为行政的准则，即使这样还时常发生变乱。如今你们戎人既没有我们这样的国家储备，也没有先进的行政理念和系统的施政纲领，这样治理国家不是困难至极吗？"由余笑道："这正是中原各国时常发生变乱的原因。自从上古先贤黄帝制作礼仪法度以来，在他以身作则的情况下，也只能达到小治。等到后代国君当政，一天比一天骄奢淫逸，自以为是。自己是罪恶的根源、违法乱纪的始作俑者，却一味依靠严酷的法度来监督责罚臣民，臣民疲困已极之时，就会怨恨统治者不行仁义，无事生非，宽于律己，严于责人，从而上下相争，积怨加深，势同水火，以致相互杀戮，永无宁日。所有的祸患都是这么产生的。而我们不是这样，管理者对人民仁爱，臣下对国君效忠，一切法度规则都合情合理，所以治理一国的政事如同管理自身一样游刃有余，全国上下同心同德、众志成城。我们不知道治理国家除了依靠仁义礼智信还有什么其他可以依赖的东西。这才是圣人的治国之道。"

于是穆公私下向内史廖询问："邻国有圣人，就是对立国家的忧患。如今由余是一位贤士，也必将成为秦国的祸害，我该怎样对付他呢？"内史廖说："戎王居住在闭塞偏远的地区，没见过什么大世面，孤陋寡闻，肯定没有见识过中原声色犬马的美妙。您不妨送给他女色声乐，消磨他的心志，并且替由余向戎王请求延期返回，借此离间他们君臣的关系，然后扣留由余，不让他按期回去，戎王必会怀疑他的忠诚度。只要他们君臣关系疏远，我们就能把由余争取过来，而戎王一旦沉湎于酒色声乐，必然会懈怠国政，那时一切都不足为虑了。"穆公说：

"很好。"他就设宴招待由余,推杯换盏,显得亲密无间,并仔细询问了戎的山川地形、风土人情和实力部署,基本上了解了戎的大致情况。另一方面,秦穆公派人把由八对绝色女子组成的乐队赠送给了戎王,戎王非常喜欢她们,深陷温柔乡中无法自拔了。

这时穆公把由余放了回去,然而由余已没有了先前的说话力度,屡次劝谏戎王都碰了满鼻子灰,一切果然都按秦穆公设计的发展。后来穆公派人暗中知会由余,劝他归降,由余一看戎王已成了"精神废人",再留此地也毫无发展空间了,就投降了秦国。秦穆公以对待客人的礼节招待他,向他征询攻伐戎的方式和方法。后来,秦国按照由余的谋略攻打戎,增加了十二个属国,拓展了千里的领土,最终在西戎称霸,周天子也派人向秦穆公表示祝贺。兼并戎也是秦国前期的重要战略决策。

秦穆公这时左右开弓,他在对戎王进行"和平演变"的同时,也一直未忘与晋争夺霸权,当时最具有鼓动性的借口是为在崤山死难的将士复仇。秦军在"崤山之败"后,又发动了三次规模较大的战役,头两次无功而返,损兵折将,孟明视羞愧难当,想自杀谢罪,可秦穆公丝毫没有怪罪,还像以前一样授以重任,还说:"孟明视必然能创造佳绩,只是时机未到罢了。"孟明视更加努力,散尽家财以抚恤阵亡将士的家属,每日操练兵马,非要复仇不可。孟明视在第三次出兵时对穆公说:"这次不能雪耻,我唯有一死以谢秦国。"穆公说:"我们和晋国打仗已失败了三次,这次再不胜,我也没有面目再见江东父老了。"穆公亲自督战。孟明视在渡过黄河以后,把舟船焚毁了,穆公问为什么这样做,孟明视回答:"我听说'兵以气胜',我们多次被挫败,士气已衰,若是幸而战胜,还愁渡不过黄河吗?我之所以焚烧舟船,就是为了显示有进无退的决心,或者凯歌高奏,或者玉石俱焚,二者必居其一,这也是给

第四章　几何时秦晋之好　崤之战反目成仇

全体将士提振士气（这就是成语"济河焚舟"的来源，"河"指"黄河"，这个成语和几百年后项羽的"破釜沉舟"意思相近，但是没有后者有名）。"

孟明视亲率大军，长驱直入，晋军不敢出击。晋襄公召集群臣商议退兵之策，有人说："秦军现在愤怒已极，这次倾国出兵，势必要和我们决一死战，而且秦君亲临前线，锐不可当，不如稍稍避让，让他们得遂心愿，这样也可以平息两国之间旷日持久的纷争。"有人说："困兽犹斗，何况大国发威？秦君以数次被挫为奇耻大辱，而孟明视等三帅也好勇斗狠，此次出兵绝不肯善罢甘休，所以暂避锋芒为好。"于是晋襄公命令四境坚守，不要与秦军正面交锋，这样，秦穆公得以抵达崤山地区，为命丧此地的秦兵筑坟祭奠，致哀三日。秦穆公还为此作了一篇祭文："啊！士兵们，不要喧哗，请听我说，有一个惨痛的教训你们一定要记住：古时候人们在做重大的决策之前，总要向白发老人请教经验之谈，然后深思熟虑，这样就很少犯错了。就是因为我不采纳蹇叔、百里奚的金玉良言，我们今天才会在此悼念枉死沙场的将士。痛定思痛，我要在此郑重地宣布：后世人要记住我犯的过错，切莫刚愎自用、重蹈覆辙。"君子们听说这件事，都为此而垂泪，他们说："千军易得，一将难求。秦穆公在用人上考虑周全，用人不疑，终于得到了孟明视等贤才的衷心拥护，这可真是圆满结局。"在百里奚、蹇叔、孟明视、西乞术、白乙丙的辅佐下，秦穆公内外兼修，终于成就了自己的霸主地位。"任人唯贤、知错必改"是秦穆公比较显著的特点。

秦穆公在位三十九年，那时还实行残酷的殉葬制度，贵族死后要找人追随到地下。秦穆公死时，陪葬的有一百七十七人，其中有三个子车氏的贤臣也在陪葬之列。秦人为这几个人惋惜，作了一首叫作《黄鸟》的诗歌纪念他们。君子们评论说："秦穆公拓展疆土，使国家兴旺发达，向东征服了强大的晋国，向西称霸戎夷地区，具有这样的气势而没有成为诸侯们的盟主，也合该如此。他驾鹤西游，弃民不顾，还要把贤臣殉葬，太不应该了。一般来说，即使君主去世，也要留下他的美德，为后世树立典范。夺去百姓爱戴的人为他殉葬，这是多么可悲的事啊！由此可知，秦国失去道义，再也不能东征了。"这些人认为这是秦穆公的污点，他不应该夺民所爱。

还有两个成语和秦穆公的女儿有关，一个叫"弄玉吹箫"，一个叫"乘龙快婿"。传说秦穆公有个女儿，她在一周岁"抓周"时抓住一块美玉爱不释手，所以取名为弄玉。她姿容绝世，聪明无比，而且善于吹笙，无师自通，自成曲调，穆公爱她如掌上明珠，为她盖了一座"凤楼"。据说她吹笙的声音如同凤凰鸣叫，清越无比。弄玉十五岁时，穆公想给她找婆家，弄玉说："我必须找到一位知音方才嫁人。"穆公派

◎秦穆公一生至少处理过与五位晋君的关系

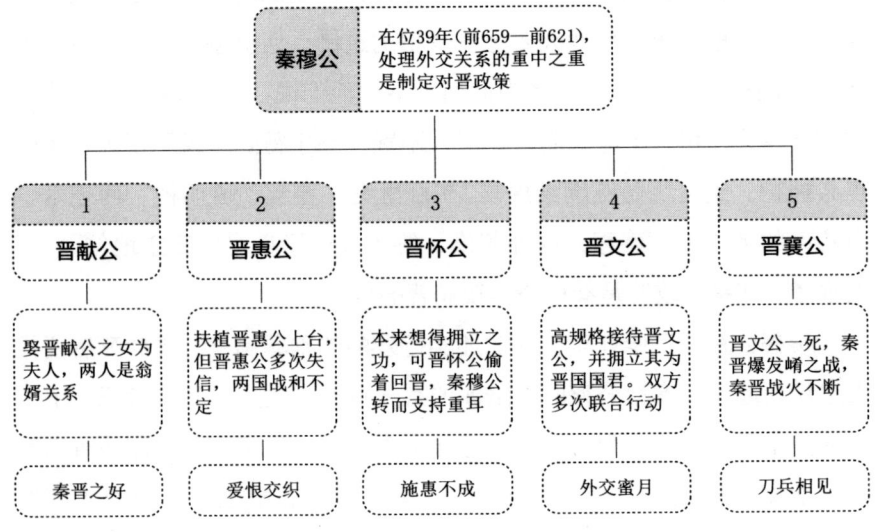

第四章 几何时秦晋之好 崤之战反目成仇

人遍访全国，也没找到合适的人选。有一天，弄玉在"凤楼"上卷帘闲坐，见天净云空，明月如镜，一时心旷神怡，让侍女焚香一炷，自己则临窗吹笙。突然，她感觉习习微风中，好像有能相和的声音传来，若远若近，她停止吹笙后，那个和声也停下来，可余音袅袅。弄玉惘然若失。在睡觉时，她梦见一个风度翩翩的公子，其自称是太华山的主人，奉玉皇大帝之命要和她结为夫妇，并且取出玉箫倚栏而吹，招致凤凰起舞相和。弄玉醒来之后对穆公说了此事，穆公派人到太华山去寻找，带回一个叫萧史的年轻人。只见萧史风流潇洒，有离尘绝俗之韵。弄玉与萧史合吹几曲，一时彩云四合，百鸟和鸣，当真是"琴瑟和谐，夫唱妇随"。二人成婚后，萧史说："我本是上界的仙人，因为人间史籍散乱，所以玉皇大帝让我下凡整理。我降生在周朝一个萧姓人家，叫萧三郎。后来我因为整理典籍有功，被称为萧史，我也被玉皇大帝封为太华山主人。不久若有龙凤来迎，我们就要远离凡尘，到西方极乐世界去了。"后来萧史乘赤龙，弄玉乘紫凤，从凤台飘然而去。后人称赞对方女婿时说的"乘龙快婿"，大概本于这个传说。宋词中有个词牌名叫"凤凰台上忆吹箫"，也是源于这个典故。

第五章　思图强孝公纳士　用霸术商鞅变法

秦穆公有四十多个儿子，他死以后，太子继位，就是秦康公。秦康公在位十二年后死去，儿子秦共公继位，在位五年，死后由秦桓公继位。在秦桓公十年的时候，楚庄王开始称霸。秦桓公在位二十七年，儿子秦景公继位，他在位四十年，儿子秦哀公继任。和秦哀公同时代的是楚平王，楚平王派人为太子建娶妻，看到秦女容貌姣好就据为己有。他的荒淫无道惹恼了伍子胥，后来吴王阖闾和伍子胥率兵打败楚军，攻入郢都。历史典故"申包胥哭秦廷"也发生在秦哀公时期。申包胥原先是伍子胥的同事，是他通过真情实意感动了秦哀公，秦哀公派军队帮助楚国驱逐吴军。秦哀公在位三十六年去世，这时太子已死，太子的儿子继位，这就是秦惠公。这一年，孔子代理鲁国国相。秦惠公在位十年之后去世，儿子秦悼公继位。在秦悼公时期，国内外发生的大事是吴王夫差勉强称了霸主。在秦悼公十二年时，孔子去世，两年后，秦悼公去世，儿子秦厉共公上台。秦厉共公在位三十四年，他死后，其子秦躁公

第五章　思图强孝公纳士　用霸术商鞅变法

成为国君。秦躁公在位十四年去世，他的弟弟秦怀公继位。秦怀公四年时，他被大臣杀死，他的太子早死，他的孙子被拥立为秦灵公。秦灵公十三年的时候，秦灵公去世，他的叔父悼子被拥立为秦简公。秦简公在位十六年去世，他的儿子秦惠公成为继承人（不知为什么又出来一个秦惠公，《史记》原文如此）。秦惠公在位十三年后仙逝，他的儿子出子继位，但在第二年，出子和他的母亲就被投入深渊杀死，大臣们迎立秦灵公的儿子为秦献公。秦国由于屡次更换国君，君臣秩序混乱，因此，晋国又重新强盛起来，夺取了秦国黄河以西的大片领土。在秦献公当政时，废除了殉葬制度。秦献公在位二十四年去世，他的儿子秦孝公继位。当时秦孝公二十一岁，正是血气方刚、想要大有作为的年纪，他应是承前启后的"中兴之主"。

到了秦孝公时代，中国已进入战国时代，也就是所谓"战国七雄"的时代。在黄河和崤山以东有六个强国，秦国和楚国、魏国、燕国、赵国等并立，楚国与魏国和秦国接壤。那时还有十多个小国，早已成为待宰的羔羊。晋国已被瓜分成韩、赵、魏三家，周王室日益衰微，诸侯国凭借自己的实力征伐兼并，谁的拳头硬，谁就是大哥。秦国和其他六国相比还是比较弱小的，秦人的野心在这时还得不到实现，只能对东方的繁华徒然羡慕。中原文化也毫不留情地排斥秦人，称他们为"蛮夷之人"，他们无法融入主流文化。据专家考证，甘肃省礼县是秦人早期的居住地，在秦孝公以前的二三百年中，秦人不但实力弱小，而且经常受到北方游牧民族的袭扰。秦人生于忧患，在逆境中成长，经过二三百年的奋斗，才在西北高原站稳脚跟。到了秦孝公所处的弱肉强食的战国时代，秦人面对东方六个强大的诸侯国，一时难以实现向东扩张的梦想。

秦孝公针对这种情况，开始改革政治，施行恩惠，救助孤寡，扩充军队。他赏罚分明，发布命令说："当年我的祖先秦穆公施行德政，振兴军队，向东平定了晋国的内乱，使领土扩展到了黄河流域；向西称霸戎夷地区，拓展了千里疆土。天子赐封其霸主称号，其他诸侯也都纷纷派人祝贺。他开创了不朽的基业，十分光辉荣耀。但在我父继位之前的四代国君当政期间，国家动荡。没有稳定就没有发展的必要条件。也正因为出现内忧，这才无暇顾及国外事务，使得韩、赵、魏三家的前身——晋国乘虚而入，侵夺了先祖开拓的黄河以西地区，其他诸侯也因此小看我们秦国。秦国名实俱损，还有什么比这更让人感到耻辱的呢？我父亲秦献公当政时，因为秦国经历了多年的国内动荡，他必须花费大量的精力于整顿内务上，经过多年的努力，终于医治了我们秦人的心理创伤。他也积极准备，时刻不忘向东征伐，恢复穆公时代秦国故有的疆土，重申穆公时代的法令，再振大秦的雄风。但在他有生之年，这一切未能实现。每当我缅怀先君的遗志，真是心如刀割。如今我向天下宣布：在宾客群臣当中若有人能出奇计让秦国强盛的，我将让他享尽荣华富贵，和他共分国土。"

这道命令公布以后，果然就招来一位大改革家——商鞅。

要想知道秦国为什么能在随后的一百四十年中实现统一大业，就必须了解商鞅变法，因为这次变法改变了秦国的社会发展方向。

我们选择《史记》《商君书》《睡虎地秦墓竹简》为主要的材料载体，不局限于秦孝公时代。为了方便普通读者阅读，我们不做非常严格的理论辨析，而是选取一些相对有趣并且容易理解的片段，从侧面来解读商鞅变法及秦国政策的得失成败。

商鞅原名卫鞅或公孙鞅，是卫国国君姬妾所生的公子。这卫国也是与周朝同宗的姬姓国家，始祖是周文王的儿子、周武王的同胞兄弟。他

第五章 思图强孝公纳士 用霸术商鞅变法

◎ 详细认知商鞅变法的三条主要通道

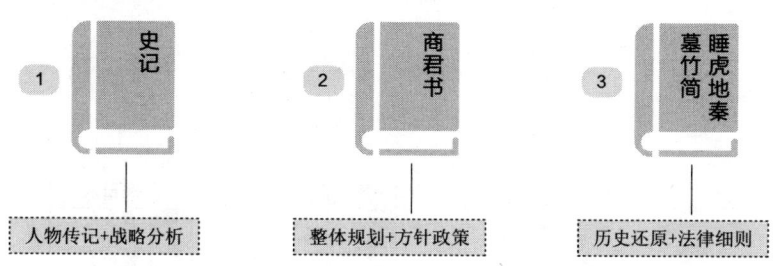

之所以叫商鞅，是因为他在秦国变法之后的对外战争中有功，被封在了"商"地。为叙述方便，我们就直接称他为商鞅。

关于商鞅与秦孝公的见面，大家都比较熟悉。商鞅三次面试时带的政治策划案不尽相同，第一次的策划案核心是"帝道"，第二次是"王道"，第三次是"霸道"。第一次面试时，秦孝公差点睡着了，商鞅所讲的，实在提不起他的兴趣，他认为这样的学说迂阔无用。第二次面试时，秦孝公虽然有了一些兴趣，但商鞅所讲的还不是他想要的强国方案。直到第三次面试，秦孝公的兴奋点才被彻底点燃，据传，他与商鞅谈了三天三夜而不知疲倦。

《文选·班固〈答宾戏〉》："商鞅挟三术以钻孝公，李斯奋时务而要始皇（大意是说，商鞅带着三套方案，以便在秦孝公面前钻营，李斯通过对当时现实的精准分析而获得秦始皇的重用）。"李周翰注："三术，谓帝道、王道、霸道。"还有一说，指王道、霸道、富国强兵之道。姑且不论它们的区别，总之，秦孝公对于长期见效的方案不感冒，就喜欢快速见效的霸道或者富国强兵之道。

前两次面试，商鞅都被打发出来了，第三次面试商鞅通过了，宾主相谈甚欢。

◎ 商鞅挟三术以钻孝公（只按一种说法来表达）

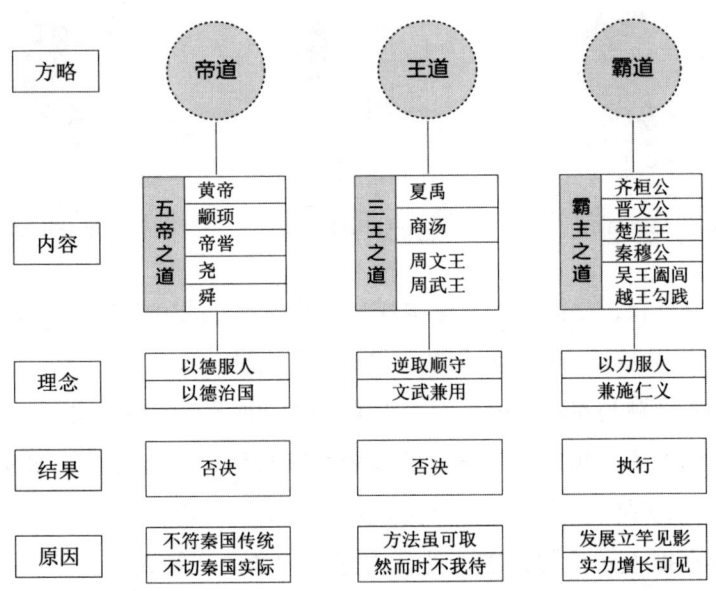

景监曰："子何以中吾君？吾君之欢甚也。"鞅曰："吾说君以帝王之道比三代，而君曰：'久远，吾不能待。且贤君者，各及其身显名天下，安能邑邑待数十百年以成帝王乎？'故吾以强国之术说君，君大说（通"悦"）之耳。然亦难以比德于殷周矣。"

大致意思是这样的：景监一共推荐三次，第一次面试后，秦孝公责备景监推荐的是"妄人"，说话不着边际；第二次，秦孝公虽然没有责备得那么严厉，但还是不满意；第三次面试后，秦孝公对景监说"汝客善"，这个人不错，可以深谈。于是景监问商鞅："您是用什么话打动了我们的国君？他在与您交谈后高兴极了。"商鞅说："我先是拿五帝三王治国的办法开导他，希望他能把秦国治理得像夏、商、周一样，可是你们的国君说：'用这种方法太慢了，我等不了那么久。作为一位贤君，

第五章　思图强孝公纳士　用霸术商鞅变法

在当代就要扬名天下，怎么能执行缓不济急的政策，要慢腾腾地等待几十上百年才能成就帝王之业呢？'所以，我只能用短期见效的富国强兵之策为他作谋划，结果这些策略让他非常高兴。但是，如果这样做，恐怕秦国就难以抵达商、周那样的道德水平和文化积累了。"

五帝三王之道，按照一种说法，就是黄帝、颛顼、帝喾、尧、舜这"五帝"和夏禹、商汤、周文周武（算一个人）这"三王"的治国策略。其实，秦孝公和商鞅在策略选择上是对的。世界发展越来越快，情况越来越复杂，不可能用复古的策略解决当今的问题，如果真这样做，就是刻舟求剑，是非常愚蠢的。

作为秦国国君，必须首先关注他的现实问题，必须有一种"一万年太久，只争朝夕"的紧迫感，否则，没等到成为帝王，他自己和秦国就被人灭了。大国政治必须考虑几个问题：积蓄力量、敢用力量、善用力量。而当时摆在秦孝公面前的问题，就是积蓄力量、创造力量、发展力量。秦朝在秦始皇、秦二世手里灭亡，是因为后来不善用力量，权力过于任性。秦孝公关注现实的政治、实际的效果和力量的积蓄，不能说是错误的。

第六章　是与非庭上争锋　小见大徙木立信

对于商鞅变法，笔者一直以来都是心情复杂。

不了解商鞅变法，就不能理解秦国的迅速崛起，不能理解秦王朝为何倏忽而败，不能理解"罢黜百家，独尊法术"的弊端，不能理解其害，也不能理解其利。

从商鞅开始一直到秦始皇去世这大约一百五十年间，秦国的执政者其实就在做一件事：制定标准和实现社会各个层面管理的标准化。

这是中国历史上第一次在国家层面，通过国家机器的强力手段，深入社会各个层面实施的一次影响深远的标准化行动，是中国第一个标准化的高峰，因此才有"百代而行秦制度"的可行性。

这个过程包括但不限于这些方面：

（1）意识形态标准化：罢黜百家、独尊法术，禁止私学、以吏为师等；

（2）政治制度标准化：授爵制度标准化、管理体制标准化、吏治管

第六章　是与非庭上争锋　小见大徙木立信

理标准化等；

（3）经济制度标准化：度量衡标准化、货币标准化、赋税制度标准化等；

（4）军事制度标准化：军工生产标准化、兵役制度标准化、军事管理标准化等；

（5）农业生产标准化：养殖标准化、粮食仓储及加工标准化、粮食配给标准化等；

（6）手工业的标准化：冶金技术标准化、建筑材料标准化等；

（7）建筑业的标准化：水利工程标准化、道路交通标准化、长城建设标准化等；

（8）文化制度标准化：文字规范标准化、文化管理标准化等。

秦孝公的内心已经接受了商鞅的主张。按照惯例，这样的重大决策，一定要召开高层会议，既要听取、汇总各方面的意见，也要统一思想、统一意见，以便最后能统一行动。

任何组织都是由鹰派、鸽派和中间派组成的，任何一个政策总会有反对意见，在当时秦国的高层中，鸽派代表是甘龙和杜挚。

秦孝公嬴渠梁生于秦献公四年正月，继位时才二十一岁，血气方刚，因此才有这种魄力。可这个事情毕竟干系太大，是前代君主从来没有做过的事情，因此，他心里还是有些忐忑不安。如果这个时候能够获得更多的支持，无疑有助于他下最后的决心。

一般来说，任何一个组织的前进路线，分这样几种：

（1）老司机走老路：一切照旧，人不变、事不变、路不变；

（2）老司机走新路：这是一种改良或者改革，好在组织的驾驭者经验丰富；

（3）新司机走老路：比如西汉初年的萧规曹随，曹参完全按照萧何的路线走；

（4）新司机走新路：这是最危险的一种选择，也可能是收获最大的一种选择。

老司机走老路，可能最后会无路可走。

老司机走新路，好在掌舵者是个老司机，但是这样的老司机，一旦遇到问题，还可能走回到老路上，这就是世界上大多数的改革、改良、创新、创造容易失败的原因。因为走新路就有大风险，路况未知，不像走老路，哪怕路边的一块石头，人们都知道它的位置在哪里。但是，如果这个老司机做出了正确的战略决断，并且有足够的驾驭能力，那么，这是最容易探索出新路的妥当方案。

新司机走老路，相对比较稳妥，因为这样的新司机一般都有副驾驶的实习经历，如今是转正。问题是，如果一直走老路，那就是老司机的复制品。

最有想象空间，也最危险的选择，就是新司机走新路。本来就是新司机，经验不够，又走了一条从没有走过的路，路上的凶险可想而知。然而，一旦走通了，将开辟一个新大陆。

在思维相对固化的农业文明社会里，确实不太鼓励新司机走新路。老司机走老路和新司机走老路，按照前人成功的方向走，是比较受欢迎的。

这个时候，秦孝公与商鞅将要开创的事业，就是新司机走新路，最重要的一点就是大权在手。

可是，这并不代表秦孝公内心没有隐藏的恐惧，面对未知的世界，人的内心历来都是向往、好奇与恐惧并存。

第六章　是与非庭上争锋　小见大徙木立信

秦孝公说:"我替代先君执掌大权,应该关心国家的发展,这是国君的职责;而实行法治,努力彰明君主的权威,是做臣子的义务。我如今想通过改变法度来治理国家,想通过变更礼制来教导百姓,可是又怕天下的人要议论我。"

最先举手发言的是商鞅,他认为:"疑行无成,疑事无功。行动犹豫不决就不会成功,行事迟疑不定就没有功效。国君应该尽快下定决心,还是不要顾虑天下人议论您啊。况且有出众行为的圣人,本来就会被世俗社会所非议;有独特见解的贤人,必然会被民众所嘲笑。俗话说,愚昧的人对既成事实都看不明白,聪明的人在事情还没有显露时就能准确地做出判断。对于民众,不可和他们谋划于事情的开端,只可和他们欢庆事情的成功(愚者暗于成事,知者见于未萌。民不可与虑始,而可与乐成)。郭偃的法书说:'讲求最高道德的人不去附和世俗,成就了丰功伟业的人不和民众商量(论至德者不和于俗,成大功者不谋于众)。'设置法度是为了爱护人民,遵循礼制是用来方便行事的。因此,圣人治国,只采用能使国家强盛的办法,不会谨守旧法;只求能给民众带来好处,不会遵循旧礼。"

在商鞅的价值观里,他只重视顶层设计,而不屑于听取民众的意见。

针对商鞅的观点,甘龙和杜挚提出了反对的意见,他们的主要观点就是:

(1)商鞅说圣人和贤人强调变,他们也搬出圣人,认为圣人说过,不变才对。

(2)按照大家已经习惯了的礼法和法度来统治百姓,官员舒服,百姓也舒服。

（3）效法古代的法制，不会有过错；遵循古代的礼制，不会有偏差。没有百倍的利益，不能轻易变法；没有十倍的功效，不能轻易更换工具。

（4）如果非得变法，也是渐进式的变法，不能轻易打破坛坛罐罐。

总之，如果甘龙和杜挚执掌权力，一定是"老司机走老路"，他们也劝秦孝公和商鞅这两个"新司机"走老路，这样才稳妥。

商鞅立刻进行辩驳，认为"常人安于故俗，学者溺于所闻"，平庸的人安守旧的习惯，学究们往往拘泥于他们的见闻，这样的人，只可以用来维护法制，却不能和他们讨论变革法制的问题。他进一步提出的观点是"治世不一道，便国不法古"，即治理社会不能拘泥于一种方法，只要有利于谋取国家利益，不必效法古代。

这一次的辩论非常热烈而充分，最后秦孝公一锤定音："穷乡僻壤的人往往少见多怪，拘泥于固有学说和偏执于一知半解的人往往缺少全局观念。愚昧的人所津津乐道的事情，智慧的人却可能为之深感悲哀；狂妄之徒所纵情欢乐的事，贤能的人却可能为之忧伤。甘龙、杜挚就是拘泥于世俗偏见的人，我不再为他们的说法而犹豫不决了。"

于是秦国推出《垦草令》，鼓励农民开垦荒地。

在正式推行变法之前，为了提升秦国统治者的公信力，商鞅在秦国首都策划了一次"徙木立信"的宣传活动。

此前秦国的首都在雍城，即今陕西宝鸡凤翔境内，后又迁至泾阳。秦献公二年，秦国迁都栎阳，即今陕西临潼东北。刘邦成为汉王之后，栎阳一度成为汉王国的中心和抗击项羽的大本营，由萧何辅佐太子刘盈镇守。秦孝公十二年（公元前 350 年），秦国迁都咸阳，咸阳成为秦国的政治、经济和文化中心，一直持续到秦朝灭亡。

第六章　是与非庭上争锋　小见大徙木立信

商鞅变法，经过了两个阶段。他不是一上来就搞得天翻地覆，也是先经过一期改革，对实践效果进行总结、归纳和反思，然后才进行二期改革。在一期改革正式推行之前，秦国先推出了《垦草令》，这算是一个改革试点。

我们再做一些分析。秦孝公是在公元前361年继位的，第一次改革在秦孝公三年（公元前359年），第二次改革在秦孝公十二年，《垦草令》应该也是在公元前359年前后颁布的，即在第一次改革命令正式发布之前，而秦国迁都咸阳，是在公元前350年，与第二次改革同时。

那么，"徙木立信"应该是在《垦草令》发布之前，也就是在公元前359年前后，这时秦国的都城应该在栎阳。

为了制造轰动效应，商鞅选择官方宣传的地点为栎阳城的核心商圈。他发布命令说，谁能把一根三丈长的木头从市场的南门搬到北门，就给十金（一金20两或24两，十金200两或240两。对金的定义，后文有详细辨析）。可是大家感觉这个天上掉下的大馅饼应该是个陷阱，都不敢搬，于是赏金提到五十金（1000两或1200两）。这时就有"不怕死"的上来了。木头被搬到北门后，商鞅立刻兑现五十金，目的是告诉大家，他说话算数，不打嘴炮。

做好了媒体宣传和舆论动员后，秦孝公下了变法命令。

当时人可能还只是把这个事情当成一个新闻来看待，恐怕谁也想不到，商鞅对秦国历史和中国历史产生了怎样的影响。

当然，不一定是做完这件事后才推出《垦草令》的，史籍上并没有明确指出这两件事的顺序，但是按照常理推断，策略先行，媒体先行，是必须的。

关于《垦草令》，这里需要作一个说明，这部分内容不在《史记》

中,而是在《商君书》中。《商君书》在司马迁生活的时代是一本畅销书,对于当时的读书人来说耳熟能详,司马迁没有必要过多地引述书里的内容,他只需归纳总结即可,只是对于现代人来说,《史记》已经变得陌生,更不用说《商君书》了。

按照现代的社会学理论,理想的社会结构是"橄榄形"的,金融、政治、文化寡头是小头,纯粹的社会底层百姓是小头,中间最大的部分是中产阶级,它既有上升的空间,同时又是社会财富的中坚。

那么,商鞅理想中的社会是什么样的呢?消灭中产阶级,消灭小富即安的思想,让社会结构呈现"哑铃状"或者"工"字形。不论是"哑铃状"还是"工"字形,都是一种两头大、中间小的社会阶级状态。

以"工"字形来分析。处在最上面这一横的是嬴姓黄金家族、高等爵位的文官和武官,他们掌握着政治设计权和解释权,拥有强大军队的指挥权,掌控了全国的经济命脉,总之,把各项权力都掌握在手里。

处在最下面这一横的是人数占绝大多数的自耕农、奴隶、官奴婢、手工业者、商人和社会各色人等。

最下面阶层的人想要上升,就只有通过那一竖,这就是商鞅设计的社会上升阶梯,通过这个阶梯,可以把一些努力耕作的小地主和立有军功的低级文官与武官网罗到统治阶层门下,参与社会利润的分配。

商鞅的政策可以浓缩为两个字:农战。

整体的上升路径就是:以军功授爵制度取代世卿世禄制度。

如果想要获得财富,得到社会的承认,就只有通过两条路径,一是成为勤勤恳恳的农民,二是成为舍生忘死的战士。

此前,爵位的获得是通过血缘关系,现在,秦国取消了贵族的世袭特权,想要获得爵位,不论是奴隶、农民,还是贵族,都需要在战场上

第六章 是与非庭上争锋 小见大徙木立信

建功立业，否则，一个人虽然富有但是没有爵位，虽然是贵族但是没有爵位。

如此评论，略显空洞，我们还是通过商鞅变法的一些条文和细节来看其利弊，至于成败得失，则请各位读者自行评判。

◎ **危机方案我做**

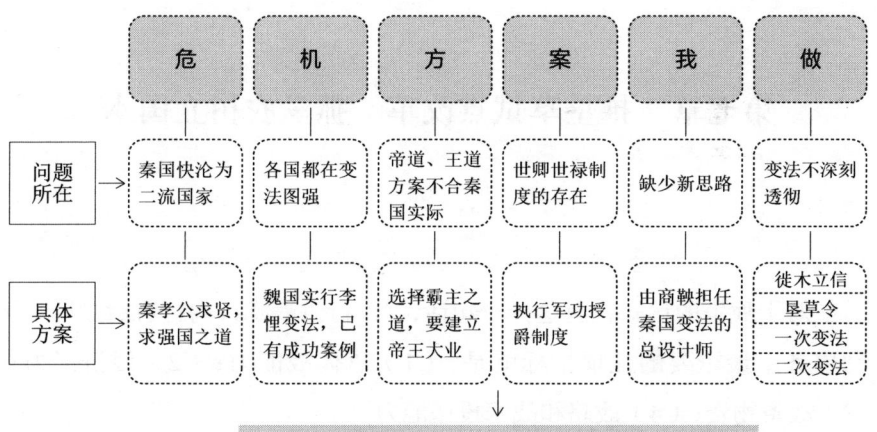

第七章　推垦草试点改革　抓三农树立国本

对于战争的认知,有这样一句话,"外行讲战术,内行看后勤"。后勤事务中最重要的几项指标就是:(1)总体战能力;(2)经济能力;(3)战备物资;(4)战略和战术投送能力。

其实,任何一场战争胜败的背后都是总体战的胜败,它一定和这个国家的政治体制、经济实力、人才机制、文化体系等密切相关,只靠一个英明的君主或者杰出的将领,只能取得一时一地的胜利,因为这样的人物是"生出来"的,可能只有一个,而在综合实力强、机制优越的环境中,却可以"教出来""打出来"大批量的明君和名将。"天才型"的明君和名将可遇不可求,而如果有良好的机制,"人才型"的明君和名将是可以批量化"生产"的。商鞅变法之后,秦国名将辈出,这就是最有力的证明。

在商鞅的眼里,他首先要解决的就是经济实力增长的问题。确定以农业发展为中心,这在当时是正确的。重农抑商是有必要的。当时生产

第七章 推垦草试点改革 抓三农树立国本

能力那么低,如果不重视农业,是要饿死人的。我们不能用吃饱饭的心态来看那个时代的决策。在农业文明时期,农业是根本。错误在于,后来的统治者在不该继续执行重农抑商的政策时,依然顽固地执行,这时已经与商鞅变法时代不可同日而语了。

《垦草令》有二十条基本政策,我们一条条来看,并逐条分析《商君书》《史记》《睡虎地秦墓竹简》等史料中关于商鞅在重农抑商、军功授爵、社会各个层面标准化上采取的各种措施。尽量不引述原文,也不全盘翻译,只取其要点。

(1)《垦草令》第一条。不准官吏懒政,当天政务当天完毕。如果官员都是勤政的,他们就没有时间和精力去侵扰百姓。即便是邪恶的官吏,也只能整天忙于政务,没有时间到民众那里谋取私利。如果农民不受损害而有更多的时间从事农业生产,那么荒地就一定能开垦了。

(2)《垦草令》第二条。要制定一个合理的土地税税率,而且土地税的制度要统一,这样,农民的负担就比较公平。君主统一税率,就有了信用,君主就能获得民众的支持,而公开税率、统一税率之后,臣下就不敢搞歪门邪道,税外收费。这样,民众就不会对君主和官吏有怨气,并且会慎重看待自己的职业。如果壮年人积极从事农业生产并且不改行,年轻人就会学习他们,那么荒地就一定能开垦了。

汉初统治者为了恢复经济,轻徭薄赋,实行"什五税一"的政策,即税率 6.7%,这是有明确记载的,那么秦国的税率一定高于 6.7%。史料佐证,秦国的土地税应该是"什税一",即 10%左右。至于有史料记载,土地税最后超过 50%或 66.7%,那可能是夸张之词,要是有,也可能是秦二世搞的。当然,农业税只是其中一个方面,秦国农民还有沉重的徭役和兵役负担。

（3）《垦草令》第三条。一些外来的知识分子，凭着游说君主，就可以获得爵位和官位，这样就会引起价值导向上的混乱，民众就会心存羡慕之情。如果国君不这样做，民众就不会看重学问，也不会轻视农业。"民不贵学则愚，愚则无外交，无外交则勉农而不偷。民不贱农，则国安不怠。"民众不看重学问，就会愚昧无知；民众愚昧无知，就不会外出交游；民众不外出交游，就会努力务农而不懈怠；民众安心务农，国家就会安定而没有危险。这样，荒地就能开垦了。统治者主要是怕民众有了学问、有了见识、有了判断力、有了通过其他途径致富的想法，就不好管控了。这是愚民政策的一个证据。

（4）《垦草令》第四条。达官显贵的薪水高、财源广，他们的收入大多数来自自己的封邑，他们在自己的独立王国里担任"地税局局长"，收入不归国库，而是进入他们的私囊。因为他们有钱有权，所以投靠他们的人就多，这些人不但有了吃闲饭的地方，而且还不用纳税。如果按照这些吃闲饭的人的数目来征收赋税，并加重他们的徭役，那么达官显贵就不会多收食客。这些邪恶不正、好吃懒做的人没有了保护伞，只能回去务农，荒地就能开垦了。

从这一条可以看出商鞅眼光的独到。他不让达官显贵的封邑成为法外之地，而是让纳税系统深入到秦国社会的每一寸土地，不能有漏洞。这是每一个统治者和改革家都需要做的。由此可以想象，秦国传统贵族会多么恨商鞅，因为他一直在放他们的血，取消了他们通过血缘继承的特权。如果是甘龙和杜挚，就不会推行这样的政策，而是会尽最大努力扩大贵族的特权，争取传统贵族的支持。

（5）《垦草令》第五条。商人不得卖粮，农民不得买粮。农民不得买粮，那么懒惰的农民就会努力耕作。商人不得卖粮，那么他们在丰收

第七章　推垦草试点改革　抓三农树立国本

的年景里不会靠卖粮而更加享乐,在荒年也不会靠囤积居奇来获得丰厚的利润。没有厚利可图,商人就害怕经商,就会去务农。商人都去务农了,懒惰的农民也努力了,那么荒地就一定能够开垦了。

这个主意可不太高明。虽然短期之内可以稳定粮价,但是秦统治者的手伸得太长了,用强制手段取消或者限制市场交易,国家经济注定得不到长久发展,这也违背了市场规律。

(6)《垦草令》第六条。预防社会出现泛娱乐化倾向,不让追求靡靡之音和奇装异服的风气扩散到农民群体中。不听靡靡之音,不求奇装异服,农民就不会精神涣散,这样才会专心一意于农业生产。这是用强制手段剥夺农民的精神生活,不让农民有任何精神追求,农民只要过好"三个饱一个倒"的日子就行了。

(7)《垦草令》第七条。不准雇用人做工,那么有食邑的大夫就无人可雇,就无法建造修缮房屋。因为无人可雇,大夫们溺爱的孩子就不会好吃懒做,就会自己动手。如果大夫不雇用农民工,就不会妨碍农业生产,他们的孩子也需要自食其力。如果农民没有打工的途径,努力生产,那么他们就能开垦荒地了。这一条只能说对于商鞅时代的重农政策有益,对于现代参考性不大。现代社会为了刺激消费,大力发展第三产业,也使用很多手段促进劳动力市场的活跃。

(8)《垦草令》第八条。把秦国的宾馆都取缔,让那些奸邪诡诈、不安本分、迷惑农民的人不能外出旅行。这样,不仅杜绝了祸患,而且宾馆老板无法谋生,也只能务农去了。这些人都去务农,荒地就一定能开垦了。

(9)《垦草令》第九条。"壹山泽"。由国家独占并统一管理山林湖泊的资源,不许百姓任意砍柴、采矿、打猎、捕鱼,厌恶农耕、懒惰贪婪的人就没有地方混饭吃了，就一定要去务农。这些人都去务农，荒地就能开垦了。

（10）《垦草令》第十条。提高酒、肉的价格，征收的税额是它成本的十倍，即税额 1000%，这样的话，卖酒、肉的商人就会减少，农民也就不可能嗜（shì，特别爱好）酒畅饮，大臣也不会因为大吃大喝而荒废政事。卖酒的商人减少了，就节约了粮食；农民不嗜酒，就会努力生产；臣子们不荒废政事，那么工作效率就高。国家不浪费粮食，农民从事生产不懈怠，荒地就一定能开垦了。

（11）《垦草令》第十一条。加重刑罚。由于实行五家一保、十家一保的联保政策，让联保组织中的人和罪人一起接受惩罚，因此：① 气量狭窄、性格急躁的人就不敢私斗；② 强悍刚烈的人就不敢轻易挑衅、争辩是非；③ 懒惰的人就不敢再游手好闲；④ 大手大脚消费的人也不会再出现；⑤ 花言巧语、心术不正的人也不敢再行骗了。国内没有这五种人，荒地就一定能开垦了。

（12）《垦草令》第十二条。民众不得擅自迁徙。不让他们接触外部世界，他们就会愚昧无知。民众愚昧无知、安土重迁、不妄想，那么，即便有人鼓动他们出外谋生，也不会得逞。如果愚昧无知和见异思迁的人都能努力从事生产，就能安居乐业。农民愚昧无知、安居乐业，荒地就一定能开垦了。

（13）《垦草令》第十三条。对贵族也要有限制措施，制定让嫡长子之外的贵族子弟也需要服徭役的法令，并且提高他们免除徭役的条件，他们要满足一定的标准才能享受属于他们的福利。如果不能逃避徭役，也不一定能当大官，同时也没有了外出游说或者依靠豪门权贵的路径，那么他们只能去务农。这些人都务农，荒地就一定能开垦了。

第七章 推垦草试点改革 抓三农树立国本

（14）《垦草令》第十四条。不许大臣和大夫们学习和研究古代的文化典籍，不许他们依靠口才和智慧传播儒家经典，尤其不许他们到各县居住游学，这样，农民就不会听到奇谈怪论和儒家学说。如果听不到奇谈怪论、私下学说、儒家学问，那么，即便聪明的农民也没有路径脱离他们所从事的农业，而愚蠢的农民会变得更加愚蠢，不爱好学问。如果愚蠢的农民致力于勤奋耕作，聪明的农民也不脱离农业，那么荒地就一定能开垦了。

（15）《垦草令》第十五条。整顿军市。这是一个非常复杂的问题，对这一段文字，笔者翻阅了五个版本的《商君书》，都没有得到令人非常信服的翻译，又查阅了大量的学术文献，《中国古代军市不是军中妓院》（朱琪著，见《中国性科学》2011年第2期）和《论中国古代的"军市"》（刘钊著，见《厦门大学学报》2006年第2期）这两篇文章的一些论证与笔者的想法比较契合，尤其前一篇文章，论述得很好。尽管如此，笔者还是有很多不同的想法。

这一段原文是这样的："令军市无有女子；而命其商，令人自给甲兵，使视军兴；又使军市无得私输粮者。则奸谋无所于伏，盗输粮者不私稽，轻惰之民不游军市。盗粮者无所售，送粮者不私，轻惰之民不游军市，则农民不淫，国粟不劳，则草必垦矣。"

把文言文翻译成白话文，是一件非常艰苦的工作，如果文言文自身存在矛盾、表述不清，缺少丰富的史料来支撑，翻译就难上加难。另外，言语之外的意境更是难以翻译。因此，翻译得不恰当在情理之中。这里不做原文翻译，只提取关键点进行详细分析。从原文中可以提炼出这样几个关键点：秦国有军市、商鞅禁止军市中有女子、军队有非官方的供货商、有"私输粮"的人、在军市中有奸谋之事发生、有"盗输粮"的人、"送粮"的人可能有私下交易、有"轻惰之民"。"轻惰之民"与农民是两码事。如果游手好闲的"轻惰之民"不在军市上游荡，农民能安守本分，国库粮食不被损耗，则荒地必然被开垦了。

我们可以有这样一些思考：

① 不仅秦国有军市，齐国、赵国都有军市，这是史籍明确记载的，说明军市在当时是普遍设立的，这应该是为了解决军人与军人之间、军人与百姓之间、军队与商业组织之间的贸易问题，而且这个市场应该在军营内或者在军营周边。

② 战国四大名将之一、防备北方匈奴入侵的赵国边防军司令官李牧把军市的收入用来奖赏士兵，说明军市是收税的，军队对税收有一定的支配权。同理可推，商鞅变法前，秦国军市也应该有类似的情况，而在商鞅变法后，秦国军市的管理应该就与其他六国大不相同了。

③ 湖北云梦睡虎地 4 号秦墓中出土的木牍记载了两个士兵黑夫与惊的家信，其内容主要是向家人索要衣服和钱，并且关心赐爵情况。很可能当时秦国的军队只配发外衣，内衣和其他用品需要自己补充，不像现代的军人从军装、武器到生活用品都是标准制式的。这一点当时还达不到，因此保留军市是非常有必要的。

④ 当时从事后勤保障工作的除了官商，应该还有"民营企业家"，当然，能够得到这个资格，一定是经过统治者的专项审批的。"而命其商，令人自给甲兵，使视军兴"，这应该是让商人根据军队的实际情况，对军事物资进行补充。《商君书全译》的作者张觉先生翻译为："又命令其中的商人，让他们每人都给自己所在的部队供应好铠甲兵器，使他们时刻注意军队的战斗动员情况。"如果这么翻译符合当时的实际，那么此时军械的筹备也不完全是国家主导，而是需要民间资本的介入。

第七章 推垦草试点改革 抓三农树立国本

⑤ 禁止军市中出现女子,这个比较好理解。这个市场应该相对自由,男女老少应该都可以去。这里的女子不一定是从事特种职业的人,但是,因为当时的军人群体是"饥渴群体",防患于未然是必须做的。

⑥ 对于"私输粮者""盗输粮者""轻惰之民""送粮者""农民不淫"这几个关键点,各个译本都没有给出让人特别信服的答案。笔者给的答案也不是标准答案,而是一种探讨:

其一,这主要是针对军队腐败问题的思考,军队中的腐败者与"轻惰之民"互相勾结,伤害了国家的利益。其二,"轻惰之民"应该是与"私输粮者""盗输粮者"连在一起的,"轻惰之民"游荡于军市,一定是因为有利可图,他们不会是普通的农民,也不会是取得官府合法执照的商人,而应该是"私输粮者"和"盗输粮者"。第一种身份是掮(qián)客,通过替人介绍买卖赚取佣金;第二种身份是投机者。"私"和"盗"都不是正大光明的,一定是暗中交易。其三,"私输粮者""盗输粮者"怎么能赚到钱呢?一定和粮仓负责人或军官存在权钱交易。一种方法是,"私下输送的粮"是以次充好的,以市价或者高价卖给军方。另一种方法是用劣质的粮通过"仓库硕鼠"倒换出优质的粮,然后"轻惰之民"把粮食运走变现,在这个灰色产业链上得到好处。还有一种方法是,"仓库硕鼠"利用粮仓管理上的漏洞,联合"轻惰之民"把好的粮食"盗"出来,然而向国家上报"损失",而通过好粮变现的钱进了私人钱袋。或者可能还有其他方法。对于"轻惰之民"的赚钱方法,不得而知,但应该离不开这些古今相通的"方法"。

"送粮者"和"农民不淫"有什么关系呢?其一,这些"送粮者"应该是得到官府认可的粮食供应商,也就是普通农民,这是他们应该缴纳的公粮,但是,在送粮的过程中,他们也会夹带私货,这些都是军人需要的用品。在商鞅眼里，如果普通农民做这类事情，其专心务农的意志就会动摇，因为农民品尝到经商的好处之后，就不太喜欢做艰苦的工作。其二，这些农民也可能是"送粮者"中的一员，他们交完公粮、留好口粮之后，会把多余的粮食拿到市场上交易，而军营是粮食的最大需求方，因此，粮食可能涌入军市。其三，如果让农民和"轻惰之民"都出现在军市中，就会对农民产生精神污染，因为"轻惰之民"的赚钱方法很容易，这会引起踏实工作的人心理上的不平衡。至于这种分析对不对，大家可以一起来探讨。

在《垦草令》中，商鞅说得并不明确，我们可以推测其方向性的策略。按照他重农抑商的思路，按照他以农战为核心支撑点的政策制定方向，他是要取消"民营企业"的供应商资格，由秦国国有经济部门全面接管，并且加强内部管理，堵住军队的腐败之门。《睡虎地秦墓竹简》留下了《仓律》26条，这不一定是商鞅变法时一次性完备的，后世会陆续增加管理细则。这些细则已经涵盖粮食的仓储、保管、发放，各色人等的口粮标准等多维度信息，而且还有非常严格的审计、会计、检查制度。这个问题非常重要，后文还需要详细分析，因此，关于秦国军市问题只讨论到此。

（16）《垦草令》第十六条。这是一条非常积极，也寄托了商鞅美好愿望的措施。"百县之治一形"，也就是说，不论治下有多少个县城，每个县城的机构和人员设置、职权范围、施政流程、管理制度等尽量做到标准化。如果做到这一点，那么：

① 调职升官的官员就不会美化、吹嘘自己，因为一切皆有国家法度，治理得好也不是他个人的功劳，他只是一颗螺丝钉，不是他个人采取了什么与众不同的政治措施。

第七章 推垦草试点改革 抓三农树立国本

② 由于实施了管理标准化、运营连锁化，因此，接任的官员也不敢轻易改变国家统一的法度。

③ 由于一切有章可循，管理措施严密，监督手段到位，犯错的官员就很难掩盖自己的错误。官吏的错误不能隐瞒，那么官吏就不做邪恶的事。调任、接任、在任的官员都不敢轻易改变国家的法度，扩大编制，就不会增加各县的财政负担。如果官吏没有邪恶行为，农民的利益就不会被非法侵害。如果农民不必四处躲避侵害，农业生产就不会遭到破坏。如果人员编制少，就不会把地税负担转嫁到农民身上。如果农民的负担较少，那么务农的时间就多了。务农的时间多了，而征收的赋税不多，农业不遭到破坏，那么荒地就一定能开垦了。

这种管理理念其实是非常超前的。吏治问题一直是中国传统政治中的难点、痛点，后文会分析，商鞅在吏治上下了大力气，对官吏的惩罚措施非常严厉。可惜的是，这些本来应该在中国管理学上发光的思想，却因为秦王朝的短命而被湮灭在历史的长河中了。

（17）《垦草令》第十七条。加重关口、集市上的商品税，那么农民就不爱经商；商人因为利润减少，就会怀疑自己，重新评估自己的商业行为。如果农民不爱经商，商人懒得打理生意，那么荒地就一定能开垦了。这是一种杀鸡取卵式的短视。

（18）《垦草令》第十八条。此前，商人家里劈柴的、赶车的、服役的、当仆童的都能逃避国家的徭役，而商人家里多一个逃避徭役的人，国家就缺少一个服役的人。如今要让商人家里所有的家丁都到官府登记注册，然后按照名册分配徭役。这样商人就劳苦，农民就安逸。对于"商劳，则去来赍（jī，把东西送给别人，怀着）送之礼，无通于百县"的翻译，我不满意，因此，我们还是用推理的方式来解决。

这句话可能的解读是：商鞅政策的重点之一就是让农民能够安心务农，不让商人轻松获取高额利润的手段败坏社会风气，使农民变得心猿意马。

关键是要弄明白商人此前"通于百县"的"去来赍送之礼"究竟给社会和农民带来了什么，才能理解商鞅的"去来赍送之礼，无通于百县"的思考点在哪里。

商人经商产生利润的方式，一定是低价进高价出。一是进货渠道在外边，销售渠道在本地；二是供货渠道在本地，销售渠道在外地；三是大商人搞连锁经营，进货渠道与销售渠道更加复杂。不论是哪种方式，都离不开物流链、产业链和销售链，都离不开工作人员。在商鞅变法之前，秦国的社会管理应该是粗放型的，变法之后，就进行精细化管理。或者有一种可能，就是大商人可以通过行贿或者缴纳社会负担款的方式，不让自己的员工承担社会责任，只给自己服务就行。但是，这个时候不行了。

在当时，农民缴纳土地税，商人缴纳商业税，这都是必须的。还有一种就是徭役。徭役是免费给国家提供劳动，建设一些社会公共设施，但是，这种劳动是没有工资的，甚至连工作餐都没有。在秦国，每个人一年服徭役的时间可能与汉初一样，是一个月，负担非常沉重。如果商人的员工都需要服徭役，提供免费劳动，必然造成人力上的短缺，影响商业和物流的顺利开展。

现在回到对那句话的理解上。一种情况可能是，物流和商业过于发达，就会造成经济的繁荣、物品的丰盛，社会上迎来送往的风气就浓厚。一旦这种风气起来了，农民一心务农的坚定性必然动摇。

一种情况可能是，"去来赍送之礼"中的"礼"就是一种错误，在

第七章 推垦草试点改革 抓三农树立国本

传抄过程中弄错了。当然这是推理，没有根据，但是印在书上的不一定都对。而且古籍为什么难懂？除了年代久远之外，还有一个原因就是很多典籍都有脱落，这对于当时的人来说是一种常识，而对于缺少那个生活环境的后人来说，就是天书。另外，看过《商君书》之后，就会发现，商鞅的观点有时候是真知灼见，有时候明显就是生搬硬套。这种情况不是没有。

因此，可以试着这样理解这个政策：不让商人的员工逃避徭役，把他们都登记在册，不让商业流通过于发达，不让商人的利润过于优厚，不让社会出现迎来送往、互相攀比的风气，不让这种风气影响到农民的心态，同时商人的徭役负担加重了，农民的徭役负担相对就减轻了，那么荒地就能开垦了。

（19）《垦草令》第十九条。运送粮食时不准雇用别人的车子，运送粮食的车子在回程中不准受雇于别人，车子、拉车的牛、车的载重量在服役时必须与注册时的登记相符合。这样，送粮的车来去就快，送粮的工作就不会影响农业生产。送粮但不影响农业生产，那么荒地就一定能开垦了。其实，这个规定非常不合理，就是怕农民尝到经商的甜头，只想让他们一心务农。

（20）《垦草令》第二十条。不准为罪人向官吏请托说情，并给罪人送饭吃，这样，邪恶的人就没有了主心骨。邪恶的人如果没有了依仗，为非作歹的人就少了。如果为非作歹的人没有了依靠，农民就不会受到损害。农民不受到损害，荒地就能开垦了。

以上是商鞅《垦草令》的基本内容，从中既能看到商鞅的精细化管理思想和特立独行的个性，也能看到他的大胆的行政设想和卑鄙的行政手段。为了增加秦国的财政收入，为了保护农民的生产积极性，他对吏治、农业税、商人特权、行政效率、商业税、消费领域、第三产业、刑法、舆论管控、徭役等都做出了相应的调整和规范。这里有积极的因素，也有消极的因素，有的在当时是积极因素而对后世来说却是消极因素。这是他的"农战思想"中对"农"的举措，另一方面就是对"战"的重视。

第八章　农战策环环相扣　军功爵等级森严

提升秦军的战斗力，首要的就是建立秦国民众建功立业、上战场杀敌的物质驱动和精神驱动机制。商鞅采取实用主义至上的原则，建立了一整套完善的、有公信力的、有明确上升阶梯的军功授爵制度。在此之前，一直流行的是"世卿世禄制度"，这是基于血缘对财产和爵位的继承与分配制度，是"拼爹制度""拼祖宗制度"，只要投正了胎，尤其是投在了正妻的肚子里，成为嫡长子，就具有天生的、法定的爵位继承权，否则就没有上升的阶梯，只能在自己的位置上"安贫乐道"。如今"军功授爵制度"取代"世卿世禄制度"，给更多阶层的民众一个上升的阶梯，扩大了爵位和利益分配的范围。

与血缘的不平等相比，军功的不平等和财产的不平等是一个进步。军功不是谁都能建立的，根据军功的大小授予爵位，根据爵位的高低享受与之相对应的经济利益和社会荣誉，爵位成了秦国民众梦寐以求的硬通货。下面这些人都需要爵位：

秦史之谜

◎中国传统社会的主要上升阶梯

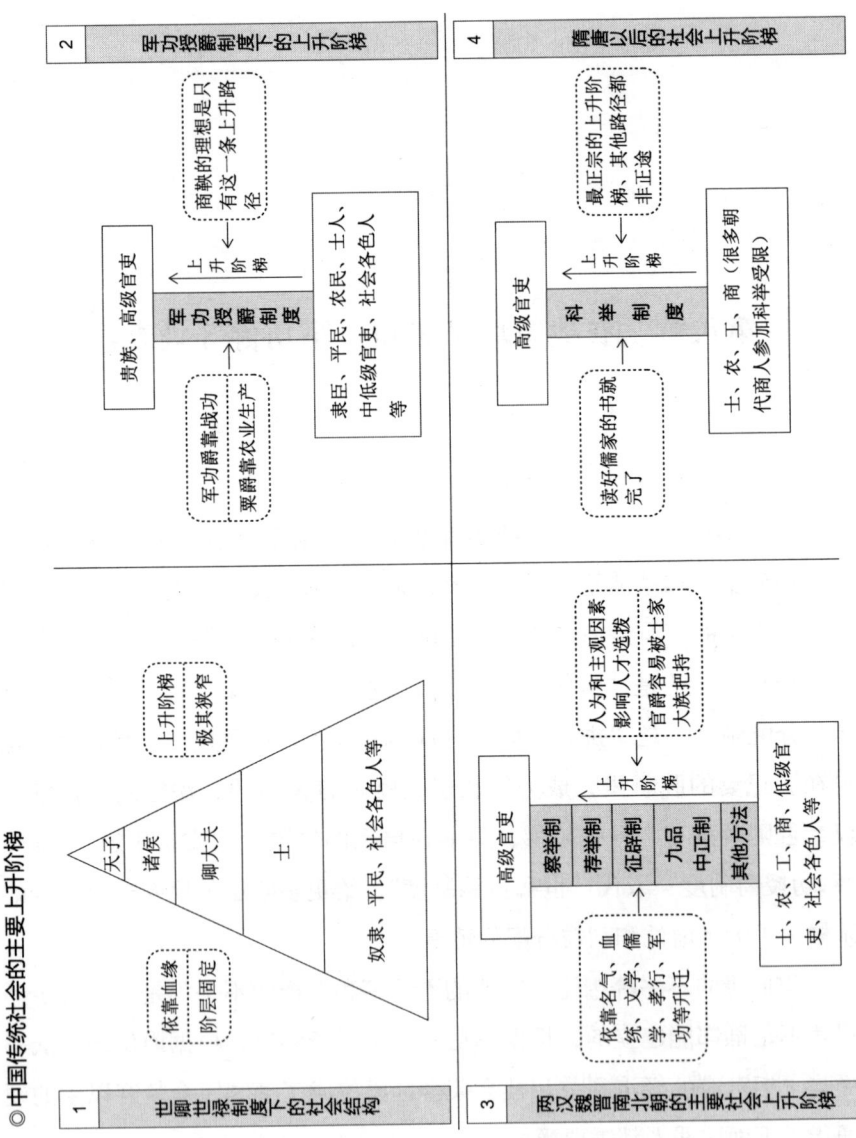

（1）贵族需要军功。《史记·商君列传》记载："宗室非有军功论，不得为属籍。"嬴姓宗亲，如果没有军功，不得列入贵族名册，不得享有特权。

（2）富人需要军功。《史记·商君列传》记载："有功者显荣，无功者虽富无所芬华。"有军功的很荣耀，没有军功的虽有钱也不光彩。

（3）民众需要军功。《史记·商君列传》记载："明尊卑爵秩（zhì，"秩"字从禾，从失；"禾"指五谷、俸禄）等级，各以差次名田宅，臣妾衣服以家次。"明确尊卑，凡爵位、俸禄，都依军功的大小而论其高低，与此同时，田地、住宅、奴婢、衣服等财物的分配，也依照军功的大小、爵位的高低来确定。这就是说，军功大小、爵位高低不同，那么，除了工资有区别之外，分到的田地的好坏不同，住宅的大小不同，包括使用奴婢的多少、穿的衣服是不是名牌等，都需要和爵位相称，不是有钱就可以任性的。

《商君书·境内第十九》中记载："小夫死，以上至大夫，其官级一等，其墓树级一树。"从这时开始，爵本位和官本位就开始深入到社会各个层面了。从最低级的小夫直到高级爵位的大夫，一个人的官职每高一级，其坟上的树就按照级别多种一棵。可以说，在秦国，爵位和官职从生到死都起到支配的作用。

除了军功爵，还有粟爵。不打仗也可以，会种地就行。《商君书·去强第四》："国无怨民曰强国。兴兵而伐，则武爵武任，必胜；按兵而农，粟爵粟任，则国富。兵起而胜敌，按兵而国富者，王（wàng，称王）。"强国的标志之一就是没有抱怨社会、怨恨君主的民众。如果兴兵去讨伐他国，就按照军功授予爵位，按照军功委任官职。如果能做到这一点，就必然胜利。如果按兵不动，就大力发展农业，按照捐献粮食的多少来授予爵位，按照捐献粮食的多少来委任官职，那么国家就富足。出兵能战胜，按兵不动能富国，就可以称王天下。

粟爵粟任是辅助性的，武爵武任才是主要的授爵途径。农是根本，战是目的，粟爵粟任也是为战服务，因为保证军粮供应和军队后勤工作的顺利开展是打胜仗的根本。

秦国的爵位分二十级，《汉书·百官公卿表》："爵：一级曰公士，二上造，三簪袅（zān niǎo），四不更，五大夫，六官大夫，七公大夫，八公乘，九五大夫，十左庶长，十一右庶长，十二左更，十三中更，十四右更，十五少上造，十六大上造，十七驷车庶长，十八大庶长，十九关内侯，二十彻侯。皆秦制，以赏功劳。"

◎秦国二十等爵的基本概况

层级	爵级	爵位名称	别称	发冠样式	职责	备注
无爵者	无爵者	小夫、校、徒、操		后脑梳扁髻和发髻偏左		另一种观点认为小夫是庶子，包括校、徒、操
士爵	一级	公士		发髻偏右	步卒	以右为尊
	二级	上造		戴帻，红色或黑色	步卒	兵马俑以一级、二级爵为多
	三级	簪袅	谋人		一般是驾驭驷马战车的御手（司机）	
	四级	不更			一般是车右	
大夫爵	五级	大夫		戴长冠	车左，最低一级的军吏	

第八章　农战策环环相扣　军功爵等级森严

续表

层级	爵级	爵位名称	别称	发冠样式	职责	备注
大夫爵	六级	官大夫		戴双版长冠		
	七级	公大夫	七大夫	戴鹖冠，乘普通战车		高爵开始
	八级	公乘		戴鹖冠，乘装饰华丽、性能高档的指挥车		《秦陵兵俑爵级考》中说："公乘以上的爵位，在已出土的秦俑中不存在。"
	九级	五大夫				
卿爵	十级	左庶长			将军衔	商鞅、白起曾在这一职位上
	十一级	右庶长				
	十二级	左更				
	十三级	中更				
	十四级	右更				
	十五级	少上造				
	十六级	大上造	大良造			商鞅、白起曾在这一职位上
	十七级	驷车庶长				
	十八级	大庶长				
侯爵	十九级	关内侯				
	二十级	彻侯	列侯、通侯			为避汉武帝刘彻的讳，改为列侯或通侯

续表

层级	爵级	爵位名称	别称	发冠样式	职责	备注
总说		商鞅变法时的爵位不是一下如此完善的,有一个发展过程	西汉中期之后爵位贬值,除十九、二十级之外,其他爵位失去了固有价值	爵位的差异性体现在各个细节中		当时七国普遍实行军功爵制,但秦国最完整、最彻底,留下的资料相对完善,其他国家的史料被秦始皇焚书、项羽火烧咸阳后,几无保留

注：发冠样式条目参考《秦陵兵俑爵级考》，总说一栏参考《秦军功爵制简论》。

还有一些情况需要说明。

按照《商君书·境内第十九》中的记载，在一级爵位公士之下，还有一些职位，分别是小夫、校、徒、操，然后就是公士。这些职位应该是后勤或军职，没有爵位。按照现代军队建制，一般是士兵、士官、尉官、校官、将官五个层次，尉官以上才有军衔。如果把秦国的爵位应用到军队中，顶替军衔的话，那么公士应该是一级军衔，类似于现代军事制度中的士官，而小夫、校、徒、操等类似于列兵、上等兵等，小夫应该是秦国军队中地位最低的。当然，如此比较并不严谨，只是为了便于理解。

这些爵位并不是在商鞅变法时一次性形成的，应该持续到秦始皇时代才最终完成。《商君书》中没有提及"十七驷车庶长，十八大庶长，十九关内侯，二十彻侯"，只到第十六级爵大上造，大上造此前叫大良造。商鞅在秦孝公三年（公元前359年）被授予第十级爵左庶长，在秦孝

第八章 农战策环环相扣 军功爵等级森严

公十年（公元前352年）被授予第十六级爵大良造（大上造），相当于其他国家的相国兼将军。

《史记·秦本纪》中记载："二十二年，卫鞅击魏，虏魏公子卬（áng）。封鞅为列侯，号商君。"秦孝公二十二年的时候，卫鞅攻击魏国，使用手段俘虏魏国的统兵大将公子卬。秦孝公封卫鞅为列侯，号称商君。也就是说，此时才开始称卫鞅为商鞅。这就说明，在秦孝公时，已经有列侯的爵位，但是，《史记·商君列传》并未提封侯，应该说此时还是封君。

至于职务与爵位的对应关系，不详，可能这是两个评判标准。但是，每个职位配备的短兵（卫队）数量是不一样的。

◎《商君书·境内第十九》中列出的职务的基本信息

序号	职务	职位说明	短兵（卫队）数量（人）	统兵数量（人）
1	屯长	类似班长	0	5
2	偏将、裨将	类似排长	10*	100
3	五百主	类似连长	50	500
4	六百之令	类似营长或者副团职	60	600*
5	七百之令		70	700*
6	八百之令		80	800*
7	千石之令		100	1000*
8	二五百主	类似团长	100	1000
9	国封尉	类似师长	1000	10000
10	大将	类似军长（指挥官）	4000	40000

*文中没有明确说，笔者根据上下文推导的。

下面对秦国军官的职务作一个说明。

（1）屯长。商鞅变法之后，把普通百姓捆绑在一起，五户为伍，十户为什（shí），采取联保的政策。一家犯罪，其他九家要告发，如果不告发，则各家连坐有罪。军队中也实行这样的方式，这五个人是战场上的命运共同体。

（2）偏将、裨（pí，辅佐的、副的）将。关于这个职务，书中明确地说"百人一将"，即带队100人，但是没有说明短兵（卫兵）数。根据下文所说的比例，应该是10人。统率20个屯长。

（3）五百主、二五百主。二五百主指两个"五百主"，不是"二百五主"。在介绍二五百主时，《商君书·境内第十九》说他是"将之主"，可解读为"统领将官之主"。书中明确说"百人一将"，二五百主应该是统领10个将官，每个将官统领100人，因此，二五百主统领1000人，五百主统领500人。《商君书·境内第十九》明确说的是"五百主，短兵五十人；二五百主，将之主，短兵百"，军队的建制一般都是按照比例来配备的，这样才容易管理和指挥。这样来理解和推断，各方面的比例是合适的。

（4）六百之令、七百之令、八百之令、千石之令。这是以年薪标准来衡量的。关于年薪的问题，后面还要讲述，在此只是简单介绍一下。《汉书·百官公卿表》中记载："县令、长，皆秦官，掌治其县。万户以上为令，秩千石至六百石。"县令、县长都是秦国设立的官职，负责管理一县。户口数量超过10000户的，称为县令；不到10000户的，称为县长。县令的年薪从600石（现读dàn，古音读shí）到1000石不等，所在县的位置、权重、大小不同，县令的年薪也有区别。1石=120斤，1斤约合今天的250克（实际应为253克，今取整），因此，1石（秦时）=60斤（当今）=30公斤（当今），600石、700石、800石、1000石，分别表

第八章 农战策环环相扣 军功爵等级森严

示年薪（这样说是有问题的，只是为了便于大家理解，下文有分析）。可见当时还没有统一的军衔制度，薪水、爵位、职务混杂使用。

另外，秦国的行政人员也需要上战场，军政统一，因此，所谓六百之令、七百之令、八百之令、千石之令，极有可能是当时地方官府的主管人员担任军职。令，行政长官的通称，如县令。当时，文武不分，出将入相，上马管军，下马管民，行政官吏参加战争，是符合秦国人事制度的。

◎秦汉时官员秩禄的简况

等级	印绶	秩禄	实发月薪（斛）	说明
	金玺鳌绶	诸侯王		诸侯王本不在这个系统，只是为了让大家有个比较
第一等级	金印紫绶	万石	350	西汉时，太师，太傅，太保，丞相，太尉，以及前、后、左、右将军都是金印。丞相、太尉秩万石，其他持金印者秩禄差别很大，不一一说明
第二等级：秦汉时中央列卿和地方郡守一级等高级官吏	银印青绶	中二千石	180	
		真二千石	150	真二千石是西汉的薪水
		二千石	120	
		比二千石	100	比二千石以上为银印青绶
第三等级：中央列卿的属官、郡级属官和县令（万户以上）等中高级官吏	铜印黑绶	千石	90	
		比千石	80	
		八百石	当在70—80之间	后来取消，并入六百石
		六百石	70	
		比六百石	60	比六百石以上为铜印黑绶

073

续表

等级	印绶	秩禄	实发月薪（斛）	说明
第四等级：县长（万户以下）、县丞、县尉等基层中下级官吏	铜印黄绶	五百石	当在50—60之间	后来取消，并入四百石
		四百石	50	
		比四百石	45	
		三百石	40	
		比三百石	37	汉朝时县长（万户以下）的薪水在三百至五百石之间，县丞、县尉的薪水在二百至四百石之间
		二百石	30	
		比二百石	27	比二百石以上为铜印黄绶
第五等级：县乡中最基层的官吏		百石	16	
		斗食	11	
		佐史	8	

关于这个表格，还有几个问题需要稍微明确一下：

① 这个表格参考的资料以《汉书·百官公卿表》为主，融合了其他的资料，目的在于给大家一个综合的评比分析。采用此种方式，从学术角度来看是有些问题的。

② 为《汉书》《后汉书》做注解的，历史上有三大名家，即颜师古（581—645年，唐初历史学家）、李贤（655—684年，唐高宗第六子，武则天的次子，史称章怀太子）、刘昭（南朝梁代人）。上表中所标注的月薪，以颜师古的为准，其他两人的没有收录。其实他们也不是汉朝人，掌握的史料也不一定百分之百准确，这里只是给大家一个参考。

第八章 农战策环环相扣 军功爵等级森严

③ 西汉时，"石"是定秩俸等级的虚名，"斛（hú）"才是实发的薪水。关于石与斛的换算问题，有一定的争议。关于度量衡问题，后文有详细的论述，在此只做简单说明。1 斛=10 斗=100 升，1 升（秦制）=200 毫升（今制），所以 1 斛（秦制）=20000 毫升（今制）。1 石=120 斤，1 斤（秦制）=250 克（今制），因此，1 石（秦制）= 60 斤（今制）=30 公斤（今制）。那么 20000 毫升（今制）粮食是否等于 30 公斤（今制）粮食呢？也就是 1 斛是否等于 1 石呢？没有做过相关的测量，具体还待研究。

④ 按照颜师古的注解，1 斛=1 石。颜师古注解："中二千石实得二千石也，中之言满也，月得百八十斛，是为一岁凡得二千一百六十石，言二千者，举成数耳。"这是说，中二千石是实得二千石，"中"意味着"满"，每月得 180 斛，一年得 2160 石，说 2000 石，是取一个整数。这是什么意思呢？180 斛/月×12 月=2160 斛=2160 石，如果这样看，1 斛=1 石。颜师古对二千石的注解："谷，月得百二十斛，一岁凡得一千四百四十石。"从这里看，可以再次印证 1 斛=1 石。《汉书辞典》等采纳这个说法。

《秦汉官制史稿》有一句话是："石是衡的单位（计算重量），斛是量的单位（计算体积），西汉一石约等于二斛，东汉一石约等于三斛。石不过是定等级的虚名，斛才是实俸。"度量衡问题在春秋战国时期是非常混乱的，因此，商鞅、秦始皇才开始要统一度量衡。然而，这是一个艰苦而复杂的工作，前后经过数百年才慢慢统一起来。

⑤ 罗振玉和王国维合撰的《流沙坠简》考释："汉制计秩百石始，百石以下谓之斗食，至百石则称为有秩矣。"秩，就是俸禄。如果罗振玉、王国维的说法是准确的，那么 100 石开始才算有正式的俸禄，而低于 100 石的斗食、佐史，可能就是合同工了。汉代还有一个专有名词叫

"有秩"，《汉书辞典》对其注解为："秦汉乡官名。满五千户之乡置之，秩百石，由郡任命，掌民政赋役。边郡要地虽不及五千户，亦置之。"这就是说，有秩是乡官之一，如果乡里满五千户就设置有秩，由郡级单位来设置。在边疆或者在战略要地上，不满五千户也要设置有秩，它掌管民政、赋税、兵役、徭役等事宜，这几样事情是秦汉统治者最为关注的核心要务。

⑥ 西汉的万石君。西汉时，有一个人叫石奋（公元前 220—公元前 124 年），活了九十六周岁，是一个长寿明星。他在十五岁时当小吏，因为做事谨慎、态度恭敬，深得汉高祖的喜爱。他在汉文帝时当太子太傅，在汉景帝时官至九卿，一直到汉武帝元朔五年（公元前 124 年）去世。这是一个不做出格的事，也不犯错，同时也没有创造性贡献的谨慎官员。他有四个儿子，全都以孝顺、恭谨出名。小儿子石庆给汉武帝担任太仆，负责赶车。汉武帝有一次逗他，问这辆车有几匹马，石庆明明知道，可还是赶紧用马鞭一一数了一遍，然后才说"六匹"。石庆是四个儿子中最不讲究礼节的，尚且如此，其他儿子的驯服和恭敬可想而知。石奋和四个儿子后来都领取两千石的俸禄，合起来是一万石，因此，汉景帝称石奋为万石君。

此外，《中国历代粮食亩产研究》一书记载了一个粟谷实测结果。实验人员用"齐市陶量"和"齐子禾子釜"称量小米，最后得出 1 斛 =20000 毫升（今制）=13.5 公斤（实测）=27 市斤（实测），而 1 石（秦汉初期）=120 斤（秦汉制）=30 公斤（今制）=60 市斤（今制），那么 1 斛 ≈ 0.45 石。《秦汉官制史稿》说"西汉一石约等于二斛"，这应该是靠谱的。颜师古说 1 石 =1 斛，恐怕还需要再商量。

秦汉秩禄问题非常复杂，后来还有钱和米共同发放的情况。由于缺

第八章　农战策环环相扣　军功爵等级森严

乏史料，加上历史是动态发展的，秩禄问题也是动态发展的，因此，秩禄问题给人们带来了困扰。然而，研究秦汉史，理解俸禄问题又是必修课。为了便于理解，在前后文中，都用"年薪××石"来说明，不一一解释了。

（5）国封尉。一种观点认为，"封"字是多余的字，应该是国尉，相当于汉代的太尉、大将军、大司马，是掌管全国兵政的官。还有一种观点认为，国封尉是"国内封国之尉"，就是郡尉。郡县制的推行始于春秋时代，开始是县大郡小，后来是郡大县小，郡一般都是新拓展的土地，新的国土必须守住、稳固，因此，郡的长官都叫"郡守"。一个"守"字，说明了郡守的主要职责，郡守上马管军下马管民，一般都由武官担任。郡的管理越来越完善，有郡守、郡丞、郡尉，郡守是一把手，宏观管理，郡丞主管民政，郡尉主管军事。如果发生战事，从邻近的郡县征调兵力是正常的，因此，郡尉、县尉和年薪在600—1000石的县令们带兵出征，成为军团编制，是可行的。

另外，张觉先生认为，这个国封尉，只执掌了10000名士兵，不应该是大将军级的国尉。我也认为国封尉就是郡尉的前身，但商鞅时未闻秦有郡制。存此一说。

（6）大将。原文只说一个"将"，此前的"百人一将"，也只说一个"将"，这就是研究史籍的最大难点，当时是常识，可是给后人制造了很大的麻烦。但这里还是比较容易理解的，因为带100人的将和带40000人的将肯定不一样，因此，这个"将"应是大将，是军团司令，是军事行动的最高指挥官，这一点应该是没有异议的。

商鞅变法，决心如此之大，意志如此之坚，力度如此之大，手腕如此之狠，规定如此之细，奖惩如此之严，范围如此之广，制度如此之全，影响如此之深，因此，当时就立见成效，并且深刻影响中国历史两千多年。

《商君书·境内第十九》规定："能得爵（另有一说为"甲"）首一者，赏爵一级，益田一顷，益宅九亩。一除庶子一人，乃得人（另一说为"入"）兵官之吏。"对于是"爵首"，还是"甲首"，学术界是有争议的，《商君书注释》的作者高亨先生认为应该是"甲首"，即普通甲士的首级，《商君书全译》的作者张觉先生则认为应该是"爵首"，指"敌军中有爵位者的首级"。关于这个问题，后面再说。

这个规定的意思是说："谁能得到敌人的爵首一枚，爵位升一级，增加赐予田地一顷，增加赐予住宅地九亩，同时赐予家臣一人，这样，他才能在军队或地方上担任官职。"

《韩非子·定法》中说："商君之法曰：'斩一首者爵一级，欲为官者为五十石之官；斩二首者爵二级，欲为官者为百石之官。'官爵之迁与斩首之功相称也。"斩一枚敌首，爵升一级，如果想要做官，可以担任年薪 50 石的官员；斩两枚敌首，爵升两级，如果想要做官，可以担任年薪 100 石的官员。官位、爵位的升迁与斩首的数量和质量成正比。但是，这里没有指出究竟是"甲首"还是"爵首"。韩非后面还有议论。他对按战功大小授爵的做法没有异议，但对用爵位换取官职的做法持反对意见。他说："假设有这样的法令，让杀敌立功的人去当医生或工匠，那么房子就会盖不成，病人也治不好。"韩非的意思是，做官吏是要有专业水准的，是需要智慧和能力的，如果只用军功这一个标准来授予官职，就可能出现外行领导内行的问题，因为杀敌立功凭借的是勇敢和力量。重视军功是对的，但是，如果忽略管理岗位的专业性，也会出问题的。韩非没有指出"斩获敌首一枚爵升一级"的"敌首"是普通

第八章 农战策环环相扣 军功爵等级森严

士兵的首级还是有爵位之人的首级,但是他告诉我们,爵位可以折算成官职的秩禄。

《睡虎地秦墓竹简·军爵律》中记载:"要求退还爵位两级,用来赎免身为隶臣妾的亲生父母中的一人,或者身为隶臣的人斩获敌人首级应该被授予一级爵位——公士,现在他请求退还公士的爵位,用来赎免身为隶妾的妻子一人,这两种情况都可以允许,被赎的人恢复自由,成为庶人。如果工隶臣本人斩获了敌首,或者是他的亲人立功了要来赎免他,可以恢复其自由身,但这两种情况下被赎免的人还是要担任工匠,从事其擅长的技术工作。"

《商君书·境内第十九》中规定,五人为一伍,领导叫屯长。如果冲锋时只有一个人不怕牺牲冲锋在前,就降低其余四人的地位和待遇。被处罚的四人如果在随后的战斗中每人能斩获敌人的一枚首级,就恢复他们的地位和待遇。

这说明两个问题:

(1)商鞅有一个"管理理念",即"怯民使以刑必勇",用刑罚驱使懦弱的人,可以让他们变得勇敢。

(2)商鞅的另一个"管理理念"是:"故善治者,刑不善,而不赏善,故不刑而民善。"这是什么意思呢?善于治理国家的人,只惩罚不守法度的行为,不奖励谨慎守法的行为,所以最后不必用刑,民众就善良守法了。这就是说,你谨慎守法,是你的本分,不会因此给予额外的奖励。但是,只要你不守法度,就一定会被惩罚。像前面所说的四个人,一旦违反了规定,想要恢复此前的待遇,就有了难度,必须每人斩首一枚才可以。

《商君书·境内第十九》中规定,五人有一屯长,百人有一将。一个中下级将官的队伍是 100 人，里面包含 20 个屯长。如果这个百人团队没有斩获，就把偏将和屯长斩首。如果他们斩获了 33 枚敌首，就达到了秦国规定的指标，统领百人的将官和屯长就升爵一级。如果这个指标是通用的，那么 100 人的队伍斩首 33 枚才达标。

"能攻城围邑斩首八千已上，则盈论；野战斩首二千，则盈论。吏自操及校以上大将，尽赏。"这一条只能是大将带领的 40000 人团队的指标，"盈论"就是达到朝廷设立的指标。如果是带领 1000 人的二五百主、带领 10000 人的国封尉，想要完成攻城战的 8000 枚首级和野战的 2000 枚首级的指标，基本是不可能的，只能由大将带领的 40000 人团队来完成。那就还有一个问题：如果说 100 人团队斩首 33 枚是通用指标的话，那么斩首率应该是 33%，依此类推，二五百主的指标应该是 330 人，国封尉的指标应该是 3300 人，大将的指标应该是 13200 人。可是现在攻城战的斩首数量是 8000 人，也就是 20%的指标，或者野战的斩首数量是 2000 人，只是 5%，那是不是就说明 33%的指标不对？不一定。因为队伍越大，杀敌的比例越难提高。这是商鞅难得的一次"人性化"，因此，才降低了标准。同时，野战在技术难度上可能要低于攻城战，但是因为敌人容易逃跑，而被困在城里的敌人不易逃跑，因此，《商君书》对二者进行了必要的区分。

如果大将带领的团队达到了指标，那么奖励是非常丰厚的：

（1）全员受奖。官吏从操、校以上直到大将，都有奖励。

（2）原来是一级爵位的公士，升到二级爵位上造。

（3）原来是二级爵位的上造，升到三级爵位簪袅。

（4）原来是三级爵位的簪袅，升到四级爵位不更。

（5）原来是四级爵位的不更，升到五级爵位大夫。从不更到大夫，这是一次非常重要的跨越。进入五级爵位，就进入了大夫的行列，用现在的话说，就从正科进入了副处，这是一次质的飞越。

（6）如果被授爵的官吏当了县尉，那么他将被赏赐 6 个奴隶，再加 5600 钱。

（7）原来的爵位是五级大夫，同时该人又在某一国家机构管理政务，就升到七级公大夫。

（8）原来的爵位是七级公大夫，就升到八级公乘。

（9）原来的爵位是八级公乘，就升到九级五大夫，并被赐予"税邑三百家"。"税邑"也被称为食邑、采邑、采地，这是对传统赏赐制度的延续。卿大夫的收入来自食邑的税收，就是说这些税收不用上缴国家"税务局"，而是给了个人，这些人成了自己封地上的"地税局局长"。

（10）原来的爵位是九级五大夫，就升到十级左庶长或者十一级右庶长。之所以有人升爵一级，有人升爵两级，可能是在整体授爵的基础上，还要考虑到其个人的贡献。

（11）原来的爵位是十级左庶长或者十一级右庶长，就升到十二级左更。

（12）原来的爵位是十二级左更、十三级中更、十四级右更，就升到十六级大上造。

（13）原文有脱落，这条规定应该是，左、右庶长，左更、中更、右更，大上造，除了爵位的上升之外，"皆有赐邑三百家，有赐税三百家"。"赐邑"与"赐税""税邑"是不同的，"赐邑"是把土地、人口和地税收入都赐给臣下，被赐的邑成为一个小的独立王国；"赐税""税邑"意思相同，只是把地税收入赐给臣下，但是不包括土地和人民，土地和人民还隶属于国家，不归私人所有。

商鞅变法的一个典型特征就是，享有的特权与爵位完全画等号，而且爵位越高，享受的待遇就越高。

（14）原来的爵位是九级五大夫，如果他有六百家税邑，就可以收养门客。

（15）大将、大将的车御（司机）、大将的车右［大将指挥车车右的武士，叫参乘，又作骖（cān，古代指驾在车辕两旁的马）乘］，爵位升三级。

（16）本来是客卿，如果在战役之前参与了谋划，最后的战果和实践证明，其意见和思路是对的，取得了圆满成功，那么他就升为正卿。客卿，春秋战国时授予非本国人而在本国担任高级官员的人。正卿，依据周朝官制，宗周及诸侯都设置卿，分上、中、下三级，正卿就是上卿，是诸侯国中最尊贵的官职和爵位。

蔺相如当时就是因为在对外交往活动中的卓越表现，才被授予上卿之位，在廉颇之上，从而引起廉颇的不满。由于蔺相如以大局为重，处处忍让，于是有了"负荆请罪"的成语和"将相和"的故事。

第九章　计首功人屠杀敌　倡公斗全民皆兵

秦国统治者把政治和经济权利都与爵位绑定，要想获取爵位，只能通过农和战两条途径，战又是获取爵位的主要通道。这种把爵位制度化的政策，使得秦国军队成为虎狼之师。

《史记志疑·卷四》的作者为清代学者梁玉绳先生，他统计了秦国有记载的斩首数量，数据为 1668000 人。《秦国斩首考》的作者付金才先生也统计了从秦献公到秦始皇时的 22 次大规模战役中的斩首人数，为 1810000 人。他说："据《史记·六国年表》统计，秦国发动的战役有 93 次，由六国发动的战争有 38 次。71 次战役没有透露斩首数量。"其实，这两位先生的统计数字是不可能准确的，只是一个约数，尚有大量的伤亡数据没有记载。秦国不可能只杀人，自己没有伤亡。

长平之战后，秦昭王想要直接攻破赵国首都邯郸，因为白起生病，所以由王陵担任总指挥，但是战事不顺。后来白起病愈，秦昭王就要求他替代王陵，而白起是反对发动邯郸之战的，他的反对意见中有一句话，应该是事实："今秦虽破长平军，而秦卒死者过半，国内空。"他可能是为了增强语气而夸大了损失人数，但是击破赵军45万，秦国方面10余万的损失是有的。类似这样的记载，都容易被人忽略，更没有详细的战报统计。

其实，当时其他六国也陆续开始打破世卿世禄制度，实行军功授爵制度的改革，但都没有秦国贯彻得深刻和彻底。正如梁玉绳先生在统计完数字之后所说："从古杀人之多，未有如无道秦者也。"

单纯从军事学和战略战术的角度看白起，他是一个天才军事统帅，是一个"运动战专家"，在战国时代的军事统帅中称得上第一号人物。如果在别的国家，他的军事专才不可能得到如此淋漓尽致的发挥，只有在秦国，他才能如鱼得水、呼风唤雨，因为秦国的军功授爵制度相对透明化、制度化、规范化，谁能打，谁的斩首数量多，秦国就给他相应的奖赏。

下面我们就统计一下白起的斩首数量，看看什么是"一将功成万骨枯"。

◎白起的战功

时间	爵位及职位	敌对国	敌方统帅	战役名称	斩首数量	结果	备注
秦昭王十三年（前294）	十级爵左庶长	韩		新城之战			
秦昭王十四年（前293）	十二级爵左更	韩、魏	公孙喜	伊阙之战	24万	攻陷五座城池	一年爵位升两级
秦昭王十四年	国尉	韩				攻占安邑以东到乾河的土地	

第九章 计首功人屠杀敌 倡公斗全民皆兵

续表

时间	爵位及职位	敌对国	敌方统帅	战役名称	斩首数量	结果	备注
秦昭王十五年（前292）	十六级爵大良造	魏				占据大小城池61个	
秦昭王十五年		魏				攻下垣城	
秦昭王二十七年（前280）		赵				占领光狼城	
秦昭王二十八年（前279）		楚				攻占鄢、邓等五城	
秦昭王二十九年（前278）	武安君	楚				攻占楚国首都郢，建立南郡，烧毁夷陵	
秦昭王三十四年（前273）		魏	芒卯		13万	攻陷华阳城	
秦昭王三十四年		赵	贾偃		2万		这2万人只是被溺毙的
秦昭王四十三年（前264）		韩			5万	攻陷五城	
秦昭王四十四年（前263）		韩				攻南阳，堵绝太行道	
秦昭王四十七年（前260）		赵		长平之战	45万	赵国一蹶不振	长平之战后第二年，公元前259年，秦始皇出生

注：不算没有战报记录的，清晰记录的斩首数量合计为89万。

白起获得"武安"封号的原因是："言能抚养军士，战必克，得百姓安集，故号武安。"主要是说他武力卓绝，战无不胜。这个封号倒是实至名归。胜败乃兵家常事，大多数的将军都不是常胜将军，只有白起和韩信这样天才级的将领，几乎不打败仗。白起能够领导秦军取得一系列胜利，离不开他的有勇有谋，同时也离不开秦国整个战争机器的凶猛。从秦昭王十三年到秦昭王十四年，他从十级左庶长升到十二级左更，一定与他带领部队对韩国发动新城之战有关。虽然没有留下新城之战斩首数量的记录，但以常理推断，应该不会少。白起得以连升两级，应该符合秦国某项国家标准。上文提到，领兵大将连升三级的国家标准是在攻城战中斩首 8000 枚以上，在野战中斩首 2000 枚以上，而且在评论军功时还应该考虑"投入产出比"，不能"杀敌一万自损八千"，那就变成了消耗战。秦国的军功计算中，一定会有比较复杂的换算比例，不会是我们看到的那么简单。

秦昭王十四年，在伊阙之战中，白起斩首 24 万，然后他就升为国尉。国尉是职务，不是二十等爵里的一项，其爵位升迁，不得其详，应该是在十三至十五级之间。在秦昭王十五年，他的爵位是十六级大上造（大良造），如果在升任国尉时有爵位的升迁，应该不会超过十六级。前文我们谈过"国封尉"的职务问题，白起此时担任的国尉，不应该类似于秦始皇统一后设立的太尉或者汉代掌握全国兵政大权的大将军、大司马，此时的国尉应该是一级实际职务，也可能是荣誉职务。按照《史记正义》中的解释，"国尉就是太尉"。如果是太尉，在秦始皇时代，其地位与丞相相等，金印紫绶。关于这个问题，这里不做学术性研究，总之，白起获得了升迁。

在前面的表格中，一共统计了他 13 次大规模的军事行动，实际记

第九章　计首功人屠杀敌　倡公斗全民皆兵

录斩首数量的只有 5 次，还有 8 次没有统计，可这 5 次竟然就有 89 万枚首级之多，真是让人触目惊心。在没有统计的 8 次大战中，包括了秦昭王二十九年时攻占楚国首都郢的战役。一般来讲，首都是政治、经济、文化中心，也是重兵防守的心脏区域，楚军一定是拼死作战，如果不是白起的进攻让楚军彻底失去了抵抗能力，楚国是不会轻易放弃的。在这个过程中，斩首的数量一定多得惊人。

在秦国军功授爵制度下，白起的斩首数量一定超过 100 万，这还不包括与他同时代的秦国名将王陵、王龁（hé）等人的战功。长平之战中，王龁是白起的副手。白起因为反对继续用兵而卷入政治争斗，被逼自杀。当时，白起的死让秦国人都感觉非常惋惜，认为他无罪被杀，他自己也一度愤愤不平，等到他想起被坑杀的 45 万降卒之后，内心释然了。他说："我固当死。长平之战，赵卒降者数十万人，我诈而尽坑之，是足以死。"

由于商鞅给出了一个清晰的、有公信力的上升途径，秦国的战争动员能力被最大限度地释放出来。按照商鞅的预想，他试图"生产"的标准化秦人是"喜农而乐战"。商鞅的管理策略就是让百姓"怯于私斗，勇于公斗"，他规定"为私斗者，各以轻重被刑大小"，意思是为私仇而打架斗殴的，要根据情节轻重给以相应的惩罚。真有能耐就到战场上杀敌，通过杀敌还能获得军功爵位。私斗受罚，公斗有赏，何去何从，秦国人自然分辨得清楚。

《商君书·画策第十八》中说："民之见战也，如饿狼之见肉，则民用矣。凡战者，民之所恶（wù，讨厌、憎恨）也；能使民乐战者，王（wàng，称王）。"译文大致为："民众见到打仗，如同饿狼看到肉一样兴奋，那就是民众为国君所用了。一般说来，战争这种东西，是民众所厌恶、憎恨的。能够让民众乐于作战的国君，就一定能称王天下。"

《商君书·画策第十八》中还说："强国之民，父遗其子，兄遗其弟，妻遗其夫，皆曰：'不得，无返！'又曰：'失法离令，若死，我死。乡治之。行间无所逃，迁徙无所入。'行间之治，连以五，辨之以章，束之以令。拙无所处，罢无所生。是以三军之众，从令如流，死而不旋踵。"译文大致为："强国之民，父亲送儿子去前线，兄长送弟弟去当兵，妻子送丈夫去打仗，这些人的临别赠言都是：'得不到敌人的首级，就别回来。'又说：'不遵守法令，违背了命令，你死，我也得死，因为乡政府会惩治我们。如果想逃跑，在军队里是没有容身之处的，即使逃回了家，想要搬迁也不会有落脚之地。'军队中的管理方法，是把每五个人编成一个基本组织，并实行连坐，用明确的标识来区分，使得他们容易被识别，同时用命令约束他们。这样，士兵逃走了无处安身，失败了无法生存。因此，三军的将士，执行命令时就像流水一样，就是战死也不会调转脚跟往回跑。"

《韩非子·初见秦》中有对秦军的描写，它虽然是《韩非子》的第一篇，文章气势奔放、笔锋犀利，颇有韩非之神韵，但仔细推究，里面所言确实不是韩非在公元前 234 年初次以韩国特使身份出使秦国时所应该讲的话，文中所说的"大王"应该是秦昭王，而不应该是秦王嬴政，而韩非在秦昭王时代并未出使秦国，也不会向秦王上书。关于作者是谁，学术界有张仪说、范雎说、蔡泽说、吕不韦说和荀子说，未有定论。可是这里面描述秦人面对战争的状态，却写得非常传神和逼真，也是军功授爵制度下秦人应有的样子。在此截取其中一段，供大家欣赏："臣闻之曰：'以乱攻治者亡，以邪攻正者亡，以逆攻顺者亡。'今天下之府库不盈，囷（qūn，古代一种圆形的谷仓）仓空虚，悉其士民，张军数

第九章　计首功人屠杀敌　倡公斗全民皆兵

十百万。其顿首戴羽为将军,断死于前,不至千人,皆以言死。白刃在前,斧锧(zhì)在后,而却走不能死也。非其士民不能死也,上不能故也。言赏则不与,言罚则不行,赏罚不信,故士民不死也。今秦出号令而行赏罚,有功无功相事也。出其父母怀衽(rèn)之中,生未尝见寇耳。闻战,顿足徒裼,犯白刃,蹈炉炭,断死于前者皆是也。夫断死与断生者不同,而民为之者,是贵奋死也。夫一人奋死可以对十,十可以对百,百可以对千,千可以对万,万可以克天下矣。"

这段话的大致意思是:"我听说过这样的话:'以动乱的国家去攻击安定的国家,就会灭亡;以邪恶的国家去攻打正义的国家,就会灭亡;以倒行逆施的国家去攻伐顺应天道的国家,就会灭亡(指六国是乱、邪、逆,秦国是安、正、顺)。'现在其他六国财政不足,粮仓空虚,却召集所有的民众,扩军备战,调集数十上百万的军队(指六国合纵攻秦)。在将军面前叩头宣誓,决心和秦军决一死战的不下千人,他们都摆出拼死的架势。可是,真等到两军相交,面对秦军闪亮的军刀时,哪怕后面有督战的斧锧逼着他们,这些曾经宣誓要死战的人,还是会不顾一切地拼命逃跑,曾经的豪言壮语都被抛向了九霄云外。这并不是说这些人真不能拼死,而是六国的君主没有给他们为国拼死的强大理由。通常六国君主的做法是,战前承诺的奖赏,战后全都不兑现;说是要惩罚谁,结果不了了之。赏罚不讲信用,所以民众不会为国拼死。然而,秦国却是言出必践,号令严明,赏罚必行,有功无功,全以事实论定。秦国的民众离开父母的怀抱,哪怕生平没有见过敌人,可一听说打仗,就跺脚起誓,赤膊上阵,面对白刃,无所畏惧,赴汤蹈火,在所不惜,敢于在前线决一死战的比比皆是。民众敢于拼死和一心想着贪生,战争的结果自然不同,而民众敢于拼死,那是因为他们看中拼死奋战带来的结果与荣耀。

一人奋勇死战可以对抗十人，十人奋勇死战可以对抗百人，百人奋勇死战可以对抗千人，千人奋勇死战可以对抗万人，万人奋勇死战就可以横行天下了。"

此番评论，可谓入木三分矣！

第十章　执法平壹罚壹赏　壹教行党同伐异

在商鞅的构想中，有"壹赏""壹刑""壹教"三位一体的运营策略，即统一奖赏、刑罚、教化的标准和机制。"壹赏"就是秦国人想要获得奖赏，只有农战这一个途径；"壹刑"就是刑无等级，做到某种程度上的"法律面前人人平等"；"壹教"，就是统一教化，动用全部的宣传机器营造重视农战的舆论氛围，并且在制度上堵住其他的晋升路径，让民众日思夜想的都是农战。

《商君书·赏刑第十七》指出："壹赏则兵无敌，壹刑则令行，壹教则下听上。"统一了奖赏途径，军队就能无敌于天下；统一了刑罚标准，命令就能贯彻执行；统一了教化，臣民就会听命于君主。这是商鞅战略的一个核心目标，有合理之处，更有不讲人道的弊端。

《商君书·赏刑第十七》中说："所谓壹赏者，利禄官爵，抟出于兵，无有异施也。"抟，通"专"，在此解释为"专一"更恰当。这句话是说：所谓统一奖赏，就是利禄官爵统一地、专一地根据战功来赏赐，

秦史之谜

◎ 商鞅的理想与现实

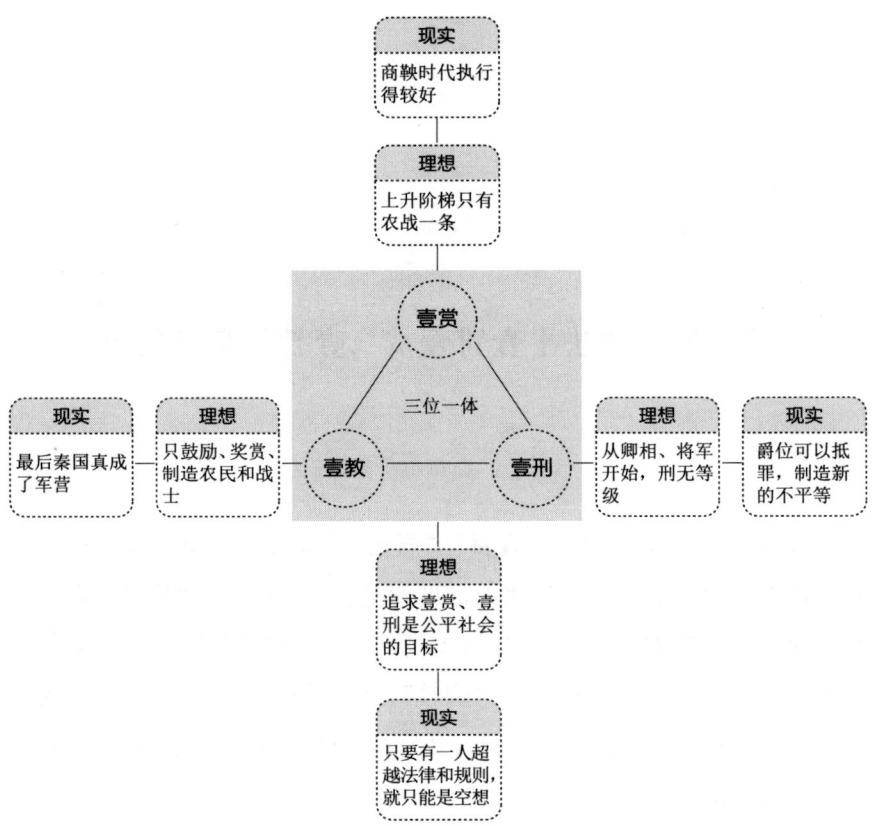

而没有其他的获取利禄官爵的渠道。也就是说，把上升的渠道只聚焦在农战这一条路径上。这个思路在管理上是极富创见的，是所有管理者想做而做不好的，具有极大的难度。如果奖赏可以通过裙带关系来获得，天下人就会学习杨玉环的父母"不重生男重生女"；如果奖赏可以通过溜须拍马来获得，天下就没有人愿意做实事；如果奖赏只是通过血缘来获得和分配，寒门就不会出贵子，奋斗也变得毫无意义。

第十章 执法平壹罚壹赏 壹教行党同伐异

奖赏体系化、透明化，一定好过完全凭个人好恶。《史记·佞幸列传》记载，汉文帝有一个宠臣叫邓通，他曾为汉文帝吸吮脓血，从而获得了汉文帝的欢心，汉文帝赏赐给他铜山，让他铸钱。当时允许私人铸钱，邓氏钱因此而流通天下。

在中国古代，国家的财产和皇帝的私产，从来就没有分清过，理论上，天下就是皇帝的。实际上，少府这一个机构就是皇帝的私人财务机构，负责打理皇帝的私产。可什么时候用私产，什么时候用公产，只有皇帝想分清的时候才可以分清，如果皇帝不想分清就很难分清。汉文帝给邓通的这种赏赐，很可能是从国家财政里出，如果是这样，商鞅应该是反对的。

在军功授爵制度下，总体上能做到相对的公平，但也会出现"李广难封"的情况。把"李广难封"放在这里解释，可能更便于理解。李广在四十多年的时间里，年薪都是两千石，绝对算是高级军官了，可他到死都没有被封侯。获得侯爵的封赏，是当时最为成功的标志，这对李广而言不能不说是一种遗憾。其实，李广不在乎侯爵带来的经济利益，他不爱钱，不怕死，获得的赏赐总是全部分给部下。他也算高薪人士了，可家里却没有积攒下一点钱财，挣的钱大多被他送人了。他也从来不把赚钱当成人生目标。但是封侯是一种荣誉，他重视军人的荣誉。在西汉时，李广就是一个大名人了，汉军、匈奴、朝廷，甚至民间都知道他的大名，匈奴甚至称呼他为"飞将军"，怕他，敬他。一个能被敌人又敬又怕的将军，绝对是货真价实的将军。可就是这样一位将军，一直没有被封侯，为什么？难道真是运气不好吗？不是。

李广有几次应该被封侯，可都因为种种原因错过了，这是事实，但真正让他多次丧失封侯机会的，还是军功授爵制度的不合理之处。汉承秦制，也继承了军功授爵制度，但是不完全相同。我没有找到权威资料来证明，应该是大体相同。《汉书·武帝纪》中记载，元朔五年（公元前124年），卫青和六位将军带领十余万人出击匈奴，"获首虏万五千级"，斩首和俘虏15000个。元狩二年（公元前121年），霍去病、公孙敖出兵，"斩首虏三万余级"，斩首和俘虏30000多个。元狩四年（公元前119年），这是一次具有决战性质的大会战，卫青军团"斩首万九千级"，斩首19000个，霍去病军团"斩获首虏七万余级"，斩首和俘虏70000多个。看来，西汉计算战功，也是以斩首和俘虏数来计算的。

这一次战役，李广已经60多岁了，最后一次出征，可是迷路了，没有在规定时间抵达规定战区。当时卫青让他说清情况，好给汉武帝写战况报告。李广知道这次不仅无功，反而有罪，加上确实心寒了，于是自杀而死。

汉文帝、汉景帝时，对匈奴主要采取和亲政策，李广经常作为边防军司令，在以守为主的国防政策下，很难建立军功。汉武帝时代，开始大规模对匈奴开战，可这时受到重用的是大将军卫青。李广年事渐高，但依然有机会。问题就出在他太有名了，这就导致了两种结果：一是匈奴绕着他走，让他打不着；二是匈奴集中绝对优势兵力"关照他"，让他损失惨重，同时让其他汉军将领获得了立功机会。

《史记·李将军列传》记载，元朔六年（公元前123年），李广以后将军的身份跟随卫青出击匈奴，当时分兵几路，"诸将多中首虏率，以功为侯者，而广军无功"。也就是说，许多将领因为杀敌够数而被封了侯，唯独李广劳而无功，那就是斩首数没有达到标准。文中又说"后二岁"，那就应该是元狩二年，李广率领4000骑兵出击匈奴，匈奴左贤王对李广特别照顾，亲自带领40000精锐包围李广，汉军与匈奴的兵力比

第十章　执法平壹罚壹赏　壹教行党同伐异

是 1:10。战斗持续了至少一天一夜，汉兵死伤过半。这次应该和李广做策应的博望侯张骞，没有在指定的时间到达指定的位置，致使李广军团以少敌多，遭受巨大损失。有 10000 人的张骞军团在李广力战一天一夜后才到达，虽然逼退了匈奴，可是李广军团几乎全军覆没。

《汉书·武帝纪》记载，元狩二年的这次战役，"广杀匈奴三千余人，尽亡其军四千人，独身脱还"，其实李广在自身与敌军兵力对比 1:10 的情况下杀敌 3000 多人，与在兵力对比 10:1 的情况下杀敌 4000 人，难度是不一样的，然而军功授爵制度不看这些曲折，只看数据。回来之后，按照汉朝律法，张骞因为没有按时到达，被判处死刑，张骞花钱赎买，被革职为民。"广军功自如，无赏"，李广的军功和罪责相等，因此也没有获得任何赏赐。很明显，这个制度是有缺陷的。

李广的失败其实情有可原，张骞的失职和匈奴集中绝对优势兵力打击，是两大主要原因。可是奖赏的规则要求明确画出一条线，把功罪奖惩透明化、数据化，奖赏显性功劳，这样才能服众。如果考虑太多特殊情况，这个规则就失灵了。但如果不考虑特殊情况，又让李广这样具有隐性功劳的人寒心，着实难办。

人类社会很多的不公平，都是管理和利益分配上的不公平。人类很多的痛苦，其实都是管理不善造成的。有人的地方就有管理，只要牵涉金钱和利益，就存在着管理公平与否的问题。管理者最大的道德就是赏罚公平，这也是诸葛亮深得民心的原因之一。他去世后就连他的政敌都非常悲痛，这是不容易的。

《商君书·赏刑第十七》勾画出了"壹赏"的前景：不论聪明的和愚蠢的、高贵的和低贱的、勇敢的和怯懦的、有德才的和无德才的，只要想获取利禄官爵，都需要贡献聪明才智，竭尽全力，豁出性命来为君主效劳。天下的英雄豪杰、贤达君子就会像水流向下一样跟随君主。这样的君主所领导的军队一定会天下无敌，而他的命令可以通行于天下了。拥有万辆兵车的大国不敢在原野中抵抗他的军队，如果胆敢抵抗，一交战就会全军覆没；拥有千辆兵车的小国不敢守卫自己的城池，如果胆敢抵抗，他的军队就会攻陷小国的城池。君主不要担心对有功将士的赏赐会造成国家财政的困难，如果拥有了这样一支战无不胜、攻无不克的队伍，天下诸侯都会来朝见入贡，天下的城池、土地、人民、财富都能获得，不需要考虑用存量资产赏赐有功将士，只用增量的财富就能尽赏有功将士，君主还有什么可担心的呢？这就是管理上的"开源节流"。开源与节流必须同时进行，但是要以开源为主。如果只考虑节流，就不要参与这个游戏。普通的君主都注重节流，只有胸怀大志的君主才会更关注开源。只有开源，建立一个拥有无限想象空间的平台，才能激发全体将士的奋勇之心。

《商君书·赏刑第十七》指出："所谓壹刑者，刑无等级，自卿相将军以至大夫庶人，有不从王令、犯国禁、乱上制者，罪死不赦。"大致意思是："所谓统一刑罚，就是施行刑罚时没有等级区别，从卿相、将军直到大夫、平民，有不服从国君命令、违犯国家禁令、破坏君上法制的，判处死刑，绝不赦免。"法制追求的目标就是"刑无等级"，不论是谁，在法律面前人人平等，不能说有钱、有权、有势了，就可以逃避法律的惩罚。但是，商鞅的法律是王法，不是宪法，宪法是所有人都在"法之下"，王法是君主个人在"法之上"，这就给君主枉法提供了便利条件，也给君主最终摧毁自己建立的法律体系打开了方便之门。君主是有个人感情的，对自己的妻族、母族、宗族、功臣总要讲些情面，因此才会上行下效。当然，对于传统帝王来说，法律不过是国家机器的一个

第十章 执法平壹罚壹赏 壹教行党同伐异

可以实现公开专政的重要工具罢了。商鞅执法，对于"刑不上大夫、礼不下庶人"是一个进步。他的长远目标是保证君主的宝座安全，在军队的刺刀之下实现国家的"长治久安"，短期目标只是减少变法的障碍。

《史记·商君列传》记载："于是太子犯法。卫鞅曰：'法之不行，自上犯之。'将法太子。太子，君嗣也，不可施刑，刑其傅公子虔，黥（qíng）其师公孙贾。"黥刑，也叫墨刑，指在脸上刺上记号或文字并涂上墨，古代用作刑罚，后来也施于士兵，以防逃跑。这种刑罚伤害性不大，污辱性极强，并且会造成长久的心理伤害。李斯发布焚书令，命令在30天之内焚烧私藏的诗书，否则就要"黥为城旦"，这是施行两种刑罚，先是黥刑，然后是城旦刑，城旦是修城的苦役。楚汉战争时的名将英布，就因为遭受过黥刑，也被称为"黥布"。北宋名将狄青曾被黥面，富贵之后也选择了保留，他要时刻记住这段历史。而在唐朝藩镇割据之时，军阀纷起，为了控制士兵，后梁朱温等开始在士兵脸上刻字。直到光绪三十二年（1906年），黥刑才在法律程序上被废除。

这段话大致的意思是："在刚开始推行新法时，太子嬴驷，也就是未来的秦惠文王犯了法。卫鞅说：'法令之所以推行不下去，就是因为上层人物知法犯法。'他要依法处置太子，但太子是国君的继承者，不能用刑，于是教导太子的两个老师（"傅"，是监督行为的，类似于思想品德课老师；"师"，是传授知识的，类似于专业课老师）代为受过，公子虔和公孙贾被处以相应的刑罚。"这就是"刑上大夫"。

秦孝公十二年时，推行第二次变法，"行之四年，公子虔复犯约，劓（yì）之"。第二次变法推行了四年后，应该是秦孝公十六年，公子虔因为再次触犯刑法而被处以割掉鼻子的劓刑。这是中国历史上最接近"太子犯法，与庶民同罪"的一个案例，虽然是在王法范围内，虽然是株连太子老师，没有针对当事人，但也算一个小进步。"法之不行，自上犯之"，这句话可以名垂千古。

法令推行了一年，国都的民众说新法令不方便的数以千计，当秦国第二号人物太子嬴驷被处罚了之后，秦国人吓得乖乖遵从法令。法令实施了十年，路不拾遗，山无盗贼，家富人足，秦国人非常高兴。这时，曾经说新法不方便的人又站出来了，想拍统治者和商鞅的马屁，开始说新法如何好，结果商鞅把这些人都迁到了边疆，就是把他们的户口从一线城市迁到了四五线城市。商鞅对这些人的定位是"此皆乱化之民也"，大意是说，他们都是扰乱教化的人。商鞅不需要他们参政议政。从此以后，没有人再敢议论法令的得失了，法令好也不许说，听从法令安排就可以了。

在此讲一个故事，从中可以看到秦昭王怪异的执法思维。这个故事记载在《韩非子·外储说右下》中，不一定完全真实，但是反映了出秦国君主在商鞅变法之后形成的独一无二的管理思维。它有两个版本，细节不同，核心相同，今取简版，并且不引述原文。文章大意是说，秦昭王生病，每个里的百姓都为他祈祷，并许愿说，若神明保佑，就杀掉买来的牛答谢。秦昭王的侍从官从宫里出来看见了，回宫祝贺昭王说："百姓以里为单位，买牛祭神，为您祈祷健康。"昭王派人调查此事，结果属实。昭王说："罚里正和伍长（五户为一伍）每人出两副铠甲的钱。没有命令，擅自祈祷，这是爱我。他们爱我，我就会修改法令，以他们爱我的心情去爱他们，迁就他们，这样法制就不能确立。法制不确立，就是乱国亡身之道啊。不如罚他们两副铠甲的钱，以便维护法制，让他们知道治国的道理。"

在另一个版本中，秦昭王的解释大致如此："那些百姓之所以为我

第十章 执法平壹罚壹赏 壹教行党同伐异

所用,不是因为我爱他们,而是因为我有权势。如果我放弃原则、权势、法制与他们相交,偶尔有一次不爱他们,他们就不会为我所用了。果真如此,还不如摒弃仁爱之道。"这话说得有一定道理,很多事就坏在人情上了。秦昭王坚持的是"不以私废法"的商鞅法治原则,他认为,百姓"非令而擅祷",虽然在私人感情上值得感谢,但是,因为没有国家法令的规定,所以这是违法行为。大臣们也因此称赞秦昭王像尧舜一样被人爱戴,可他一点也不忘乎所以,坚持商鞅的"任其力不任其德"的主张,崇尚权势和力量,不看重道德和品德。

◎ 商鞅与秦王怪异的管理思维

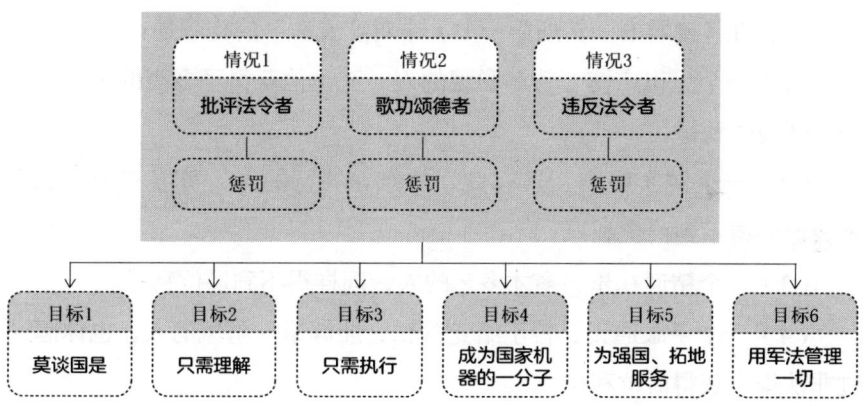

在《商君书》中,商鞅是严厉批评儒家思想的。当然,在《睡虎地秦墓竹简》中,也有大量的儒家修齐治平思想,有儒法合流的迹象,但是其官方意识形态还是以法家为纲领,尤其在商鞅执政时代。

下面这个故事同样记载在《韩非子·外储说右下》中,其真实性有待验证,但是体现的思维方式很有法家和秦国的特色。有一年,秦国出现重大饥荒，丞相范雎（jū）向秦昭王请求开放五苑，把里面的蔬菜、橡果（栎树的果实）、枣、栗等发放给百姓，足以养活百姓。可是秦昭王认为，秦国的法律规定，"使民有功而受赏，有罪而受诛"，如果救济百姓，就是"使民有功与无功俱赏"，这是"乱之道也"。他竟然认为，百姓没有功劳就得到免费救济，是对法令的破坏，是取乱之道。为了"维护法令的尊严"，他竟然否决了范雎的建议，宁可看着百姓死去，也不能破坏秦法中"有功才受赏，有罪必被诛"的硬性规定。如果这个记载是真实的，那么，秦国的君主在坚决执行法规的同时，一点人道主义色彩都没有了，秦国社会开始变得僵化，没有一点弹性，这也就为秦朝忽然而亡埋下了祸根。

商鞅在《商君书·赏刑第十七》中对"壹教"的构想是：

（1）一个见识广博、善辩聪慧的人，无论他获得了多高的学位，都得不到爵位利禄。

（2）一个诚实廉洁、具有良好的修养德行的人，可以充当道德楷模，但他得不到爵位利禄。

（3）一个精通礼乐、多才多艺的人，同样得不到爵位利禄。

（4）一个手眼通天、善于结党营私、能够攀龙附凤的人，也休想通过非法渠道获得爵位利禄。

（5）一个像孔子那样有才学、可以创立学术宗派、可以成为意见领袖、可以影响君主的人，更不能获得爵位利禄。

（6）不能评论刑法的利弊得失，如果固执己见、锋芒毕露、不服从法令的约束，就摧垮他、挫伤他。

这就是说，不论个人的品性如何，不论他说得多么动听，如果不能在农战中获得实际的功劳，就没有渠道获得爵位利禄。

第十章　执法平壹罚壹赏　壹教行党同伐异

富贵之门，只向那些能攻善战的人打开，这样，当亲戚、知己、朋友们在一起时，都会说："我们努力的方向，就是奋力作战。"如此一来，身强体壮的致力于作战，年老体弱的致力于防守，战死了不后悔，只要活着就互相勉励，这就是商鞅说的"壹教"。

商鞅认为，人只要活着就有获取富贵之心，除非棺材盖子盖上了，才会终止博取富贵的想法。他喜欢这些向往富贵、充满了物质欲望和秉持实用主义的人，但是获取富贵的渠道，他是严格限制的，只有通过作战这一个狭窄的通道，才能抵达人心的欲望之区。"是故民闻战而相贺也；起居饮食所歌谣者，战也。"他最想看到的情景就是，民众一听说有仗可打就互相庆贺，家人在聚餐、社交活动中所谈论的和流行歌曲中所表达的，都是关于打仗的事。具有尚武精神的战斗民族因此而产生。

最后的结果就是"明教之犹至于无教也"。推行教化完成之后，基本就不用教化了，因为民众的骨子里都已经注入了农战的精髓。

壹赏、壹刑、壹教都是为了思想、规范和管理的标准化。看到这里，读者们应该有一些基本认识了。秦国有这样的赏罚标准、这样的执法力度、这样的教育，才会有横扫一切的军队，才会对中国社会造成如此深刻的影响。

第十一章　株连制行于军法　抱成团敢死同生

"内行刀锯，外用甲兵。"这是《商君书·画策第十八》中的一句话：对内使用刑罚，对外使用武力。商鞅用刑罚打压一切反对派，用刑罚限制一切私学，用刑罚保证变法法令的推行，用刑罚制止一切不靠农战而获得富贵的道路，用刑罚保证农业成为支柱性经济，用刑罚和对外战争的方式拓展秦国人的空间，用军功授爵制度给致力于农战的秦国人以上升的阶梯。他实行的是钢铁一般的威权政治，以铁血政策实现了个人理想和国君理想。

《商君书·境内第十九》中说，在进攻城市和包围城镇的时候，秦国"工程技术部部长"司空组织团队，事先估量、计算城池的宽度、厚度，国尉按照这个计算结果划分地段，给基层士兵校、操等分配任务，每人分得若干来挖掘，并约定日期，告诉他们说："先完成任务就评为最先进，后完成任务就评为最落后，两次被评为最落后的，就要被罢免。"这就是现代管理中的末位淘汰制度。当时城墙的建筑要埋入大的

第十一章 株连制行于军法 抱成团敢死同生

木桩，起到稳定和支撑的作用，这些士兵的任务就是挖掘到城墙下边之后，放火烧毁木桩。

正式攻城开始，由"敢死队"带头冲锋，一般每个冲锋小队由18人组成，其中一个是"敢死队"队长。如果他带领的队伍没有斩获敌人的首级，就杀他的头。如果一个小队斩首数量达到5枚，那么队长将被赐爵一级。其实这一段描述不太清晰："队五人，则陷队之士，人赐爵一级。"按照前面的介绍，这应该是考核领头人的。斩首5人，和18人对比，比例约为28%，与此前规定的斩首比例33%不相上下，所说的"人赐爵一级"，似乎又指敢死队的18人每人赐爵一级。后文还说，"死，则一人后"，如果敢死队队长或应获得爵位者死了，就由他家里的一个人来继承其应得的爵位。如果有谁不能拼死杀敌，就在上千人面前将他五马分尸。如果有人劝阻，就在城下当着众人的面对其处以黥刑、劓刑。商鞅的心真是冰冷的。

国尉划分好进攻地段之后，"中卒随之"。古代行军作战，一般分成左、中、右，或者上、中、下三军，中军是主将所在的部队，战斗力比较强。有人把"中卒"译成中军的"卒官"，这让人费解。按照现代军队编制来说，一般冲锋陷阵的都是连长、排长带队，这个中卒极有可能是前文提到的"百人一将"，只是出自中军的强悍领队，他们负责跟着"敢死队"攻城。将军让人搭起木台，然后带着"国正监"和"王御史"登上木台瞭望。高亨先生注解："正监，官名，主管监察事项，正即正副之正。"这类似于秦始皇时代的御史，御史中丞、御史隶属于御史大夫，有弹劾纠察之权。"国正监"应该是朝廷派来的监察主官，"王御史"应该是秦王派来的御史，最起码在程序上，两者属于不同的派出渠道。这应该是秦军的一种监察制度。那些先攻进城里的，就记为最先进；后攻进城的，就记为最落后。冲锋陷阵的"敢死队"队长，首选心甘情愿担任此职位的人。如果自愿的人手不够，就由想要建功立业的人补充。

再比较一下《韩非子·初见秦》中的描写。文中所描写的六国军队，虽然在与秦军打仗之前也是慷慨激昂，可是一到了两军对阵、生死立判的时候，马上就颓了，因为他们有拼死的能力，却没有拼死的理由。而在秦军，除了有拼死的勇气，还有刑罚的逼迫和爵禄的诱惑，因此就有了拼死的理由。在一百多年中，秦王操纵战争机器越来越得心应手，这架战争机器也越来越青面獠牙。

《睡虎地秦墓竹简·封诊式》记载了两个事件，它们都是秦军内部为了争夺首级而引发的。在秦军的眼里，敌人的首级就是通往富贵之门的入场券，在完全以首级为军功评判标准的体制下，秦军变得异常残忍嗜杀。第一个记载是说，在攻打邢丘的战役中，即秦昭王四十一年（公元前266年），丁获得了一颗首级，但是丙过来抢夺，并且伤到了丁，这时甲制止并捕获了丙，然后甲带着丁，扭送丙到相关部门论理。另一则大致意思是说，甲和丙一起送到首级一个，并报告说："甲、丙在邢丘城作战，这是甲、丙获得的首级，甲、丙互相争夺，把首级送到。"相关人员检验首级，用文书征求辨认首级："如有掉队迟到的，派人来此辨认。"这有两种可能：一是这种剑伤不像被秦军所伤；二是此前发生过类似的抢夺首级的事件。首先要确认这是不是战死秦军的首级，因此让人整顿部属，并派人来辨认。这时就可以看出军功授爵制度的弊端了。为了获取首级，什么手段都用上了。

《睡虎地秦墓竹简·法律答问》中说，赞扬敌人而动摇军心的人，应戮。什么叫戮？先活着刑辱示众，然后斩首。而对传播正能量、振作

第十一章　株连制行于军法　抱成团敢死同生

士气,使将军知道他的名声的人,则予以赏赐,由将军酌量赏给钱或黄金,但没有固定数目。

《睡虎地秦墓竹简·秦律杂抄》记载,服完兵役的军士回乡,对外宣称服役期限已满,但是证明其服役期满的文书还没有到,这就是与事实不符,罚他到边境服役四个月。军中就最近的攻城战役进行绩效考核,如有城池陷落时还没有进入战场,但是向上报告时说某人在围城作战时死亡的,这就是弄虚作假,应该判处其耐刑(即强制剃除鬓毛胡须而保留头发,是较轻的刑罚),而屯长(五名军人设一屯长)、同什(十户为一什)的人知情不报,罚一副铠甲的钱,同伍(五户为一伍)的人则罚两副铠甲的钱。这些人之所以要替其隐瞒,一定是他没有按照命令进攻并抵达指定地点,同伍、同什的人都有责任。

《睡虎地秦墓竹简·秦律杂抄》记载:"战死事不出,论其后。有(又)后察不死,夺后爵,除伍人;不死者归,以为隶臣。"意思是说:在战争中誓死不屈,应将爵授予其子。如后来察觉该人未死,应该夺其子的爵位,并惩治其同伍的人;那个未死的人回来,成为隶臣。这条规定,传达了这样一些信息:

(1)爵位是可以传给继承人的,这造就了另外一种形式的世袭制度。

(2)这种爵位是动态的,是可以赐予、可以剥夺的。如果触犯了法令,爵位可以被剥夺,哪怕像白起那样的高爵,都可以从武安君降为普通一兵;

(3)说严苛也好,说有现代精神也好,秦法是严厉制裁弄虚作假行为的;

(4)秦国法律中有不合理的株连制度,但也有一些合理的成分。追查领导的责任和连带责任，这是现代法律制度也需要的。

秦国的爵位在后期也有一个贬值的过程。秦昭王四十七年（公元前260 年），在长平之战中，白起军团已经完成了对赵括兵团的合围，秦昭王为了一口吞掉赵军，决定实施更大的包围圈。《史记·白起王翦列传》记载："秦王闻赵食道绝，王自之河内，赐民爵各一级，发年十五以上悉诣长平，遮绝赵救及粮食。"秦昭王听说赵军的粮道已经被围堵，就亲自到了河内郡，拜符合授爵条件的民家一级爵位，征调十五岁以上的男子，全部调往长平，以便阻绝赵国的救兵和粮道。

另据《史记·秦始皇本纪》："是岁，赐爵一级。"是岁，指秦始皇二十七年，即完成六国统一大业后第二年，一说是有爵位者普遍升爵一级。秦始皇三十六年，他为了鼓励中原的百姓向边境地区移民，给被迁人家的男子各赐爵一级。这里就出现一个问题，"赐民爵各一级"，就是大规模地授予符合条件者一级爵位。这就不像商鞅变法时那样对爵位授予渠道进行严格控制。物以稀为贵，越少、越难获得的才越珍贵。古今中外的战史上，都有君主或者统帅赐予军事主官军刀的成例，以嘉其勇，但是，如果到了不论战功随便赏赐的程度，军刀的附加值就大大降低了。在秦国，恐怕也有这个情况，这是在执行军功授爵制度中容易出现的弊端。

从前面提到的《商君书》和《睡虎地秦墓竹简》中的案例和规定来看，可知：

（1）战争的根本原则是"保存自己，消灭敌人"，在军功授爵制度下，更要严格把握这个原则，否则，不但无功反而有罪。这样做的积极效果就是，伍长要保护同伍之人，同伍之人要保护伍长；将领要保护普通士兵，普通士兵要拼死保卫将领；将领不能让士兵做无谓的牺牲，而

第十一章　株连制行于军法　抱成团敢死同生

士兵不能轻易后退。如果自己的军事主官伤亡，士兵们也就没有任何利益可谈了，而且还会面临重刑的惩罚。

（2）想在秦国获得爵位应该不是一件容易的事情，不一定像《商君书》中所说的那样，斩获一个甲首或者爵首，就能得到一顷田地、九亩宅基地，商鞅说的只是一个方向性的标准，落实到实际中，会非常复杂。因此我猜想，秦国应该有一个庞大的机构在做军功授爵的统计、计算、核实等工作。

（3）士兵的斩首数还好计算，如果是将领的功绩，一定有比较复杂的计算公式，越是高等爵位，升级越困难，像白起那样在几年之内从十级左庶长升到十六级大上造，是极少数的。正因为有如此严苛的制度，才打造出秦军这架横扫千军的战争机器。

如果只从秦国的角度来看，这种制度在短期之内会造成极大的不适，但是从长远来看，反而最大限度地减少了秦军的伤亡。《战国策·韩策·张仪为秦连横说韩王》中张仪说："山东（崤山以东，指六国）之卒，被（披）甲冒胄（zhòu，头盔）以会战，秦人捐甲徒裎（chéng，赤膊，光着身子）以趋敌，左挈（qiè，举起、提起）人头，右挟生虏。夫秦卒之与山东之卒也，犹孟贲（bēn，为古代勇士）之与怯夫也，以重力相压，犹乌获（战国时秦国的大力士，与任鄙、孟贲齐名。后用作力士的泛称）之与婴儿也。夫战孟贲、乌获之士，以攻不服之弱国，无以异于堕千钧之重，集于鸟卵之上，必无幸矣。"这段话的意思是：山东六国的士兵，都是顶盔掼甲去打仗，而秦国战士打仗的时候敢于脱掉铠甲，光着膀子冲向敌人，他们左手抓着人头，右胳膊夹着俘虏。秦国战士与东方六国的士兵比起来，如同勇士孟贲和懦夫作战一样；秦国大军压向六国，如同大力士乌获压向婴儿一样。让孟贲、乌获这样的勇士去战斗，去攻打一个不驯服的弱国，与用千钧重物击打鸟蛋没有什么区别，鸟蛋绝对没有幸存的可能。

能让秦军如此骁勇，后面一定有重刑、重罚、重赏、重爵，而张仪时代，秦的军功爵含金量一定极高。

由此可知，爵位一定有轻重之别，即便是从军功这一角度来看，由于有不同的获取方式，爵位的含金量和附加值一定是极不相同的。由于材料的缺失，我们所看到的，有可能是完全（或者部分）错误的，也许只是军功授爵制度的冰山一角。这有待于新考古资料的出土和有识之士进一步的研究。

第十二章　虎狼师利益驱动　荀子论天下无敌

下面从《荀子·议兵篇》看秦国的军功授爵制度。

《荀子·议兵篇》中有一段名言:"故齐之技击,不可以遇魏氏之武卒;魏氏之武卒,不可以遇秦之锐士;秦之锐士,不可以当桓、文之节制;桓、文之节制,不可以敌汤、武之仁义。有遇之者,若以焦熬投石焉。"

这段话的大意是:齐国的技击别遇到魏国的武卒,魏国的武卒别碰到秦国的锐士,秦国的锐士抵挡不住齐桓公、晋文公那样的节制之师,齐桓公、晋文公的节制之师敌不过商汤、周武王的仁义之师。如果非得让他们相遇,一决雌雄,就好像用非常脆的东西和石头硬拼一样。齐国推崇"技击",技击是一种杀人技巧;魏国的"武卒"类似于特种兵;秦国的"锐士"就是在军功授爵制度下训练出来的精兵;"桓、文"指齐桓公、晋文公,"节制"应指有纪律、有教养的军队;"汤、武"指商汤和周武王,他们所率领的才是仁义之师;"焦熬"指用火烤干后变得比较脆的东西。如果用这样的东西与石头硬碰硬，肯定是自取灭亡。不过问题是，齐之技击、魏之武卒、秦之锐士，是同一个时代，他们与齐桓公、晋文公的节制之师和商汤、周武王的仁义之师处于不同的时代。这是一个"关公战秦琼"的问题。

◎《荀子·议兵篇》中提到的军种的战斗力

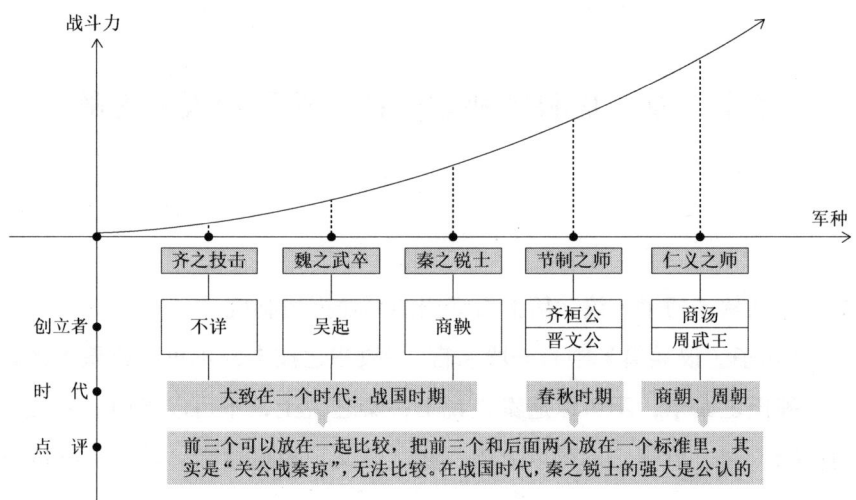

但是荀子在说这句话的前后，还有大量的铺垫、分析，提供了很多的历史细节，并且做了比较有说服力的论证，看问题非常透彻、独到，能看到问题的本质，不愧为一个大思想家。他认为："好士者强，不好士者弱；爱民者强，不爱民者弱；政令信（守信用）者强，政令不信者弱；民齐（齐心、一致）者强，民不齐者弱；赏重者强，赏轻者弱；刑威者强，刑侮（轻慢）者弱；械用兵革攻完便利者强，械用兵革窳（yǔ，粗劣、懒惰、瘦弱）楛（kǔ，粗劣、不坚固、不精致）不便利者弱。重用兵者强，轻用兵者弱；权出一（权力集中，指挥有力）者强，权出二者弱，是

第十二章　虎狼师利益驱动　荀子论天下无敌

强弱之常也。"他对强弱的分析非常到位、极其深刻和全面。好士、爱民、政令有信、民众齐心、赏重、刑威、军械优良、谨慎用兵、权力集中、指挥有力,做到这些的,军队一定强大,而秦国除了不爱民之外,其他方面可以说做得都非常出色。

齐国人推崇"技击",着眼点在于杀人的技巧、搏击的技巧。如果齐国士兵获得一枚首级,大约可以获得八两的赏金。但是,齐国的奖赏制度不合理,它不看战争最终的结果,只根据斩首的数量来奖赏,这就违背了奖赏的原则。这样的军队没有集体作战的意识,每个人都盘算自己的利益,在战事小、敌人弱的情况下还能发挥作用,如果战事大、敌人强,军心就会涣散。他们像惊弓之鸟一样,没过多久就会全军覆没。这是"亡国之兵",军队的战斗力没有比这更弱小的了,就好像到市场上雇人当兵作战差不多。这和秦军的奖励制度不可同日而语。

上文谈到过,如果大将指挥的团队在攻城战中斩首超过 8000,野战中斩首超过 2000,那么,从普通士兵到各级指挥官,从无爵者到有爵者,从低爵者到高爵者,包括大将的车右和御者,甚至包括没有参战只参与战前策划的客卿都能得到奖赏。这就保证了秦军全体将士为了一个完全一致的目标,为了胜利,发挥智慧与力量。齐国的技击只能应付小场面,秦国的锐士能啃"硬骨头"。

魏国的武卒是按照严苛的标准选用的,是吴起在魏国主持的军事改革中的一项重要内容。这是特种兵的选拔标准。什么标准呢?身穿三套护身甲,拿着拉力为 12 石的弓弩,兽皮或者竹木做成的装箭器具里插着 50 支弓矢,肩上有戈,头戴头盔,腰佩宝剑,带上够吃三天的口粮,半天之内快步行走一百里。如果这样的负重急行达标了,就算考试合格了,就免除他们一家的徭役,不收他们的田宅税。假如多年以后他们的身体大不如前了，或者他们退役了，这项特权也不会被剥夺。这样就需要不断地筛选新的武卒。新的武卒的战斗经验不如老的武卒丰富，而且这个编制不断扩大以后，必然导致税收的下降，哪怕国家土地广阔，长时间下来也是对国家的削弱，因此，这样的军队被称为"危国之兵"。比对一下秦国，秦国在军功授爵制度下，既有什伍制度的绑定，又有个人建功立业的动力，不需要像魏国这样挑选，每个人都是勇士，而且源源不断，加上秦国是标准化作业，一个人只要进入这个体系，很快就会成为虎狼之师中的一员。吴起的办法确实可以激发人的战斗力，可是爵位和福利能上不能下，终身享有，对于老兵来说是优待，等到他们不能为国做出相应的贡献时，需要选拔新的特种兵，给予其同样的福利，这势必增加纳税人的负担。在秦国则不然，如果不努力或者犯罪，爵位是可以被剥夺的，这样就让所有人永远不敢懈怠。如果看重享受生活，肯定喜欢魏国的方式，一次拼命，终身享有；如果想永远保持军队的战斗力，就要采取秦国的方式。

秦国内部则是另一番景象，它的人民生路狭窄，统治者役使百姓的手段严酷凶狠，用权势胁迫他们，用刑罚逼迫他们，动用种种手段遏制他们，使他们陷入贫困的境地，除了通过打仗邀赏别无出路，除了通过打仗也别无理由享受利益。用强制的手段逼迫他们打仗，同时，只要获得了胜利就一定论功行赏，有多大的功劳就有多大的赏赐，有了重赏的激励就会建立更大的功劳，两者互相促进。因此，秦国兵员最多，战斗力最强而且保持得最长久。

秦国经过四代君主的努力，一代比一代强，这不是侥幸，而是必然的。所谓"四世"，指秦孝公（公元前361—公元前338年在位）、秦惠文王（公元前337—公元前311年在位）、秦武王（公元前310—公元前307年在

第十二章 虎狼师利益驱动 荀子论天下无敌

位)、秦昭王（公元前 306—公元前 251 年在位)。这就是当时人与后世人最难以理解的：通常发动战争都是对国力的消耗，可是秦国为何越战越强、越打越富？

"五甲首而隶五家"，这是荀子对秦国军功授爵制度的一个记录。《"五甲首而隶五家"浅释》的作者丁光勋先生对这句话的定义是："秦国的士兵在战争中凡能获得敌国披甲战士五人首，就可以役隶乡里无爵者五家。"荀子与秦有交集，他也是战国时人，本身还是大学者，不可能无中生有地乱说。可能他有理解错误的地方，但一定是有根据的。秦国应该有这个规定，这就是笔者在前文中一再强调的，军功授爵制度一定比我们想象的复杂，这里面一定有很多奖赏环节没有打通。

此外，秦国统治者在进行顶层设计时，一定会充分考虑到这个问题，他们考虑得一定比我们细致百倍、千倍，因为他们是当事人，一定会最大限度地激发普通士兵的野心，但同时又会千方百计地设置一些门槛，限制从民爵向官爵、从低爵向高爵的跃进。如果既得利益者太多，一方面会给国家带来沉重的财税负担，一方面会削弱战斗力。

我们知道，秦国是后起之秀，他们的改革也是相对晚一些的，在商鞅和秦孝公进行改革之前，一定会充分考虑变法的利弊得失，并且对改革可能产生的负面效应做出充分的估计。李悝（约公元前 455—公元前 395 年）和吴起（？—公元前 381 年）都是商鞅的前辈，李悝的著作《法经》就是商鞅变法的母本，吴起为魏文侯服务，创立"武卒制"。魏武侯继位之后，吴起受到排挤，便到了楚国，与楚悼王合作变法。楚悼王对吴起的支持力度，几乎等同于秦孝公支持商鞅的力度，可吴起不如商鞅幸运的是，秦孝公的执政时间长，在位 24 年，去掉变法的论证和准备期，也足足有 20 年，这足以让一个国家发生翻天覆地的变化了，而楚悼王死得早，致使变法中途夭折。在商鞅变法时，李悝变法与吴起变法的利弊得失，已经成为商鞅变法的前车之鉴。所以，商鞅并没有一下子推出所有的法令，而是采取批次性、阶段性的变法。比如《垦草令》应该是试点改革，看下效果和利弊，然后推行第一次变法，接着再推行第二次变法，不断扩大辐射范围，从浅入深，最终从政治内核上确立变法的精神。

由于史料的缺乏，关于军功授爵制度，还有很多谜团，无法一一揭开，但是，关于军功爵赏赐的程序，在《睡虎地秦墓竹简·军爵律》中，有明确的记载："从军当以劳论及赐"，这是考古资料，相当权威，下文还有叙述。

秦国在颁赐军功爵时，一般有三道程序：

（1）劳，即统计军功。统计士兵、军官的战功，并上报有关部门，这是赐爵的前提和根据。

（2）论，即论定爵级。这是一个非常重要的环节，即对建立军功者加以评议。需要确立的事项大致有：① 此人的军功究竟是不是有效军功？② 这个有效军功获得者是依然健在还是已经阵亡？是不是应该由继承人来继承爵位？③ 如果是有效军功，那么需要确定爵位等级、田地、宅院、薪水、赐税、赐邑等细节。④ 如果评议不实，存在弄虚作假行为，就要取消奖赏，还要实施相应的惩罚。"验证首级"是一个非常重要的环节。比如《睡虎地秦墓竹简》中记载了两个士兵争夺首级这一事件，相关部门发布协查通报，以便确定各个部队有没有失踪的士兵。这可能是要确定，有没有以阵亡的秦军首级来顶替敌军首级的情况。⑤ 根据《睡虎地秦墓竹简·军爵律》的记载，在评议属实的情况下，如果立军功的人没有拜爵，本人已死，他的继承人有罪，或者其本

第十二章 虎狼师利益驱动 荀子论天下无敌

人有罪，则取消爵位和赏赐；如果立军功的人已经拜爵，但还没有得到赏赐，本人已死并依法受到处罚，则仍给予赏赐。由此可见，在秦国，是否拥有爵位，在待遇上是有差别的。对上报的"阵亡"者，如果发现他没死，而是降敌或者临阵脱逃，就罚他为隶臣。⑥ 经过反复核对并公示，最终确定无误之后，就进行赏赐。

（3）赐，即兑现奖赏。通常这个"赐"应该由两个部门协调进行。第一步，军方负责申报爵位和级别；第二步，由主管部门指定相关郡县兑现田宅和食邑等。秦国实行比较严格的户口管理制度，经济上的问题通常在军功爵受益人的户口所在地来解决，因此需要军方和地方协调。一旦确定无疑，奖赏要尽快兑现。如果当地相关人员拖拉，就会有罪。

获得了爵位以后，就可以进行各种"交易"。

比如，如果亲生父母是隶臣妾，有爵者可以通过捐出二级爵位，让他们中的一个人获得自由身。如果妻子是隶妾，有爵者可以通过捐出一级爵位，恢复妻子的自由身。如果有爵者犯错、犯罪了，爵位可以成为一道"免责金牌"。如果触犯了法律，爵位可以被剥夺。总而言之，就是让一个人拥有爵位和利益，但是不让他一劳永逸，而是让他永远保持奋斗的心态。在中国传统的社会里，除了皇帝，没有一个人是绝对安全者，甚至皇帝本身都不安全。皇帝是整个国家的"总会计师"，他在盘算着一切，计算着一切。

商鞅是一个现实主义的政治家，对法家和兵家的先贤研究得非常透彻，管仲、吴起、李悝等人应该是他重点研究的对象。

总之，商鞅把所有的心思都用在现实政治上了，精心设计了一套管理体系，让所有秦国人都在功利境界中无法自拔！

第十三章　秦密档重现天日　郡县制一插到底

在楚汉战争之时，刘邦最先攻入咸阳。将领们都直奔金银珠宝去了，只有萧何接收了秦朝的一些秘密档案和各种国家层面的统计资料，也就是说，他掌握了秦朝的大数据系统。但是，他掌握的只是一部分，还有一大部分被项羽一把火烧掉了，秦朝大量的珍贵资料就此永远化为历史的尘埃。秦朝资料其实是最珍贵的资料，因为它是两千余年中国集权主义的开创者，如果能够保留下来大批档案，就可以看到秦朝的决策者在进行原始决策时的思路、想法和做法，这是解开中国历史的一把钥匙。只有从原始档案中才可以看到未经雕琢的真实。

刘邦攻占咸阳之后，发布了非常有名的"约法三章"——"杀人者死，伤人及盗抵罪"，废除秦朝严密的法律，当时非常受欢迎。但这只是战时法。后来刘邦发现"三章之法不足以御奸"，就让萧何整理、收集秦朝的律法，选择那些有利于当时情况的，最后萧何制定了《汉律九章》，主要包括九个方向。《汉律九章》产生了深远的影响，《明史·刑

第十三章 秦密档重现天日 郡县制一插到底

法志》中说："历代之律，皆以汉《九章》为宗。"

1975年12月，在湖北省云梦县睡虎地十一号秦墓中，发现了1155支竹简，另有残片80枚。墓的主人叫"喜"，是秦国一个基层官吏，可能出于对法律的信仰和热爱，他死之后用这批竹简来陪葬。这批竹简的记录止于秦始皇三十年，是秦国及秦朝常用的法律文书，有的弥补了现有史料的不足，有的纠正了史籍记载或论述的错误。这就好比我们正在讲坛上讲解秦朝历史如何如何，突然，一个秦朝人带着原始资料穿越而来，然后告诉你哪里缺失了，哪里不对了。这可是非常震撼的。

《睡虎地秦墓竹简》内容广泛，涉及刑法、诉讼法、民法、军法、行政法、经济法等，既有法律条文，又有案例分析、官方解答、调查细节，还有法律程式的规定等，内容非常丰富。主要包括：《编年纪》、《语书》、《秦律十八种》、《效律》、《秦律杂抄》、《法律答问》、《封诊式》、《为吏之道》、《日书》甲种、《日书》乙种。

《编年纪》：逐年记录了从秦昭王元年（公元前306年）到秦始皇三十年（公元前217年）的军政大事，以及一个名叫"喜"的地方官从出生到从军、为吏的经历，类似于后世的年谱。

《语书》：也称为《南郡守腾文书》。南郡本来是楚国的领土，秦昭王二十九年（公元前278年），秦国一举攻破楚国首都郢，在新占领的楚国北部地区设置南郡。这篇文书就是秦国南郡的郡守"腾"在秦王嬴政二十年（公元前227年）四月初二发布的一道命令。

《秦律十八种》：这十八种秦律不是该项法律的全部，只是抄写人根据自己的需要摘录了十八种秦律的一部分。在这十八种秦律中，有一种是《效》，与陆续发掘的《效律》中的一部分相同。关于这一点，后文单列讲述。

《效律》：关于核验官府物资财产的法律。《效律》详细规定了核验县和都官物资账目的一系列制度。对于在军事上有重要意义的物品如兵器、铠甲及皮革等，规定尤为详尽。特别是对于度量衡器，律文明确规定了误差的限度，这是贯彻统一度量衡政策的法律保证，对巩固国家经济有很重要的作用。

《秦律杂抄》：包括《除吏律》《游士律》《除弟子律》《中劳律》《藏律》《公车司马猎律》《牛羊课》《傅律》《敦表律》《捕盗律》《戍律》等墓主人生前抄录的11种律文，其中与军事相关的律文较多。

《法律答问》：以问答形式对秦律的条文、术语及律文的意图所作的解释，相当于现时的法律解释。主要是解释秦律的主体部分（即刑法），也有关于诉讼程序的说明。

《封诊式》：内容主要是对官吏审理案件的要求，涉及审判原则及对案件进行调查、勘验、审讯、查封等方面的规定和相关案例。

《为吏之道》：内容主要是关于处世做官的规矩，类似于秦国的"公务员守则"和个人修养提升准则。

《日书》甲种与《日书》乙种：关于卜筮（shì）、占卜方面的资料。

下面主要参考《睡虎地秦墓竹简》中的说明，对《秦律十八种》做一个简短的分析。

（1）《田律》：关于农业生产的法律。

（2）《厩苑律》：关于管理饲养牲畜的厩圈和苑囿（yòu，养动物的园地，另指局限、拘泥）的法律。

（3）《仓律》：关于管理粮草仓的法律。

（4）《金布律》：关于货币、财物方面的法律。

（5）《关市》：相当于关市职务的法律。关市，官名，见《韩非

第十三章　秦密档重现天日　郡县制一插到底

子·外储说左上》，管理关和市税收的事务。

（6）《工律》：关于官营手工业的法律。

（7）《工人程》：关于官营手工业生产定额的法律规定。

（8）《均工》：关于调度手工业劳动者的法律。

（9）《徭律》：关于徭役的法律。徭役是中国传统专制社会强迫人民（主要是农民）从事的无偿劳役，是专制主义剥削的一种重要形式。

（10）《司空》：关于司空职务的法律。司空，官名，主管工程。当时工程多用刑徒，后司空逐渐成为主管刑徒的官名，类似于"秦国工程院院长"兼"最高典狱长"。

（11）《军爵律》：关于军功爵的法律规定。

（12）《置吏律》：关于任用官吏的法律。

（13）《效》：此处为律名，关于检验官府物质财产的法律。

（14）《传食律》：关于驿站供给饭食标准的法律。

（15）《行书》：此为律名，关于传送文书的法律规定。

（16）《内史杂》：关于掌治京师的内史职务的各种法律规定。

（17）《尉杂》：关于廷尉（司法审判机关的长官）这一职务的各种法律规定。

（18）《属邦》：属邦，管理少数民族的机构。汉代因避汉高祖刘邦讳，改称属国、典属国，见《汉书·百官公卿表》。本条为关于属邦职务的法律。

关于《睡虎地秦墓竹简》，已经有大量的专著发表，因为过于专业、过于学术、过于复杂，在此我们只略微说明，以加深对《史记》的理解。在前后文中，我们会选择一些细节和要点进行浅显的分析，这有助于打破对秦国及秦朝的固有印象，或者加深对秦国及秦朝固有印象的理解。后文会举一些有趣并且容易理解的案例，欣赏一下《睡虎地秦墓竹简》的精髓。

接下来我们再来看看秦国及秦朝的官僚体系建设。

从商鞅变法开始，秦国大力推行县制。《史记·商君列传》："集小乡邑聚为县，置令、丞，凡三十一县。"这是把若干乡、邑聚合、归并为县，各县设置县令、县丞，秦国共设置三十一个县（另一说为四十一个县）。按照《商君书·垦令第二》中的记载，预定的战略目标是使"百县之治一形"，让各县的政治措施和管理机构必须一个样子，推行机构设置和政治管理的标准化，不论是国君还是地方官吏，都可以按照标准化的程序和手段进行管理。商鞅认为，这样才能"天下大治"。

其实，设置县的行政机构，并不是秦国的首创，《左传》中就有大量的关于郡、县的记录。这说明，从春秋时代开始，中国就开始推行郡、县制度。有一种说法是，开始时县大于郡，后来才是郡比县高一级。清代学者姚鼐（nài）说的一句话揭开了一部分谜底："郡远而县近，县聚富庶而郡荒陋，故以美恶异等，非郡县相统属也。"他说的意思是，郡一般都处在国家的边疆，是荒凉之地，而县一般都在核心的经济区，人口众多，相对富庶。县比郡的综合实力强，这才显示出了差别，并不是说郡被县所统属。吴王夫差讨伐齐国时，就发九郡之兵，几乎是倾国之兵。

在商鞅变法之时，秦国还没有郡一级的地方行政机构，国土面积相对要小。直到秦惠文王十年（公元前 328 年），"魏纳上郡十五县"，秦国才正式设置郡一级的机构，从此以后，郡县制在秦国推广开来。随着日后秦国兼并战争的胜利，每拓展一片土地，就推行郡县制。根据《史记·秦始皇本纪》的记载，秦始皇亲政前，秦国已有巴郡、蜀郡、汉中

第十三章 秦密档重现天日 郡县制一插到底

郡、南郡、上郡、河东郡、太原郡、上党郡和三川郡这九个郡,马非百统计,还有黔中、南阳、陇西、北地四郡。秦始皇完成统一大业之后,设置了三十六郡(一说为四十八郡),由此实现了对全国的有效控制。

◎ 秦朝的行政级别设置

层级	大类	职务	主要职权	备注
中央级	三公	丞相	相当于皇帝的总顾问、最高秘书长、首席执行官	丞相权力大小取决于皇帝的个性
		太尉	皇帝的总参谋长,武职最高	名义上负责全国军事方面的工作
		御史大夫	纠察百官,相当于副丞相	
	九卿	奉常	掌管宗庙祭祀和国家礼仪制度	
		郎中令	总领宫内事,实为宫内总管	赵高曾任此职
		卫尉	掌管宫廷卫士,管辖宫内宿卫	
		太仆	掌管皇家车马,是近臣	
		廷尉	相当于秦朝最高司法官	
		典客	相当于秦朝外交部部长	
		宗正	掌管皇室亲族事务及登记宗室谱牒	
		治粟内史	掌管天下钱、谷,类似于财政部部长	
		少府	照料皇帝日常起居,掌管皇帝私产,当时农业税为主要财政支柱,工商税是小头,纳入皇帝私产	章邯曾任此职
郡级		郡守	郡的一把手,负责全面管理	
		郡丞	郡的次官,辅助郡守	
		监御史	负责监察郡守及其他官员,皇帝委派	
		郡尉	掌管军事,负责治安和拘捕盗贼等	
		其他属官	从略	

续表

层级	大类	职务	主要职权	备注
县级		县令、县长	超过万户为县令，不足万户为县长	
		县丞	县的次官，县令助手	
		县尉	掌管治安、捕盗之事，还有训练士兵之责	
		功曹	掌管县吏的政绩考核等事	萧何曾任此职
		县司空	主管工程建设、刑徒管理等	
		文无害	也称公平吏，巡查监狱，防止冤狱	
		县司马	掌管一县车马之政	
		仓吏	县粮食局主官	
乡级		有秩	秩，指俸禄，汉时年薪100石，秦时不详，类似乡长	
		啬夫	掌管乡司法局，收取赋税	还有其他部门的啬夫
		三老	掌管教化	
		游徼	负责治安和捕盗	
亭		亭长	防盗、捕盗，辅助征发徭役等工作。类似于派出所所长	刘邦曾任此职
里		典（里正）	类似于村长	
什		什长	十户为一什	
伍		伍长	五户为一伍	

注：以上官职不包括武职、警卫、侍从与宫官等。

有一个问题需要稍微做一点辨析。乡、亭、里是不是统属关系，学术上存在争议。有一种说法是"十里一亭，十亭一乡"，所谓"十里一亭"，可能是十里地设置一亭，"里"表示距离，而不是指行政单位上的

第十三章 秦密档重现天日 郡县制一插到底

"里"。乡统辖里,这一点应该是没有太大疑义的,而亭是否统辖里,这一点确实有些问题。

亭最开始设置在边境之上,有利于防备敌人,类似于边境侦察哨。因为亭设在边境,所以也用来接待出入边境线的本国和外国使节。后来开始在城市和乡村普遍设置亭。就是说,县、乡、里是行政机构,亭则是治安机构。大名鼎鼎的汉高祖就是从泗水亭长做起来的。他当时还负责征发徭役。可能亭长后来的职责已经不局限于开始的含义,而且随着社会管理的内容越来越复杂,亭长开始介入更多的基层工作。关于这方面的学术辨析,大家可以阅读《论秦汉时期的"亭"》(高敏著)和《汉代"亭"与"乡""里"不同性质不同行政系统说》(王毓铨著),会有更多的理性认知。

在秦汉的基层管理中,还有一个非常重要的职位——啬夫,它在史料中记载得非常简略,但是有了《睡虎地秦墓竹简》之后,关于啬夫的记载就变得非常详尽了,其中提及啬夫的达一百多处。《汉书·百官公卿表》记载,汉时有乡啬夫,为乡官,主要职责是处理乡里民事诉讼事务,以及征税、征发徭役。

关于啬夫,是一个比较复杂的学术问题。大家可以这样理解,所谓啬夫,就是广布于县级、乡级组织中的各个局、科中的长官,类似于某局局长、某科科长等,不过这些机构大多是在经济管理方面,这些啬夫一般都属于基层的官吏。

商鞅变法之后,秦国的统治基本上都能深入到社会的各个方面,对各个行业的管理非常有效,而且这些行业基本都是"秦国国有经济",这就使得秦国的经济实力越来越强。这是秦国优于六国的地方,也是古代传统专制统治者对经济进行全面渗透与管控的样本。

秦史之谜

◎ 秦汉啬夫一职的简况

序号	官职	别称	职责范围	备注
1	大啬夫	县啬夫	二者应该大致相同,管理其他啬夫	
2	仓啬夫		专门管理粮仓的官吏	
3	田啬夫		专门管理国有土地耕作事宜的官吏	
4	库啬夫		主管国家库藏的官吏	
5	离官啬夫		主管离宫别馆的官吏,"离官"应为"离宫"	
6	苑啬夫		主管国家苑囿的官吏	
7	皂啬夫		专门管理为国家饲养牲口的"皂者"的官吏	
8	厩啬夫		管理整个养马机构的官吏	
9	司空啬夫		专门管理刑徒制造大车的官吏	
10	发弩啬夫		专门主管发弩事宜和军事训练的官吏	
11	采山啬夫		主管砍伐木材的官吏	
12	采铁啬夫		主管开采矿石的官吏	
13	乡啬夫		听讼、收赋税的官吏	
14	虎圈啬夫		应该为主管虎圈的官吏	《汉书》记载
15	市啬夫		应该是主管市场的官吏	《汉书》记载

注:本表格的制作主要依据高敏先生《论〈秦律〉中的啬夫一官》一文和《睡虎地秦墓竹简》。表中所列的啬夫并不是全部。

第十四章　度量衡参差不齐　两诏版秦皇意决

在战国时代，度量衡的混乱状况极其严重，有时还有新制和旧制的混用。无疑，这对国家的管理和普通百姓的生活都是极其不方便的。从商鞅开始一直到秦始皇，秦国和秦朝动用强力手段大力推行度量衡的标准化工作。

我们先看一张图表，摘自《中国历代度量衡单位量值表及说明》（邱隆著）。

◎ 中国历代度量衡单位量值表（起止时间严格按照原表划分）

年代	时代	1尺合厘米数	1升合毫升数	1两合克数	1斤合克数
前350—前207	秦	23.1	200	15.6	250
前206—8	西汉	23.1	200	15.6	250
9—24	新	23.1	200	15.3	245
25—220	东汉	23.1	200	15.4	246
220—265	魏	24.2	230	17.7	283

续表

年代（公元）	时代	1尺合厘米数	1升合毫升数	1两合克数	1斤合克数
265—420	两晋	24.2	230	17.7	283
420—589	南朝	24.7	244	18.8	300
386—589	北朝	前期25.6	前期300	前期23	前期370
		后期30	后期600	后期42	后期672
581—618	隋	29.5	600	42	672
618—907	唐	30.6	600	41.4—42	662—672
960—1279	宋	31.4	702	40—41.3	640—661
1206—1368	元	35	1003	40	640
1366—1644	明	32	1035	37.3	596.8
1616—1911	清	32	1035	37.3	596.8
1912—1949	民国	33.3	1000	50	500

这个表格说明，在秦朝统一之后，历代统一王朝都比较注重度量衡的统一，虽然在隋唐之际，关于斤两的标准也出现了不统一的情况。从整体来看，统一的度量衡为统一的市场创造了条件。

但是，在秦国统一前，各个国家的度量衡存在巨大的差异。在此依然摘录邱隆的文章，只截取容量（毫升）部分，从中可以看到这种区别。

◎ 秦国统一度量衡之前战国时代各国的容量差异

国家	齐	邹	楚	魏	赵	韩	东周	中山	秦
1升合毫升数	205	200	226	225	175	168	200	180	202

在同一个时空当中，1升的容量差别竟然如此之大，势必给经济交

第十四章　度量衡参差不齐　两诏版秦皇意决

往造成巨大的障碍。如果在一个国家内部，度量衡也不能统一，那么想要建立统一的市场，也会有巨大的困难。上面的表格中所列举的容积，是根据出土文物的测量推断的，不一定是当时国家的统一标准。比如齐国的齐量是 1 升=205 毫升，韩国的阳城陶量是 1 升=168 毫升，秦国的商鞅铜方升是 1 升=202 毫升，因为都是考古名词，在此不一一列举。

商鞅方升在度量衡历史上占据重要地位，如今珍藏在上海博物馆，它是在秦孝公十八年（公元前 344 年）时铸造的，上面有两段铭文，清晰地记载了它的历史内涵。第一段是："十八年，齐遽（率）卿大夫众来聘，冬十二月乙酉，大良造鞅爰（yuán）积十六尊（寸）五分尊（寸）壹为升。重泉。"大致意思是："孝公十八年，齐国派遣了由卿大夫多人组成的使节团，到秦国商讨相关重大事项。这年冬十二月乙酉，大良造商鞅监督制造了标准铜量器，容积为十六又五分之一立方寸（16.20 立方寸）。"这次外事活动应该比较重要，因此才会记录到商鞅方升上，以便彰显两国的友谊。

在商鞅方升上，还刻有秦始皇二十六年为统一度量衡而颁发的诏令，共计四十字："廿（niàn，二十）六年，皇帝尽并兼天下诸侯，黔首大安，立号为皇帝。乃诏丞相状、绾，法度量，则不壹，歉疑者，皆明壹之。"廿六年，是二十六年。秦始皇二十六年，即公元前 221 年，秦始皇建立统一国家的那一年。黔首，指老百姓。一种说法是，秦朝尚黑，百姓以黑巾裹头，因此得名。大致意思是："二十六年，秦始皇兼并了各诸侯国，统一了全国，百姓安居乐业，立皇帝称号，下诏书令丞相隗（Wěi）状（这也可能纠正了《史记》的一个错误，或有两说。《史记·秦始皇本纪》中记载的是隗林，实际上是隗状，通常以出土文物为准）、王绾（wǎn），制定统一度量衡的法令，把混乱和不统一的度量衡都统一起来。"

商鞅方升在公元前 344 年制造，即便是到公元前 221 年，也已经使用了 123 年，这只能说明，秦国政策的延续性是相当惊人的，商鞅确立的统一的度量衡标准，延续了一百二十多年后由秦始皇继续推向全国。现在所见到的战国时代秦国的近百件度量衡器物上，不但都加刻有秦始皇二十六年的四十字诏书，而且经过实际测量后，发现单位量值也基本一致，这说明秦国标准化的水平还是相当高的。秦始皇建立统一国家后，推行度量衡标准化的深度、广度和力度，法令之严格，更是前所未有的。

有一种度量衡器被称为"两诏版"，上面刻制了秦始皇和秦二世两人的诏书。秦始皇的诏书有四十个字，秦二世的诏书是六十个字。

《西安市西郊高窑村出土秦高奴铜石权》一文所记录的高奴铜石权，就刻录了两位皇帝的诏书，其中秦二世诏书的全文为："元年制诏丞相斯、去疾，法度量尽始皇帝为之，皆有刻辞焉。今袭号，而刻辞不称始皇帝，其于久远也，如后嗣为之者，不称成功盛德。刻此诏，故刻左，使毋疑。"大意是："秦二世元年（公元前 209 年），秦二世诏令左丞相李斯、右丞相冯去疾。统一度量衡是始皇帝定下的制度，后嗣只是按章办事、继续推行，不敢自称有什么功德。现在把我（指秦二世）的诏书刻在左边，使不至于有疑义。"其目的在于继续推行和贯彻统一度量衡的法规。在秦二世看来，这既是一种政策的传承，恐怕也是一种"尽孝"。

有一种度量衡器具叫权，类似于现代的砝码。权的量值分石（120 斤）、钧（30 斤）、24 斤、16 斤、9 斤、8 斤、5 斤、1 斤和半两等多种。陕西历史博物馆珍藏的一件高奴铜石权（《西安市西郊高窑村出土秦高奴铜

第十四章 度量衡参差不齐 两诏版秦皇意决

石权》一文提到的那件），也是秦国度量衡器中一颗耀眼的明星。它是铜质的，"石"指重量，不表示材质，按照秦时的标准，1 石是 120 斤。这个铜石权的重量是 30.75 千克，按照这个实际重量进行折算，1 斤=256.25 克。在前后文中，为了叙述方便，我们只取 1 斤=250 克。

高奴铜石权是 1964 年在西安阿房宫遗址发现的，"高奴"属上郡，是铜石权保存和使用的地区。它一共经历了三次刻铭。

第一次是制作之时，上面铭刻的时间是"三年"，应该是"秦昭王三年（公元前 304 年）""秦庄襄王三年（秦始皇之父，公元前 247 年）"或"秦王政三年（公元前 244 年）"，而在这三个选项中，秦昭王三年的可能性最大，也为学术界主流所支持。如果是秦昭王三年制造的，那么到秦二世元年（公元前 209 年），就有 95 年了，由此可见秦国和秦朝政策的稳定性和一致性。在这件铜石权的身上，还有"物勒工名"的印证。比如上面记录着时间为"三年"，发送地点是"高奴"，监造人（丞）为诎，工师（技术指导）为熙，还有具体负责制作的工匠名。如果这件作品不合格，就可以很轻易地追查到相关责任人。这是一种秦国式的质量追溯制度。

清代学者梁玉绳有一个注解，很能说明问题："后世制器，镌（juān，雕刻）某造，盖始于秦。"他说，后来人制造器物时，上面要刻上制造人的姓名，这大概是从秦时开始的。即便不是从秦开始的，也是在秦时落实为制度的。高奴铜石权制作完毕之后发送到了高奴，作为标准权衡器具。

第二次是在公元前 221 年，也就是秦始皇统一六国后，铜石权被从高奴送回咸阳重新检定，并加刻了秦始皇的四十字诏书，然后再次发往高奴。

第三次则是秦二世即位（公元前209年）后，再次进行检定，加刻了秦二世的六十字诏书。应该是未等到被再次发往高奴，秦朝就灭亡了，因此，这个高奴铜石权就遗落在阿房宫。

这些铭刻有皇帝诏书的标准器，显示了其权威性，表明其属于国家检定级别的权衡器，而非各郡检定级别的权衡器。

铭刻诏书的度量衡器具，我推断应该有四种情况：

（1）秦始皇统一六国之前制造的标准器，在秦始皇统一六国后，送回咸阳重新校正时，铭刻四十字诏书；

（2）秦始皇统一六国之前制造的标准器，在秦始皇统一六国后，送回咸阳重新校正时，铭刻四十字诏书，等到秦二世登基时，又刻上秦二世六十字诏书；

（3）秦始皇统一六国后制造的标准器，直接铭刻四十字诏书，秦二世登基后又加刻了六十字诏书；

（4）秦二世登基后，按照秦二世发扬光大父亲事业的想法，铸造的器具应该直接刻上两份诏书。

商鞅方升上的刻字属于第一种情况，在高奴铜石权上的刻字就属于第二种情况。

近年来，不仅在陕西、甘肃等秦朝旧有国土上发现了大量的度量衡器，在山东、山西、内蒙古、江苏、吉林等属于原齐、赵、燕等国的国土上，也发现了大量精美的度量衡器，这足以说明秦朝统一度量衡的力度还是比较大的。

当笔者看到秦始皇的诏文时，内心还是非常震撼的，上面的文字刚劲有力，充分展示了秦代书法的魅力，显示了皇帝的尊严和意志，也是秦始皇统一度量衡和统一文字的最好证明。

第十四章 度量衡参差不齐 两诏版秦皇意决

为了让下文的叙述更顺畅,这里对秦国的尺度制、容量制、衡制中的一些单位做一个简单的换算(都是约数)。

◎ 秦汉时代一些度量衡的换算单位

度量衡	秦时单位	换算单位(秦)	换算单位(今)	备注
尺度制	1尺	10寸	23.1厘米	十进制
	1步	6尺	138.6厘米	
	1亩	240平方步=240步(长)×1步(宽)	457.056平方米	古制、秦国以外按1亩等于100平方步计算
容量制	1升	10合	200毫升	
	1斗	10升	2000毫升	
	1斛	10斗	20000毫升	另有"1斛=6斗"说
	1斛	1斛=1桶=1甬	20000毫升	
衡制	1石	120斤	30公斤(按汉制算)	
	1石	4钧	30公斤	
	半石	60斤	15公斤	
	1钧	30斤	7.5公斤	
	1斤	16两	250克(汉初)	253克(秦时)
	1两	24铢	15.625克	

通过对《睡虎地秦墓竹简》中的一些条目进行简要分析,我们可以看到秦国对于度量衡统一方面的管控。

《睡虎地秦墓竹简·工律》规定,在县和管理官营手工业的工室中使用的度量衡器,至少每年校正一次。如果自己设有校验人员,则不必送到官府进行校正。所有的度量衡器在投入使用前,都必须加以校正。

综合《睡虎地秦墓竹简·效律》中的两条记录,可见秦国允许的误差值和超过误差值之后的惩罚手段。

（1）"衡石不正，十六两以上，赀官啬夫一甲；不盈十六两到八两，赀一盾。甬（桶）不正，二升以上，赀一甲；不盈二升到一升，赀一盾。"

（2）"斗不正，半升以上，赀一甲；不盈半升到少半升，赀一盾。半石不正，八两以上；钧不正，四两以上；斤不正，三朱（铢）以上；半斗不正，少半升以上；参（三分之一斗）不正，六分升一以上；升不正，廿分升一以上；黄金衡羸（累）不正，半朱（铢）以上，赀各一盾。"

由于翻译后的文字内容并不好懂，因此，综合这两条信息，我用表来表示。先对这里的几个关键点做一个说明。"赀"是"罚款"的意思，用于较轻的刑罚种类；"甬"和"桶""斛"通用，为10斗；"半石"为秦制60斤；"廿"是20；"黄金衡"为称量黄金的器物，因此要求的标准更高；惩罚的对象，一般都是主管人员，比如官啬夫；"赀一盾""赀一甲"，指罚值一副盾牌、一副铠甲的钱，买铠甲的钱要多于买盾牌的钱。

◎ 秦权误差范围以及惩罚措施

秦制单位	秦制误差	误差值	惩罚措施	备注
1石（120斤）	误差>16两（1斤）	0.8%	赀一甲	
	8两<误差<16两	0.4%—0.8%	赀一盾	
半石（60斤）	误差>8两（0.5斤）	0.8%	赀一盾	
1钧（30斤）	误差>4两（0.25斤）	0.8%	赀一盾	
1斤（16两）	误差>3铢（1两=24铢，3铢=1/8两）	0.8%	赀一盾	

第十四章　度量衡参差不齐　两诏版秦皇意决

续表

秦制单位	秦制误差	误差值	惩罚措施	备注
黄金衡	误差＞0.5铢（1铢=当今0.65克，0.5铢=0.325克）	0.13%	赀一盾	称量黄金，标准更严

◎ 秦量误差范围以及惩罚措施

秦制单位	秦制误差	误差值	惩罚措施	备注
1桶（1桶=10斗=100升）	误差＞2升	2%	赀一甲	
	1升＜误差＜2升	1%—2%	赀一盾	
1斗（10升）	误差＞1/2升	5%	赀一甲	
	1/3＜误差＜1/2升	3.3%—5%	赀一盾	
半斗（5升）	误差＞1/3升	6.66%	赀一盾	
三分之一斗（$3\frac{1}{3}$升）	误差＞1/6升	5%	赀一盾	即文中的"参"
1升（合今制约200毫升）	误差＞1/20升	5%	赀一盾	

　　以上这些律令，极似当今国家对于度量衡器检定规程中允许误差范围的规定。不排除当时别的国家也会有类似的法令，但是秦国标准制定之细和执法力度之大，是其他六国无法比拟的。《秦朝的度量衡法制》一文作者认为，黄金衡是1斤，1斤为16两，1两为24铢，则1斤为384铢。误差大于0.5铢，赀一盾，那么误差值大于0.13%，则惩罚。秦国战胜六国，不仅是军事上的胜利，更是管理上的胜利、细节上的胜利。

第十五章　以军法代行宪法　废肉刑缇萦救父

　　秦国的刑法问题，是一个非常专业、非常复杂的问题，在此只做简单的介绍。按照商鞅的理想，他之所以设置"轻罪重罚"，是为了"以刑去刑"，也就是说，因为犯了很小的过错都会被处以极其严重的惩罚，所以人们就会害怕犯罪，最后不敢犯罪。他追求"罪责法定主义"的目标，希望最后"一切决于法"。但是，他制定的毕竟是王法，除了"一切决于法"，更有"一切决于上"。当法律限制了最高统治者的意志时，法律就要让路。在这样的基础上制定的法律，不论其理想如何，最后都会沦落为秦王的一把刀，这把刀是攥（zuàn）在秦王或皇帝手里的。可以说，在中国传统集权、专制的社会体制下，只有秦王或皇帝一个人是安全的。只有取得了秦王或皇帝的宠幸和信任，才是安全的，而不是说守法就安全了。如果秦王或皇帝感受到了某个人的忠诚，他就可以践踏任何法律，因为秦王或皇帝才对法律具有最终的解释权。秦王为了让他获得宽恕，可以曲解法律，可以法外开恩。

第十五章　以军法代行宪法　废肉刑缇萦救父

秦始皇二十八年（公元前 219 年），他渡过长江，要去祭拜湘山祠，不料遇到大风，差点不能渡江。他问博士湘君是什么神，博士回答，听说是尧的女儿，嫁给了舜，死后葬在这里。他听完大怒，命令三千个刑徒把湘山的树木砍个精光，使得一座小山光秃秃的，只剩下一片红褐色的土地。

有一次，秦始皇来到梁山宫，从山上看见丞相李斯的仪仗队的规模很大，就不高兴了。有人把这一情况泄露给李斯，李斯赶忙减少了仪仗。秦始皇更加生气，就审问谁泄露的消息，没有人承认，他就把当时在场的随从全部杀掉。

秦始皇三十六年，天降陨石，有人在上面刻录"始皇帝死而地分"。他命人追查此事。由于找不到犯罪嫌疑人，他就下令把陨石周边的居民全部杀掉。这样的案例太多了。秦始皇的诏书成为可以凌驾于法律之上的最高指示。如果法律与此产生冲突，法律就要靠后。

不论什么法，制定之前都要经过充分论证，对各种可能性进行评估后才能公布于世，如果帝王的意志代替了法律，最后的结果可想而知。只要有一个人超脱于法律之外，只要有一个人可以不被法律追究，法治或者法制就永远都只是一把维护统治的刀；只要有一个人掌握"任性的权力"，就会对法律产生巨大的破坏力。

很多的惩罚措施自古有之，但是它们被秦国或秦朝"发扬光大"并且被后世"继承"下来了。开始时我不想写这些，怕引起大家的不适，但是考虑到我们就是要尽量看到一个全面的、立体的秦国，才能正确地认识它、评判它、学习它。秦国的暴政肯定不是优秀传统文化，但它是传统文化中不能视而不见的客观事实，如果我们因此而感到痛心，因此而获取了经验，不让这种历史悲剧重演，那就是祖先留给我们的宝贵遗

秦史之谜

产。

单看《史记》《商君书》等,并不能获知众多的惩罚手段。只有看到《睡虎地秦墓竹简》之后,把所有已知资料汇总,才能勾勒出秦国刑罚的全貌。因为篇幅关系,这里不做详细说明,只列表介绍。

◎ **秦国和秦朝主要使用的刑罚大类和细类**

刑罚大类	刑罚细类	刑罚方式及内容	备注
死刑	枭首	斩杀人后将头悬挂在木桩上示众,是主要杀人方式	
	戮刑	先活着刑辱示众,然后杀之。如果人已死,还有戮尸,也算刑罚	
	赐死	使用强迫手段逼迫当事人自杀	白起被赐死
	腰斩	商鞅变法中有"不告奸者腰斩"的规定,但看《睡虎地秦墓竹简》中的规定,并没有如此严厉。一般使用刀斧从腰部行刑,非常残忍,清朝雍正年间才被废止	李斯被腰斩
	定杀	一般是投入水中淹死。《睡虎地秦墓竹简》上记载,对麻风病等有传染性疾病的"完城旦"犯罪嫌疑人采取这个方式,秦也有隔离区,但当时这些疾病应该是不能根绝的	是隔离还是定杀,有争议
	磔刑	分裂肢体,有的是生前被处以此种刑罚,有的是死后被处以这种泄愤式刑罚	商鞅、苏秦、吴起被处以磔刑
	弃市	就是在人口密集区域杀人,震慑百姓。《史记·秦始皇本纪》中记载,有敢谈论诗书的,弃市	秦始皇的十二个儿子被秦二世"僇死咸阳市"
	族刑	株连三族,自古有之	商鞅、嫪毐、李斯等被灭三族
肉刑	黥刑	墨其面。在脸上刺上记号或文字,并涂上墨,一般是作为附加刑	公孙贾(嬴驷老师)受此刑

第十五章　以军法代行宪法　废肉刑缇萦救父

续表

刑罚大类	刑罚细类	刑罚方式及内容	备注
肉刑	劓刑	劓其鼻。割掉鼻子的酷刑	公子虔（嬴驷老师）受此刑
	宫刑	宫其器。男人割势，妇人幽闭。次死刑	赵高、嫪毐受此刑，不过嫪毐为假受宫刑
	髡刑	髡其发。古人认为："身体发肤，受之父母，不敢毁伤，孝之始也。"国家出钱给当事人剃光头发，加以惩罚	
	刖刑	刖其足。去掉膝盖骨。当时施以刖刑的部位有很大随意性，并不固定	孙膑与发现和氏璧的卞和受此刑
	斩左止（趾）	刖刑的一种，《睡虎地秦墓竹简·法律答问》中有案例，斩左脚趾或右脚趾，从斩腿、斩足到斩脚趾，这是刖刑变轻的表现	
	耐刑	剃去鬓角和胡须，一般不做主刑，而是附加刑	
痛苦刑	笞刑	用鞭、杖或竹板子抽打，算是轻刑	
	饿囚	处罚对象是囚犯，属于行政处罚，减少囚犯的标准伙食供应	
	釱足	在脚腕处套上刑具，类似于脚镣	
徒刑	城旦	从事繁重的苦役劳动，一般为修城筑墙。"旦"，是天一亮就得起来干活，无休息日，也从事其他强制性的集体劳动	刑期有6年、4年、无期说，有期说似乎妥当
	完为城旦	指没有附加肉刑，只做城旦工作	
	髡为城旦	髡刑+城旦	
	黥为城旦	黥刑+城旦	

137

续表

刑罚大类	刑罚细类	刑罚方式及内容	备注
徒刑	劓黥城旦	劓刑+黥刑+城旦	
	斩左趾又黥为城旦	斩左趾+黥刑+城旦	
	城旦舂	由于女子做不了重体力活儿，因此，这是为女子设立的刑罚。舂米，把东西放在石臼或乳钵里捣去皮壳或捣碎	
	鬼薪	男子为宗庙采薪（砍柴）。不局限于此，还要参加其他劳动，比如筑城、在官府服杂役、在手工业工场当"工鬼薪"等	
	白粲	女子为宗庙择米。不局限于此，还要参加其他劳动	
	隶臣妾	一说隶臣妾就是官奴婢；一说国家通过战争、金钱和法律手段获取的臣妾才是官奴婢，隶臣妾是国家的罪犯，不是国家的奴隶。允许隶臣妾有私人财产和个人时间，确实与完全失去一切的臣妾有区别。本书采纳《秦律通论》之观点，把臣妾和隶臣妾分开，臣妾是男、女奴隶，隶臣妾是刑徒的一种	
	工隶臣妾	从事官营手工业，有一定技术和专业能力的隶臣妾	
	司寇	本为从事司法工作的官员，孔子就做过鲁国的司寇。在秦律中，这是一种刑罚，类似于防备外寇和盗贼的站岗放哨工作	
	舂司寇	一种轻刑，女性司寇一般从事舂米工作。也不局限于此	
	下吏	对官吏适用的刑罚，从事的工作一部分类似鬼薪、隶臣、城旦等	

第十五章　以军法代行宪法　废肉刑缇萦救父

续表

刑罚大类	刑罚细类	刑罚方式及内容	备注
流刑	迁	一般是把罪犯流放到边疆从事艰苦的垦殖，犯有渎职罪的官员和普通百姓都可能被判罚	流刑，是对死刑和肉刑宽大处理的刑罚
	削籍	自簿籍上除名，实际上是不对该人提供法律保护	
经济刑	赀刑	在秦国，有赀物、赀金、赀劳役，适用于轻度犯罪或者官员失职，比如《睡虎地秦墓竹简》中经常出现"赀一盾""赀一甲"	
	赎刑	以财物代替已经生效的依法判处的刑罚	
	没收	动用国家力量对财产进行清查和没收，或者是对方不主动缴纳时采取的司法强制措施	
夺爵	夺爵	在军功授爵制度下的秦国，夺爵意味着剥夺其政治、经济和法律权益，一般用在对待政敌上，比如秦昭王对白起，比如秦始皇对嫪毐集团党羽和对其弟弟成蟜集团党羽等，动用多种惩罚措施，包括夺爵	也包括普通人被夺爵
废	废	这个刑罚一般是针对官吏的，如"撤职，永不叙用"，还是比较严厉的	

表中所列的刑罚，《史记》《商君书》《睡虎地秦墓竹简》中都出现过，笔者所列不是百分之百齐全，但是基本上都包含了。在当时的秦国和秦朝，真可谓人人自危。不论是普通人，还是贵族、官吏，都可能遇到这些刑罚。

在西汉时发生了一个非常著名的事件，叫"缇萦（tí yíng）救父"，记载在《史记·扁鹊仓公列传》。缇萦的父亲淳于意是山东临淄人，姓淳于，名意，他从小就对医学非常感兴趣，后来机缘巧合，拜师在公乘

（第八级爵）阳庆的门下。阳庆七十多岁了，没有儿子，看淳于意人品和悟性都很好，决定把自己珍藏的医书和掌握的医术都传给他。他让淳于意把自己的药方都扔掉，因为不是正宗。淳于意学了三年，得其真传，对于病情和生死的判断都非常准确。他救活了很多人，但有时也不给人治病，可能是他判断病人已经没法医治了，尤其病人如果来自权贵之家，更难处理。这不是医术高低的问题，而是一旦病人死了，怎么收场的问题。因此，很多人感激他，也有很多患者家属怨恨他。如果病人家属是权贵，更会因此而泄愤，成为"医闹"。他后来遭到诬告，可能就与此有关。

除了是神医，淳于意还是"齐太仓长"，担任公职。这是一个什么官呢？有的书中不翻译，直接就说"齐太仓长"，《白话史记》（台湾地区六十教授合译）则把它翻译为"齐国太仓县的县长"。中国的史籍就是如此让人头疼，要想达到信达雅的翻译水平，真是需要一个字一个字地抠，因为每一个成语、典故、官名后面都有远离现实但内涵丰富的背景。

先说太仓是什么。太仓也就是大仓，《汉书辞典》上对"大仓"的解释是："古仓名。一作'太仓'。故址在今陕西西安西北汉长安城外东南，萧何主持兴建。"粮仓是当时第一战略要地，是国家财富的核心，这个太仓就是萧何主持修建的中央级储备库。但淳于意是"齐太仓长"，那么这个"太仓"肯定不是这个中央粮仓。

再说一下大司农。大司农也称为"大农"，此前所提秦国的官职中的"九卿"，其中一个叫治粟内史，它在汉景帝后元元年（公元前143年）改称大农令，汉武帝太初元年（公元前104年）始称大司农，银印青绶，秩中两千石，每月180斛粟米，或者现金和谷物同时发。大司农类

第十五章　以军法代行宪法　废肉刑缇萦救父

似于现在的财政部部长,主管财政、经济,其属官有:大司农丞、大司农部丞、太仓令、均输令、平准令、都内令、籍田令、斡官长、铁市长、郡国诸仓长、郡国农监、郡国都水、铁官、盐官、大司农史、大司农斗食属。大司农的办公地点在长安,称大司农寺。中国一直实行盐铁国家专卖,到了汉武帝的时候,盐铁买卖更是牢牢掌握在中央手里,主持这个工作的就是大司农,下面有铁官、盐官。

这里重点解释一下郡国诸仓长。汉高祖刘邦吸取了秦朝灭亡的教训,他认为,秦朝之所以灭亡,有一个重要原因,就是淳于越劝秦始皇重新实行分封制时说的一句话"今陛下有海内,而子弟为匹夫",皇帝富有四海,但兄弟子侄只是普通贵族,一旦出现了乱臣贼子,谁来起兵护卫中央呢?刘邦选择的是"以郡县制为主,以分封制为辅"的政治架构。他灭掉异姓诸侯王之后,在汉初分封了"同姓九王",即齐、楚、荆、淮南、燕、赵、梁、代、淮阳,其中齐王刘肥是刘邦与曹氏在没有领结婚证的情况下生的儿子,刘肥的母亲名分不正,不过作为刘邦的儿子还是被分封为诸侯王,但此时的诸侯,已经不如西周分封的诸侯了,权力受到极大限制,还要接受中央委派的官吏的牵制和管辖。既然中央政府有太仓,那么郡和诸侯国也一定有太仓,我们在大司农的下属中看到了"郡国诸仓长",也就是说,郡和诸侯国的太仓长,是朝廷委派的,或接受大司农的管辖,类似于地方粮食局局长或者地方仓库系统的负责人。那么,淳于意就应该是齐国的太仓长。

想要把一件事情彻底搞清楚,就得像破案一样,层层分析,由此可见翻译古文之难。

现在再回来。就是淳于意这样一个粮食系统里的中低层官员,一个得到名家真传的名医,在汉文帝四年(公元前 176 年)时被人告了,很可能是被那些他得罪过的有势力的病人家属诬告了，但对方肯定是抓住了他工作中的失误。按照程序，淳于意要被押送到长安。如果罪名成立，应该被判处肉刑。他有五个女儿，她们跟着他，只知道哭泣。他生气了，骂道："生子不生男，缓急无可使者。"意思是说，生孩子不生男孩，到了紧急时刻不管用。这让小女儿缇萦更加伤心，也伤害了她的自尊心，于是她决定陪父亲去长安。从齐国去长安，是一路向西。缇萦不但随行，还给汉文帝上书说："小女子的父亲做官，在齐国很有口碑，人们都称赞他廉洁而公平，不知怎的，他如今犯法被判刑。让我感觉很悲痛的是，人死不能复生，遭受肉刑后身体不能复原，纵然想要改过自新，也没有机会做一个完整的人了。我情愿自己做官家奴婢，替父赎罪，使他有改过自新的机会。"汉文帝看到了请愿书，被她的孝心所感动，不但赦免了淳于意，而且从法律层面废除了肉刑。

这就是中国历史上的缇萦救父的故事，她泣呼"废止肉刑"，汉文帝最终下诏"废止肉刑"，可见当时社会舆情上达的通路还是比较顺畅的。淳于意生于公元前216年，死于公元前150年，大约66周岁，他在公元前176年遭遇这个劫难，此时是40周岁左右，是自己的女儿给了他26年的幸福人生。这个小女子不但救了他，也对中国刑法史产生了深刻影响。

当然，废除肉刑之后，也产生了一系列的问题，一些本来应该被判处肉刑的，比如斩右趾，被升格为死刑。但无论如何，这都是刑法史上的一大进步。详情见《汉书·刑法志》。

据《汉末魏晋复肉刑之议论析》一文，魏晋时恢复肉刑的声音很响，唐太宗时甚至一度恢复肉刑。即便肉刑从法律层面被废止，也不代表就没有了，而此后施加肉刑，属于法外加刑。1995年6月9日，考古

第十五章　以军法代行宪法　废肉刑缇萦救父

人员在三峡地区发现了一具古尸,经鉴定死时 95 岁(1658—1753 年),双脚被齐整地锯断,脚和尸体在一起。这是一个德高望重的族长,儿孙满堂,他在这个年龄不可能犯罪,被处以刖刑。专家认为,可能是其子孙参与反清斗争或者文字狱的波及,他才遭到肉刑的惩罚。1753 年是乾隆执政时期,乾隆朝是文字狱最为猖獗的年代。

话题再回来。传统专制社会为什么要设置残酷的肉刑呢?除了要降低犯罪人员再次犯罪的能力,更重要的就是起到震慑的作用。死刑可能产生一时的震动,肉刑却能产生持久的"广告效应"和震慑力。每一只被斩断的脚,每一张被割掉鼻子、打上墨迹的丑陋的脸,都在宣扬一个词:"秦法威严"。谁要是敢触犯它,就会遭受这样的痛苦,即便活着,也意味着后半生要慢慢消化和品尝这种痛苦。因此,只有做踏实勤劳的农民或勇敢无畏的战士,才会有光明的前途。

这是传统专制统治的终极目标:让全体臣民在瑟瑟发抖的恐惧中成为特权阶层的顺手好用的工具,会说话的工具,没有个人诉求的听话的工具。

第十六章　除非死税赋必缴　只要活定受盘剥

天下大事必作于细，天下难事必作于易。中国法家管理社会，手腕比较粗暴，但是手段非常高明，尤其注重数据和细节。

商鞅提出了管理国家的13个指标。《商君书·去强第四》中记载："强国知十三数：境内仓口之数，壮男壮女之数，老弱之数，官士之数，以言说取食者之数，利民之数，马牛刍藁（gǎo）之数。欲强国，不知国十三数，地虽利，民虽众，国愈弱至削。""刍"，是牲口吃的草；"藁"，指谷类植物的茎。"刍藁"，指喂牲口的稻草之类。"利民"，指勤于耕作而有益于人的农民。这段话是说，想要强国，就必须知道十三方面的数据。如果不了解这十三方面的详细情况，即便土地肥沃，人口众多，国家也必然会越来越衰弱，最后国土被人掠夺。

哪十三方面的数据呢？

（1）国内粮仓的数据；

（2）国内人口的数据；

（3）壮年男子的数据；

（4）壮年女子的数据；

（5）老年人的数据；

（6）体弱者的数据；

（7）官吏的数据；

（8）学士的数据；

（9）靠言谈游说混饭吃的人的数据；

（10）农民的数据；

（11）马的数据；

（12）牛的数据；

（13）刍藁的数据。

◎ 商鞅对全国的大数据管理

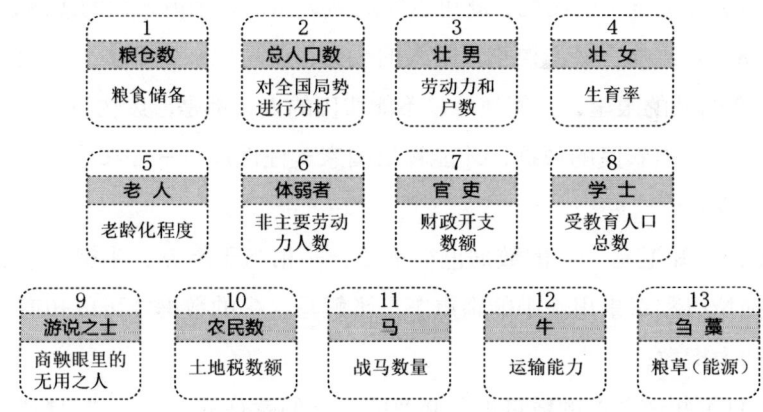

为什么要知道这些数据呢？商鞅没有继续阐述，我们可以推断：

（1）知道粮仓的数据，就可以知道全国有多少粮，可以养活多少人，可以扩充多少军队；

（2）知道国内人口的数据，就可以知道全国土地的配给、人口与粮食的比例等等，这就是要做好秦国的人口普查，基本包括户主状况、婚姻生育、子女状况、死亡情况、住房条件、经济状况、家庭成员的姓名和年龄等非常关键的信息；

（3）知道壮年男子的数据，就可以知道徭役、兵役、军人、户口、赋税等关键指标；

（4）知道壮年女子的数据，就可以知道人口的潜能有多大，并且可以计算成年男女的比例；

（5）知道老人、体弱者的数据，就可以知道社会需要承受的负担有多大；

（6）知道官吏的数据，就可以知道每年的财政支出，以及官民的比例合理与否；

（7）知道学士的比例，就可以知道高级知识分子占人口的比例；

（8）知道靠言谈游说吃饭的人的数据，就可以知道有多少"无用之人"，在商鞅的眼里，不能战斗、不能耕田的人，都是"废物"；

（9）知道农民的数据，才能算出国家支柱性产业——农业的税收额度是多少；

（10）知道马、牛的数据也很重要，马相当于坦克，牛相当于农业上的拖拉机和军事用途中的辎重车，了解马、牛的数据才可以知道全国的机动力指数；

（11）知道刍藁的数量也是必要的，它们就是马、牛的"口粮"，必须有足够的供应来保证马用来打仗、牛用来耕田，这正是农战政策的根本。

秦国人的赋税还是很重的，除了田租、人口税、徭役和兵役之外，

第十六章　除非死税赋必缴　只要活定受盘剥

还需要缴纳刍藁税。《睡虎地秦墓竹简·田律》中规定，按照实际田亩的数量缴纳刍藁税，不论耕种与否，每顷的定额是刍3石（秦制360斤，今制90公斤），藁2石（秦制240斤，今制60公斤）。征收管理刍藁税的是县级官府，而县级官府要如实登记入册，并且上报给"内史"。关于刍藁税是有比较严格的会计制度和审核制度的。

如果追溯中国的户籍制度历史，它最起码长达3500年。殷墟甲骨文的卜辞中就有"登人"的记载，征集兵役人员，一定要有类似的户籍或名册。《周礼》上有一个官职叫"司民"，负责登记全国户口。做得最彻底的就是秦国。秦国开创的户籍制度，是把户口与土地、人身、赋税、徭役、兵役等牢牢地绑定。没有户口，在秦国就寸步难行，而且根本没有获得田地和地位升迁的可能。当时大部分土地都是国有土地，想要获取，就必须承担相应的赋税、地租、徭役、兵役等。如军功授爵制度中，爵位与土地和经济利益牢牢绑定，没有正规注册的户口，这些都是很难兑现的。

秦国对户籍管理的规定非常严格。《商君书·境内第十九》记载："四境之内，丈夫女子皆有名于上，生者著，死者削。"这是说："四境之内，所有的男人和女人在户口簿上都要登记名字，生下来的就写上，死去的就削去。"根据《睡虎地秦墓竹简》的记载，户籍登记的内容主要有户主姓名、籍贯、身份（如爵位，这个信息很重要），户内成员的婚姻状况、身高（身高是当时衡量成人与否的一个标准），家庭财产与类别，包括房屋、奴婢、衣物、畜生等。

《史记·商君列传》中记载，第一次变法时规定："民有二男以上不分异者，倍其赋。"也就是说，一家有两个以上的成年男子而不分开过的，要加倍征收赋税。第二次变法时规定："而令民父子兄弟同室内息者为禁。"这是说，出于整顿社会风化的需要，禁止父子兄弟同住一间房子。其实，整顿社会风化是辅，让成年男子单独立户才是主要的，因为只有这样，才好计算赋税和徭役等。商鞅的构想就是，把家庭变成一个个独立的小单元，"家本位"让每一户成为一个独立的生产单元、消费单元、生育单元和纳税单元。

《睡虎地秦墓竹简》中记载了几条关于户籍管理方面的惩罚规定。

（1）《游士律》中记载，游士居留在某县，但是没有到官府申请暂住证或其他有效证明，相关部门的县吏要被罚一副铠甲的钱；如果游士居留满一年了，县吏没有发现或者没有行政作为，就有更加严厉的责罚。

（2）《游士律》中记载："有为故秦人出，削籍，上造以上为鬼薪，公士以下刑为城旦。"有帮助秦人出境，或除去名籍的（这有些费解，似乎是帮助秦人外逃，两人都要罚。削籍，意味着不再是秦国臣民，失去法律保护），上造（第二级爵）以上罚为鬼薪（砍柴苦役），公士（第一级爵）及无爵之民，罚为城旦（修筑城墙等，干重体力活儿）。从这里可以看出，爵位越高处罚得越轻。

（3）百姓没有办理"更籍"，也就是说没有办理正常的户口迁移手续，获耐刑，剃去鬓角和胡须。但是，如果甲作为申请人正常申请了，而官吏不给办理变更手续，甲犯了耐刑和赀刑（罚款），那么官吏如何处罚？若甲罪在耐刑以上，则罚官吏两副铠甲的钱。有人考证说，两副铠甲的钱已经是基层官吏一年的薪水了。从这个规定可以看出，秦国统治者虽然严格限制百姓迁徙，但对于正当迁徙倒也允许，而且对于官吏的惩罚，也是比较重的。秦国统治者只是要让当事人和主管人员能够按照规定和正常手续来办理"更籍"，也就是说，手续一定要正规。

第十六章　除非死税赋必缴　只要活定受盘剥

（4）《秦律杂抄》规定，登记户口一般由百姓自行申报，但是内容一定要属实。对于其申报内容的真实性，由最熟悉当地情况的伍长、里正和同伍之人监督，这就知道什伍制度、连坐制度的功用了。如果这些人不能互相监督，最后被查出来，则都要承担连带责任。比如："百姓不当老，至老时不用请，敢为诈伪者，赀二甲；典、老弗告，赀各一甲；伍人，户一盾，皆迁之。"按照《汉旧仪》的记载，秦国赐爵一级以上，56岁免老，无爵之人，60岁免老，免老之人可以不承担徭役和兵役。但是，如果在免老年龄上造假，当事人则要被罚两副铠甲的钱；里正、伍老等负责监察的人知情不告，则每人罚一副铠甲的钱；同伍之人每户罚一副盾牌的钱，当事人与同伍应被"迁"，就是要被迁到边疆从事艰苦的垦殖工作。这个惩罚是相当严重的。不仅免老的信息要真实，其他所有的信息也都要真实，一旦被发现弄虚作假，当事人、同伍之人、基层官员、相关主管人员，整条线上的人，谁都跑不掉。

商鞅把自己的政策都建立在"性恶论"的基础之上。他把一切人都视为潜在的犯罪嫌疑人，故此，他以邪治恶，采取一些卑劣的手段和下作的措施，比如用"连坐制度+户籍制度"的手段，建立一种相互告发和同罪连坐的制度，严格限制迁徙，保障征税征役，实现社会管制、人身限制、精神控制。连坐指在同一什伍中，如果有人犯罪而其他人不揭发，那么其他人也要连带受处罚；发现犯罪行为而不向官府报告的，要受严厉处罚。

汉高祖刘邦建立了汉朝，大家就一直把刘邦当成汉朝人，其实刘邦是秦朝人，只是他建立了汉朝而已，他才是秦始皇的"太子"，继承并调整了秦始皇的政策。刘邦比秦始皇小三岁，两个人是同时代人。秦始皇的生卒年是公元前259—公元前210年，刘邦的生卒年是公元前256

一公元前 195 年，他在秦始皇死后，又活了 15 年。当秦始皇于公元前 247 年登基时，刘邦 10 岁；秦始皇统一天下时，秦始皇 39 岁，刘邦 36 岁；秦始皇去世时，刘邦已经 47 岁了。因此，从刘邦的家庭状况，可以了解到秦朝人的生活。

刘邦有兄弟四人，老大叫刘伯，老二叫刘仲，老四叫刘交，那么刘邦似乎就应该是老三。但是这里有个问题。《史记》记载，刘邦此前叫刘季，刘邦是后来改的名字，如果叫刘季的话，那么他应该排在老四的位置，因为古代排行中，一二三四的顺序是伯仲叔季，那么刘季之上应该还有个刘叔，可是这个人并不存在。在《史记·楚元王世家》记载刘交的传记中，把刘邦的兄弟梳理了一下。"集解"中说："次兄名喜，字仲。"如果这个记载是正确的，那么刘邦的二哥叫刘喜，字仲。如果刘季的"季"也是字的话，那就有可能，他上面没有三哥。如果进行推理，有一种可能是不是有刘叔，但是夭折了？或者说，刘季是在堂兄弟的大排行中排行老四？关于这个问题，没有找到相关史料。对于刘交，《史记·楚元王世家》记载："楚元王刘交者，高祖之同母少弟也，字游。"《汉书》记载为"同父"。如果是同父同母，就不用强调同母；如果是同母异父，刘邦之母就是再嫁。如果她嫁给刘太公之前，已经有了孩子，那么这个孩子应该比刘邦众兄弟都大。或者刘太公也是再娶？因此，同父异母的可能性最大，也就是说，刘邦之父刘太公应该有小妾。但是，刘邦和刘交的关系很好，当时很多隐秘之事，都是刘邦、刘交和刘邦发小卢绾三个人一起商量。刘邦还有一个姐姐，史料记载不详。

刘邦兄弟之间是各立门户吗？应该是的。刘邦的大哥早死，但是不影响他去大嫂那里蹭饭，时间长了，大嫂肯定不愿意，有一次假装没有饭了，故意用勺子把锅底刮得特别响，但是聪明的刘邦很快就发现了大

第十六章　除非死税赋必缴　只要活定受盘剥

嫂的把戏。这件事对他伤害很大,以至于他当了皇帝之后,还不准备封赏大哥的儿子,是刘太公讲情后才封赏的。因此,大哥肯定是单过,即便大哥死后,大嫂应该也没有和公婆一起生活。刘邦成为皇帝后,未央宫落成典礼之后,大家一起喝酒,他特意给他爹敬了一杯酒,说:"您当初总认为我没有出息,不如我二哥能干。您看我现在治的这份产业,和二哥比谁多呢?"他当时说这话的语境,一定是因为当年他不像刘仲一样一心务农,勤勤恳恳,于是他爸看不上他,经常拿刘仲的成功案例说他。要不是天下突然大乱,风云际会,他得以施展雄才大略,获得成功,可能他真就不如刘仲这个踏实的上班族。细致分析这句话的语境,刘仲应该也是单过的,而且他在刘太公眼里是刘氏兄弟中的成功者。这样看来,刘氏兄弟都是自立门户单过的。

陆贾是跟随刘邦打天下的功臣之一,他曾经出使南越(现在的两广、越南),成功劝说在南越独立称王的赵佗归顺汉朝中央,接受南越王的封号。凭借杰出的口才,陆贾获得了尉他的赏识,临走的时候,他被赏赐两千金的财富(应为黄金两千斤)。刘邦死后,吕后当政,陆贾出于避祸的考虑,称病辞官,躲在家里。他广置田产,享受生活。他有五个儿子,因此,他把剩下的一千金拿出来,分成五份,每人二百金,让他们购置产业。他对儿子们说:"我现在和你们说好:我到你们谁家,谁就要好吃好喝地招待我,让我玩个痛快,每过十天就换一家。日后我死在谁家,我的宝剑和车马侍从就归谁。"这样看来,陆贾的儿子都是分开过的。虽然这是汉初的情况,但是应该有秦朝的遗风,可以做一个参考。

据《从秦汉简牍看秦汉赋税制度》一文,秦汉赋税主要有两类,一是土地税,按田地亩数征收,如田租、刍藁税等;二是户税,为人头税，按户征收，如户赋、户刍等。另外，该文称，"户赋征收的基本形态是实物，户刍征收的基本形态是钱币，其物质形态虽然不同，但性质都是以户为单位，按户征收"。秦国和秦朝一定是征收人口税的，只是具体额度不详，而汉代的人口税征收比例清晰。我们可以从汉代的人口税情况看秦国和秦朝的人口税。

（1）汉代的口赋，也叫口钱，这是针对未成年人征收的税款。汉代开始征收口赋的时代不详，似乎在汉初时就有。征税的年龄，在汉武帝时为3—14岁，汉元帝时改为7岁起征。税额是每人每年20文。这笔钱主要供汉代官廷使用，算是皇帝的私房钱。到了汉武帝时加征3文，也就是变成了23文，补充车骑马匹之用。

（2）汉代的算赋，也叫算钱、赋钱，或简称"算""赋"，是针对成年人的人口税。始行于汉高祖四年（公元前203年），规定不论男女，凡年15—56岁，每人每年须出赋钱120文为一算，商人和奴婢加倍征收。汉惠帝六年（公元前189年），为奖励生育，提倡女子早婚，又规定"女子年十五以上至三十不嫁，五算"。一算120文，五算就是600文。算赋的收入，指定用于军备。

（3）秦与汉的人口税其实是老百姓的一个沉重负担。从汉代来看，一家五口人，父母加上3个15岁以下的孩子，如果是在汉武帝之前，两个大人是两算，240文，3个孩子是60文，每年只这一项就是300文。按照正常情况推断，秦的税额一定大于汉。

第十七章　户口制大行其道　兵徭役无处遁逃

　　秦朝人什么时候服徭役、服兵役？从孩童到成人，其中有一个分界线，秦国应该是 15 周岁。为什么说"应该"，而不是肯定的回答？因为这个问题依然是一个争论不休的问题。很多人以汉朝的记载来推秦朝的情况，这是迫不得已的选择，有些推断是正确的，但也有一些是错误的，或者不是秦的完全复原。秦国人可能从 15 岁开始承担徭役和兵役，这是有很多证据的，最直接、最权威的证据就是《睡虎地秦墓竹简·大事记》中的两条记载，这是最真实的历史记录：（1）"（秦昭王）四十五年，攻大野王。十二月甲午鸡鸣时，喜产。"（2）"今元年（秦王嬴政元年），喜傅。"这是对墓主人"喜"的出生年月和开始"傅"的年龄的记载。秦昭王四十五年是公元前 262 年，这一年十二月，喜出生；秦王嬴政元年是公元前 246 年，喜始傅。所谓"傅"，指"著名于户籍"，就要开始服徭役、服兵役了。这样，喜满打满算也就是 16 周岁左右，他开始承担一个成人的职责了。汉景帝时，"始傅"的年龄提高到了 20 岁；汉昭帝时，又提高到了 23 岁。其实，这才符合人正常的骨骼发育的实际情况。若是根据汉朝的"始傅"年龄推断秦国和秦朝也是这样，恐怕就错了。

秦人什么时候退休呢？此前谈过这个问题，秦国赐爵一级以上的，56 岁免老，无爵之人，60 岁免老，免老之人可以不承担徭役和兵役。这条记载如果可靠，说明秦国对有爵位的人是优待的。如果 15 岁开始服徭役、兵役，那么，有爵之人要给国家服役 41 年，无爵之人则需要服役 45 年。

◎ 秦国百姓需要承担的社会压力

税　种	内　容
田　租	这是当时国家财政的支柱性来源
人口税	以汉推秦，人口税小部分进入秦王的私人钱包，大部分用于军备
徭　役	国家免费使用百姓劳动力，是另一种形式的收税
兵　役	从某种角度来看，服兵役也是一种纳税方式
刍藁税	马、牛的草料，类似于现代化战争中的能源

纳税是一个人在任何一个社会都要做的，只不过税额有高低而已。在秦国，税费重，徭役更是不堪重负。徭役是为国家免费提供劳务，其实也是一种纳税的方式，因此，秦国人纳税的方式其实有三种：（1）实物；（2）货币；（3）劳役。《史记·秦始皇本纪》记载，秦二世登基之后，使用民力更频繁，下手更重。右丞相冯去疾、左丞相李斯、将军冯劫联名上书，指出问题所在，其中有一句非常重要："盗多，皆以戍漕转作事苦，赋税大也。请且止阿房宫作者，减省四边戍转。"虽然只是一句话，但是信息量非常大，大致可以做如下解读：

第十七章 户口制大行其道 兵徭役无处遁逃

（1）"盗多"。此时陈胜吴广起义已经爆发，起义烽火燃遍了秦王朝的半壁江山。在章邯（hán）的反击之下，陈胜派出的向咸阳进攻的周章兵团被击退，首都咸阳的安全暂时得到保障，可是项梁、项羽、刘邦等继续反秦，给了秦王朝狠狠的打击。既然人民已经起来反抗了，秦二世是不是应该做出相应的战略调整和政策调整，尽最大限度收买人心、抚慰社会创伤呢？答案是否定的。

（2）比较难理解的是"戍漕转作事苦"，指五件苦差事，分别是戍、漕、转、作、事。

① 戍，保卫。戍、漕、转，即戍边、漕运、转送粮饷。戍边士兵需要粮饷，水陆两途为之运送。古代车运曰转，水运曰漕。这是《史记辞典》中的解释，非常精准。但是，漕和转不应该单指为戍边战士供应，还有其他需要，比如确保首都的粮食安全等，下文会提到。

② 作，指劳作者，即手工业者。《史记·平准书》记载："诸作有租及铸，率缗钱四千一算。"意思是说手工业者及冶铸者要缴纳赋税，每 4000 文要缴纳税款 120 文（即一算）。算缗钱，是对商人、手工业主、高利贷和车船所有者征收的工商税或营业税。缗，指穿铜钱的绳子，也代指一贯钱，也就是 1000 文为一缗。这样的话，每 4000 文的营业额征收 120 文，所征收的税额大致在 3%。这虽然是汉武帝时的情况，但是用"作"指代手工业者，应该不差。

③ 事。指劳役。《史记·秦始皇本纪》记载："轻赋少事。"秦国的劳役是相当繁重的，能够留存下来的秦国标志性工程都不算少。

（3）"赋税大也"。除了戍、漕、转、作、事五件苦差之外，秦国的赋税沉重。《汉书·食货志》和其他一些资料记载说，秦国"收泰半之赋"，泰半，就是大半，超过 50%，学者颜师古注解时更说是三分之二。对于具体征收多少，人们一直争论不休，目前找不到确凿的证据。汉初地租十五税一，后来又调整为三十税一，也就是从 6.7%降为 3.3%，而秦朝的征收比率一定大于十五税一，有可能是十税一，也就是 10%。说秦征收比率超过 50%，甚至 66.7%，应该是夸大之词。

关于秦国的土地所有制形式也一直有争论。究竟是国有土地所有制还是私人土地所有制？我比较认可《云梦秦简初探》的作者高敏先生的论证，就是两种形式并存，而且我认为在商鞅变法时，国有土地应该占了更大的比例。在商鞅变法的过程中，主要采取一种"授田制度"，就是国家把土地租给无地的农民，这些人实际上就是"国家佃农"，所有权和经营权都应该是国家的，他们只是种田。在这种形式下，田租的额度恐怕要大，因为还需要缴纳刍藁税，即被授田之后，不论耕种与否，每顷都需要缴纳刍三石、藁二石。《睡虎地秦墓竹简·秦律十八种·田律》记载："入顷刍藁，以其受田之数，无垦（垦）不垦（垦），顷入刍三石，藁二石。"既然这些人是"受田"一方，那就一定有"授田"一方，授田一方应该就是国家。至于实行军功授爵制度时被分配的土地是不是这种形式，还是归私人所有，我没有找到准确的史料，不好评析。

秦朝的隐性赋税可能比显性赋税比重更大，比如增加了戍、漕、转、作、事等，这是剥削农民的劳动时间，使农民没有时间经营农业，没有精力为其个人的美好生活奋斗，而且劳动时间也是成本。下文会分析秦国的工资水平。

李斯一直是秦始皇政策的坚定执行者，他对继续执行秦始皇政策应该没有根本上的质疑，可是秦二世的一些做法肯定让他深感不安。他认为，在起义军风起云涌的特定情况下，应该做出一些调整了。然而已经晚了，从他丧失政治操守、决定拥护秦二世来保住荣华富贵的那一刻

第十七章　户口制大行其道　兵徭役无处遁逃

起，秦国这架战无不胜的战车已经濒临万丈深渊。

李斯请求停止阿房宫的修建，减少服劳役的人，并让戍守边疆的人回乡建设家园。可是秦二世不但否决了这个请求，而且严厉打击李斯等人。秦二世把他们投入监狱，冯去疾、冯劫自杀，李斯还想活命，但最后依然被处死。

秦朝如此迅速地灭亡，其中有一个原因就是管理上的僵化。当秦国还是一个小国时，征发劳力给乡里、县里做公共设施，虽然也劳民、扰民，但百姓还能承受，因为来回时间比较短，百姓还能顾及生产、照顾家里，可是后来进行大规模的人力征集和流动，就大大超出了当时的生产力水平。当时，除了戍、漕、转、作、事，还有两件更苦的工作：（1）当"关漂"。关中的大规模工程最多，阿房宫、秦始皇陵动用的人力都是几十万起，全国的刑徒和农民不得已在关中漂泊，当真是水深火热。（2）当"戍卒"和戍边徭役。征发农民当戍卒，当保卫疆土的士兵，弥补职业军人的不足，同时，国家可以省下很多的费用。秦国每占领一个新地方，就派人开垦荒地，从事生产，这在客观上促进了当地经济的发展，但对于充实到边疆去的人来说，就是莫大的灾难。

在秦末，除了正常承担戍边徭役的，主要有七种人被"谪戍"。

（1）吏有谪（zhé）。以犯罪的官吏戍边。李白被称为"谪仙人"，意思是被贬谪到凡间的神仙。秦始皇三十四年，"适治狱吏不直者，筑长城及南越地"。"不直"指执法中存在枉法、徇私的行为，重罪轻判或轻罪重判，都是不直。也就是说，要把这些徇私枉法的官吏发配边疆，或令其北筑长城，或令其屯戍南越地。南越，是古代越人的一支，分布在五岭以南地区，秦在其地设置南海郡、桂林郡、象郡，大致就是现在广西、广东、越南北部地区。后来，赵佗（后改为尉他）趁着秦末大乱，兼并了这三个郡，成立南越国，自称南越武王。再后来，陆贾出使，南越表示臣服汉朝。

（2）赘婿。入赘的女婿也在征发之列。

（3）贾人。即商人，在当时属于有钱而被歧视的群体。

（4）尝有市籍者。市籍，指商人的户籍。汉朝规定，凡是租房正式经营的人，必须获得官府的注册手续，并缴纳一定的金钱，叫市籍租，官府为他们编制特种户籍，叫市籍，以便区别于一般的编户齐民。这就是说，曾经当过商人的，在征招之列。汉初对商人采取歧视政策，有市籍的人不能做官吏，得不到国家分配的土地，被课以重税，穿的衣服都受到限制。这明显是延续秦朝的重农抑商政策。

（5）祖父母、父母尝有市籍者。爷爷、奶奶、爸爸、妈妈曾经是商人的，也在征招之列。

（6）闾左。古代二十五家为一闾，闾左指住在里巷左边的居民，秦制，富户住闾右，贫民住闾左。这就是说，在秦朝，贫民区与富人区是分开的。陈胜即为闾左。

（7）逃犯和各种犯罪的人。秦始皇三十三年，在平定桂林郡、象郡、南海郡时，征发的是"逋亡人、赘婿、贾人"。逋（bū），逃亡、拖欠之意。逋亡人，指逃亡的罪人，也有人译为逃避服役的人。在秦朝，逃避服役之人就是罪犯。罪犯没有地位，他们要充当炮灰，也成为武装垦殖的主力之一。

作为"皇二代"，骤然而来的无上权力，让 21 岁的秦二世昏头涨脑。他还以为自己是秦始皇。如果不是因为他是秦始皇的儿子，凭他的能力，恐怕当个县长都略显不足。这就是专制制度的悲哀，不是任人唯贤，而是任人唯亲、任人唯子，加之他没有受过基层锻炼，直接掌控偌

第十七章　户口制大行其道　兵徭役无处遁逃

大一个帝国，确实力不从心。他不知道审时度势，作出相应的政策调整，而是沿着秦始皇的路线一路狂奔下去。

《史记·秦始皇本纪》记载："尽征其材士五万人为屯卫咸阳，令教射狗马禽兽。当食者多，度不足，下调郡县转输菽（shū）粟刍藁，皆令自赍粮食，咸阳三百里内不得食其谷。用法益刻深。"材士，指勇武和智谋之士，战国时代已有这个称呼。菽，指豆类。粟，谷子，去壳后叫小米。刍藁，前文提到过，指给牲畜吃的草料之类。这段话的大意是："秦二世征调勇武之士五万人驻守护卫咸阳，命令教习骑射（原文可能有脱落。一种可能是让这些勇武之士教习皇帝身边的人骑马射箭，以备皇帝狩猎之用。应该是这五万人一方面护卫首都，一方面要抽调一批精锐，帮秦二世训练卫队，以便将来打猎用）。这五万勇武之士加上狗马禽兽，耗费的粮食过多，预计存粮不足支应，秦二世就下令让各郡县向咸阳运送粮食和草料，而所有负责运输粮食、草料的人员必须自己携带食物，在咸阳周边三百里内不许食用这批粮食。法律的施行更加严厉苛刻。""用法益刻深"这五个字，代表了秦二世当政时的现实情况。

这条信息可以说明这样几点：

（1）秦二世这个时候最关心自己的吃喝玩乐；

（2）抽调大批勇武之士到首都，势必造成地方军备的不足；

（3）首都人口负担过大，需要从各郡县征调粮食，这是一种大规模的征调；

（4）运送粮食和饲料的人需要自带粮食，即百姓不仅要免费提供劳役，还要自己搭上盒饭，这对百姓的骚扰和经济上的掠夺太大了；

（5）百姓忙于给国家服役，就没有时间生产。最后的情况就像《汉书·严安传》中所说："丁男被甲，丁女转输，苦不聊生。"丁男指成年男子，丁女指成年女子，男人们忙着征战，女人们做苦力，这应该是秦朝现实的反映。

在秦始皇统一六国前后，对于劳动力的调动更加频繁，征发的范围更广。刘邦担任亭长，其工作职责有捕盗和征发徭役，他因此需要送劳动力去咸阳。《史记·高祖本纪》记载，"高祖常繇（yáo）咸阳"，在此"繇"通"徭"，说明他是从老家沛县到了咸阳。有一次他恰好看到了秦始皇出行的排场，他非常羡慕地说："大丈夫当如此也。"在最后一次去咸阳服徭役时，他是带头人。"高祖以亭长为县送徒骊山，徒多道亡。"徒，民夫，也指刑罚名，即徒刑，还指被判处徒刑而罚服劳役的犯人。道亡，指半路上跑了。看来这些被押送到骊山的可能都是苦刑犯，只是还没有走多远，他们就跑了很多。刘邦估量，等到了骊山，犯人都跑光了，自己也是一个死，于是他把剩下的都放了，自己也逃亡了，愿随者十余人。此时是陈胜起义前夕。到了天下大乱时，刘邦才走出大山，从沛县起兵。重点是，从沛县到骊山，距离 800 多公里，在现代高速公路上驾车行驶还需要 9 小时左右，在那个年代基本上靠两条腿走，这路程可不短。

刘亭长的苦恼也是陈胜团队的苦恼。陈胜是阳城（今河南登封东南）人，吴广是阳夏（jiǎ，今河南太康）人。他们俩起兵后攻占的县城是蕲（qí），当时九百人被困之处叫大泽乡，大泽乡与蕲相距不远，都在今安徽省宿州境内。两个河南人怎么到了安徽？历史上没有明确记载，按照推断，也应该是服徭役、兵役之类。可是他们又接到命令，要从安徽出发"戍渔阳"。渔阳是哪里？在今北京密云西南。从安徽宿州到北京密云，按照现在的交通条件，两者相距约 870 公里，现代车程 10 小时左右。按照当时的运输条件，这无疑是一次艰苦的行程。就按照现在的

870 公里计算，每小时正常行走 5—8 公里，快一点的话每小时 10 公里，每天走 8 小时，一天也就是 80 公里（几乎是不可能的），那都需要 10 天左右的行程。加上回程，需要至少 20 天。假如这次戍边的时间是 30 天，那么路上的时间秦王朝是不管的，这 20 天是需要服役的人自己负责的。

陈胜团队在大泽乡时遇到大暴雨，道路不通，估计很难按照预定日期到达渔阳，而"失期，法皆斩"。也就是说，按照秦朝的法律，没有按期到达，全部斩首。《睡虎地秦墓竹简·徭律》中有一条规定："失期三日到五日，谇（sui）；六日到旬，赀一盾；过旬，赀一甲。""谇"，责问。失期 3—5 天，斥责一顿；失期 6—10 天，罚款一个盾牌的钱；超过 10 天，罚款一副铠甲的钱。到了秦二世时代，"失期，法皆斩"，不考虑路途遥远、路上遇到暴雨等客观情况，没有任何怜悯，没有任何宽恕，没有任何弹性，没有任何余地，使得本来就已经濒临崩溃的"秦国社会堤坝"，遇到了强烈而奔腾的激流。

有一说是徭役与兵役有别，兵役执行军法。若陈胜他们有活路，未必铤而走险。但有一点是确定的，此时，统治阶级与被统治阶级之间的关系已势如水火！

第十八章　隶臣妾死而后已　看经济一叶知秋

关于秦国人大致的生活水平，先看一个表格，下文逐条解释。

◎《睡虎地秦墓竹简》中关于日薪、工作餐和衣料的记载

身份及原因	细则	金额	饮食或其他	备注
有罪欲以金钱赎罪或者欠了政府钱，用劳役抵偿债务的人	不吃工作餐（男）	8钱/天	无	《司空律》
	吃工作餐（男）	6钱/天	每餐三分之一斗	
	吃工作餐（女）	应该更少	每餐四分之一斗	
有赎迁罪，愿意缴钱的		8钱/天		《司空律》
服城旦舂劳役，政府应该收取工作餐费用的		30钱/石		《司空律》
有妻子的隶臣		衣服自理，妻子提供		《金布律》

续表

身份及原因	细则	金额	饮食或其他	备注
需要国家提供衣服、没有妻子的隶臣、府隶或城旦（成年人）		冬衣 110 钱		《金布律》
		夏衣 55 钱		
需要政府提供衣服、没有妻子的隶臣、府隶或城旦（应为身材矮小的成年人）		冬衣 77 钱		《金布律》
		夏衣 44 钱		
城旦舂（女）、隶臣妾（老与小）		冬衣 55 钱		《金布律》
		夏衣 44 钱		
城旦舂（矮小）		冬衣 44 钱		《金布律》
		夏衣 33 钱		
备注				

　　表中的钱指半两钱。半两钱是秦国的法定货币，这也是秦国在钱币方面统一化的一个标志。秦始皇统一六国之后，只承认两种货币。《史记·平准书》中记载："及至秦，中一国之币为二等，黄金以溢名，为上币；铜钱识曰半两，重如其文，为下币。而珠玉、龟贝、银锡之属为器饰宝藏，不为币。然各随时而轻重无常。"这段话的意思大致是："到了秦朝，把全国的货币统一为两种：一种是黄金，以镒（应为二十两）为单位，作为上币；铜钱上标明'半两'，重量和钱面所标注的一致，作为下币。而珠、玉、龟、贝、银、锡等只能作为装饰品和收藏品，不能当作货币使用，其贵贱程度随着时代的变化而不同。"然而从考古发掘来看，没有发现以镒为单位的秦国上币实物，所发掘的秦半两钱，规格和重量并不相同。另外，秦朝用法令确立了统一的法定货币，但是在现

实中,还不能完全用半两钱来替代六国所有的货币。按照当时的物流水平、信息化水平和制造水平,这是一个浩大的工程,不可能一蹴而就(比喻事情轻而易举,一下子就成功)。

所谓半两钱,即"半两"圆钱,圆形方孔,首先通行于秦国,秦灭六国后,它成为全国统一的法定货币形式。西汉前期,钱制虽然屡次变更,官方铸造和民间铸造的规格都不一样,但是钱文都标注为"半两"。秦国1两是24铢,半两是12铢。到了汉朝初年,虽然也标注为"半两",但实际重量不足半两,高后时八铢钱、文帝时四铢钱,也都称"半两钱",汉武帝时一度改为三铢钱。汉武帝元狩五年(公元前118年),改行五铢钱,从此,五铢钱成为新的法定货币。公元前113年,铸币权收归中央,建立统一的五铢钱制度。

秦的半两钱(12铢)与汉的五铢钱(5铢)在中国货币史上都是划时代的币种,意义重大。

在《睡虎地秦墓竹简》中,常用的一个字就是"赀",罚款之意,赀一盾、赀一甲、赀二甲是频繁使用的罚款额度,罚款成为秦政府聚敛钱财的手段之一。在以军事立国的秦国,发展军工产业是重中之重,因此,在计算罚款时都用盾牌、铠甲来衡量。一副盾牌或一副铠甲究竟值多少钱,没有找到明确的价目表,不过,这肯定不是小钱,否则对人的罚款就没有意义。有人考证说,两副铠甲的钱相当于一个低层官吏一年的工资。秦采用罚款的手段来增加财政收入,如果罚款超出了一个人的承受能力,他可以用劳役抵债。虽然这是个人的悲剧,对国家却没有损失。在秦国,相对于徒刑、肉刑和死刑,罚款已经是轻罪了。

《金布律》中规定得非常明确,以钱赎罪或者欠了政府钱的人,可以用劳役抵偿债务。如果说一个人需要用劳役来抵债,那么,被罚款的

第十八章 隶臣妾死而后已 看经济一叶知秋

◎根据《睡虎地秦墓竹简》看赀刑的种类

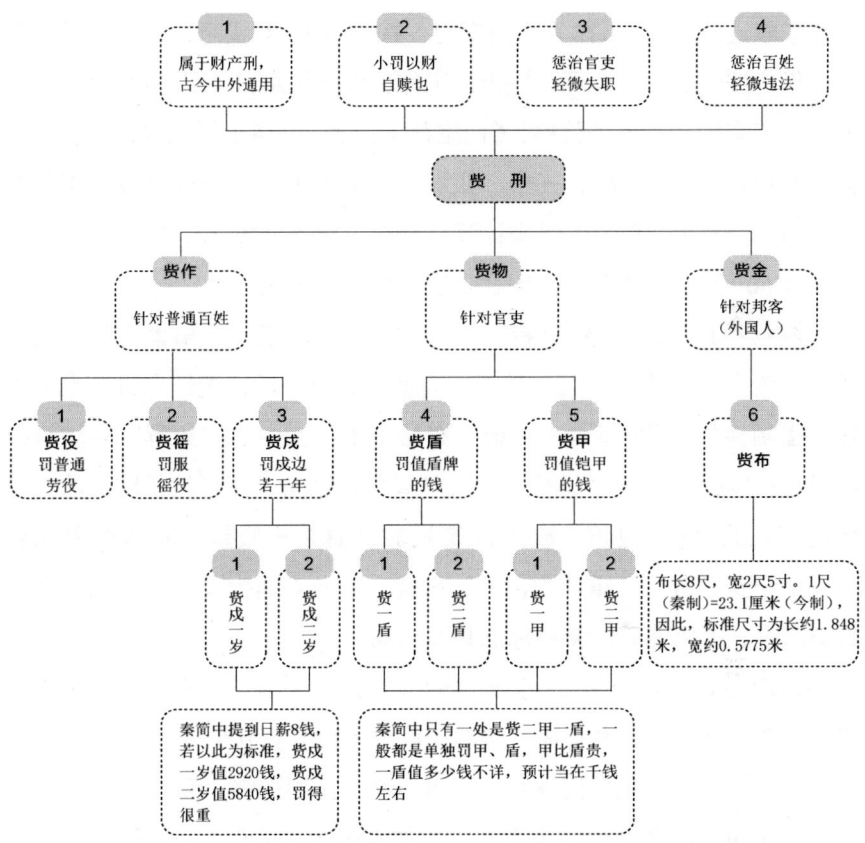

金额一定超出了这个人的偿还能力,但凡有能力,不会选择这个方式,因为政府分配的一定是苦活累活,这是秦法严酷的一个明证。在这种情况下,如果不吃政府提供的工作餐,日薪 8 钱。如果需要政府提供工作餐,男工日薪 6 钱,每餐供应三分之一斗。女工日薪没有准确记录,按照常理推断,应该低于男工,每餐供应四分之一斗。

迁,一般是把罪人流放到边疆从事艰苦的垦殖,犯有渎(dú)职罪的官员和普通百姓都可能被判罚。按照《金布律》的规定，此时可以用金钱来赎迁罪。《金布律》明确规定，按照每天 8 钱来计算。如果刑期是一年，按照365天计算，每天都工作，没有休息日，是2920钱。

关于秦国一石粮的价格，《司空律》记载："（系）城旦舂，公食当责者，石卅钱。"卅（sà），三十。服城旦舂劳役的，国家应该收取工作餐费用的，一石粮按照 30 钱来计算。一石，秦制 120 斤，折合当前度量衡制是 60 斤，即 30 公斤。也就是说，每公斤 1 钱。

城旦舂其实是"城旦+舂"的合并罪名。城旦，从事繁重的苦役劳动，一般为修城筑墙。旦，是天一亮就要起来干活，无休息日，也从事其他强制性的集体劳动。《史记·秦始皇本纪》中的"集解"对城旦的解释是："秦汉时将罪犯输送边地，'昼日伺寇虏，夜暮筑长城'的一种徒刑。"白天守卫边防，晚上修筑长城，真是一眼望不到边的黑暗生活。由于女子做不了重体力活儿，因此，城旦舂是为女子设立的刑罚，其与府隶、隶臣妾等的待遇标准基本相同。

隶臣妾其实是"隶臣+隶妾"的合并称呼，男子为隶臣，女子为隶妾。按照《睡虎地秦墓竹简》中的记载，隶臣妾有五个来源：

（1）因为本人犯罪而被判决为隶臣妾，比如盗窃、诬人。

（2）隶臣的子女仍为隶臣妾，比如有很多未成年的小隶臣妾，不太可能是自己犯罪，而且《睡虎地秦墓竹简》中规定，六尺（合现在尺寸1.38米）以下的，一般不负法律上的责任。

（3）秦律规定："寇降，以为隶臣。"以战俘为奴隶，这是自古就有，不是秦国首创。

（4）以为其人战死，实际未死，又回到秦国者，罚做隶臣。

（5）有入境掠杀、隐瞒身份等行为，罚做隶臣。

第十八章　隶臣妾死而后已　看经济一叶知秋

《史记·商君列传》记载:"事末利及怠而贫者,举以为收孥(nú)。"农为本,商为末,从事非关国计民生的工商业者,以及因为懒惰而贫穷的,他们的妻子、儿女全部收编为奴婢,即臣妾,而非隶臣妾。

是否还有其他来源,不得而知,但是,上述五个来源应该是隶臣妾的主要来源。

一旦成为隶臣妾,想要重新获得自由就不容易了。下面的三个苛刻条件,满足其一就可以获得自由:

(1)以人赎替。这可不是公平的交易:① 赎替的人自己必须成为隶臣妾,才可以免除原隶臣妾的身份。② 两个壮年劳力才能免除一个隶臣。一个壮年劳力才能赎替一个丧失劳动能力、到了免老年龄的隶臣,或者免除一个没有劳动能力、身高五尺(合现在尺寸1.15米)以下的小隶臣妾,或者免除一个隶妾。这就是说,赎免的原则是以强赎弱、以多赎少、以大赎小,极其苛刻。③ 不允许赎免能做针线活的隶妾,也就是说,能做裁缝工作的隶妾,不在赎免之列。

(2)以冗边赎替。所谓冗边,当为戍边。如果本人不是因为犯罪被迁徙边远地区,而是自愿到边疆戍守五年,就可以免除其母亲或者姊妹中一人的隶妾身份。但是这不包括他本人应该服兵役的时间。也就是说,这人服兵役的时间不能包括在这五年之内,两种情况不能混淆。

(3)以军功爵赎免。这个前面提到过,就是《睡虎地秦墓竹简·军爵律》中的规定:"欲归爵二级以免亲父母为隶臣妾者一人,及隶臣斩首为公士,谒(yè)归公士而免故妻隶妾一人者,许之,免以为庶人。工隶臣斩首及人为斩首以免者,皆令为工。"大意是说:"要求退还爵位两级,用来赎免现为隶臣妾身份的亲生父母中的一人,以及隶臣因为斩首立功应该授予一级爵位公士,如今要退还公士的爵位,用来赎免现为隶妾身份的妻子一人，可以允许，所赎的人免除隶臣妾身份，成为庶人。工隶臣斩获敌首，或者有人斩首来赎免他的，他虽然可以免除工隶臣的身份，但是还要从事相关工作，就是说身份上成为自由民，可工作内容不能变，还要从事他所擅长的技术。"还有其他的赎免条件，如大赦，但是上面的三个赎免条件是主要的。

什么是小隶臣妾？隶臣（男）、城旦（男）身高不满六尺五寸（合现在尺寸 1.5 米），隶妾（女）、舂（女）身高不满六尺二寸（合现在尺寸 1.4 米），都属于小隶臣妾。只要身高达到五尺二寸（合现在尺寸 1.2 米），都要劳作。

关于隶臣妾等人的服装费用，这里集中解释一下。隶臣、府隶（应该是在官府中服役的隶）中没有妻的，以及城旦，冬季每人缴 110 钱，夏季 55 钱；其中属于小的，冬季 77 钱，夏季 44 钱。舂，冬季每人缴 55 钱，夏季 44 钱；其中属于小的，冬季 44 钱，夏季 33 钱；隶臣妾属于老、小，不能自备衣服的，按舂的标准给衣。逃亡或冒犯主人、官长的臣妾按隶臣妾的标准给衣。

（1）如果隶臣有妻子，那么衣服就让他的妻子提供。如果隶臣没有妻子，就由政府提供，但不是免费的，需要折算成钱。如果这些人不能提供现金，应该用更多的劳役抵偿或在其伙食费中慢慢扣除。《金布律》有一个规定："及隶臣妾有亡公器、畜生者，以其日月减其衣食，毋过三分取一。"隶臣妾有丢失官府器物或者牲畜的，应从丢失之日起按月扣除隶臣妾的衣食，但不能超过衣食费用总价的三分之一。后续规定，如果丢失的额度非常大，算起来即便扣除隶臣妾全年的衣食费用都不够赔偿，就要让他/她用劳役抵债，应该是隶臣妾在完成正常工作安排的基础之上，额外再承担一些劳役，以便按照工时抵扣其造成的损

第十八章 隶臣妾死而后已 看经济一叶知秋

失。如果没有做相关的安排，该人死亡，那么官啬夫及主管的官吏要代为赔偿。

（2）没有妻子的隶臣、府隶和城旦，都是壮年男子，冬衣折价110钱，夏衣55钱。

（3）"其小者冬七十七钱，夏卌（xì）四钱。"这句话中的"小"，我推断不是指小隶臣妾，因为关于小隶臣妾，下文还有说明。这应该是按照身材的大小来论，也是成年男子，但是身材矮小，因此他们比（2）中所说的成年人少收一些钱，因为用的布料少。卌，四十。卅，三十。廿，二十。这几个数字是经常出现的。就是说，其小者，冬衣77钱，夏衣44钱。

（4）舂，应该就是城旦舂，以舂米为主要工作内容的女刑徒，冬衣55钱，夏衣44钱。

（5）舂当中的"小"，也有可能像（3）中所说的那样，是成年女人，但身材矮小，冬衣44钱，夏衣33钱。

（6）隶臣妾中的"老与小"，应该是按照年龄来算了，就是老、小隶臣妾，他们的标准与"舂"相同，就是（4）（5）中的标准。

（7）"亡、不仁其主及官者，衣如隶臣妾。"这句话比较费解。"亡"，指逃亡；"不仁其主及官者"，应该指犯上的臣妾。这类人的冬衣、夏衣标准与隶臣妾相同。

上文所列出的钱数为何都是33钱、44钱、55钱、77钱和110钱？为何都是11的倍数？这是因为当时黄金、铜钱和布匹都是流通的货币，其他有价物或许也可以参与流通，否则，秦始皇统一六国之后也不会发布统一货币的政策，把黄金称为上币，把半两钱称为下币，这两种货币才是法定货币，而珠、玉、龟、贝、银、锡等有价物的货币职能被取消。

还有一种货币——布匹。《睡虎地秦墓竹简·金布律》规定："钱十一当一布。"就是说 1 布值 11 钱。那么多大才算一布呢？《金布律》规定："布袤（mào，古称南北的距离）八尺，福（幅）广二尺五寸。布恶，其广袤不如式者，不行。"这句话是说："布长八尺，幅宽二尺五寸。布的质量不好，长宽不合标准的，不准流通。"秦时 1 尺合现在 0.23 米，长 8 尺为 1.84 米，宽 2.5 尺为 0.575 米，其面积=长×宽，约为 1.058 平方米，这应该就是 1 布的长、宽和面积。而这样的 1 布价值 11 钱，因此，才有 33 钱、44 钱、55 钱、77 钱、110 钱这样的数额，分别是 3 布、4 布、5 布、7 布和 11 布。

现在再回到商鞅徙木立信时的赏金。商鞅为了增强政府的公信力，搞了一次徙木立信，赏金从十金提高到五十金，最后有人扛起了木头，商鞅也立刻兑现了奖金。有人认为，"十金""五十金"就是当时当地流行的 10 钱、50 钱的意思。对于这个结论，我不认同。10 钱，只是老百姓一天的工资而已，作为一次国家级别的活动，只拿出 10 钱来，这能说得过去吗？而且商鞅就是为了制造一次轰动全国的官方营销活动，拿出这样的赏格是不是太小气了？我认为，此时所说的金应该指黄金，不是铜钱。对于金的理解，是非常难的。要理解它，大体需要从三个方面来考虑：

（1）黄金的专称。古人以黄金为诸金之长，故独得"金"名。

（2）金属的统称。有时金、银、铜都可称为"金"。《史记·平准书》记载："金有三等，黄金（指金）为上，白金（指银）为中，赤金（指铜）为下。"在《史记·陈丞相世家》中，陈平在给项羽打工时，因为立功，被项羽封为都尉，"赐金二十溢（镒）"，这时用镒为单位，应该

第十八章 隶臣妾死而后已 看经济一叶知秋

就是指黄金。等到陈平投靠了刘邦，要用金钱行使反间计，离间项羽团队时，刘邦"乃出黄金四万斤"，这时的黄金应该指铜，否则四万斤的黄金，可能超出刘邦的支付能力。

◎读《史记》时让人头痛欲裂的"金"字

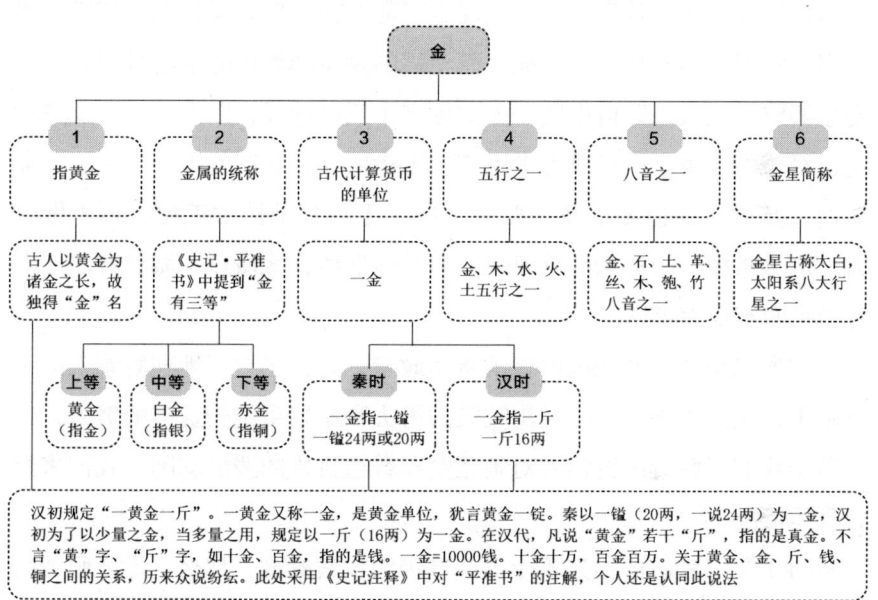

（3）古代为计算货币的单位。因时因地而异，或以一斤为一金，或以一镒为一金。秦以一溢（镒）为一金，汉以一斤为一金。按照主流说法，一镒为 20 两，还有一镒 24 两之说，一斤为 16 两。由此可见理解"金"字之难。"金"代表金、银、铜，还是代表 16 两、20 两、24 两，是需要根据时间、地点等来定的。在战国时代，不同国家之间，由于货币的不统一，或由于度量衡的不统一，对于"金"的定义和重量的认定都是不同的。大家对此不要过于拘泥，可以根据具体情况来做一些分

171

析。但是商鞅开出的赏金，我认为指的是黄金。

在《睡虎地秦墓竹简》出现之前，因为没有关于秦国或秦朝隶臣妾的记载，所以，人们从汉承秦制出发，以为秦汉的隶臣妾是一样的。其实两者是不同的。汉文帝做了一次刑法改革，一是从法律层面废止部分肉刑，寻找肉刑的替代刑；二是规定了徒刑的刑期。汉文帝改革后，隶臣妾是服刑一年或两年的刑徒，而秦国的隶臣妾很可能是终身刑。隶臣妾想要成为庶人，即自由民，上文提到了三种途径：以人赎免、戍边赎免、军功爵赎免。一旦成为隶臣妾、工隶臣妾，其实就等于被判了无期徒刑。其中工隶臣妾的待遇要好一些，因为其是技术工种，不用做苦力，可见掌握一门技术的重要性。而其他刑罚，像城旦、城旦舂等，有可能是四年或六年刑。

之所以讲述一些战国时代的货币政策，是为了更好地理解秦人的工资水平、生活水平、秦国经济政策的得失和秦始皇统一货币的努力，也有助于我们了解秦国统治者对隶臣妾和普通百姓的残酷剥削。我们来看看具体情况。

（1）欠了官府的钱还不上，或者因为没钱赎刑，那么，需要服劳役抵债，就是出卖劳动力，1天的工资是8钱。

（2）如果需要吃官府提供的工作餐，1天的工资是6钱，也就是扣除伙食费2钱。

（3）如果按照360天来计算，一个服劳役抵债的人或者一个隶臣全年的工资是2880钱。

（4）按照《睡虎地秦墓竹简》的记录，一个隶臣每个月的口粮是2石，全年是24石。

（5）1石的价格是30钱，24石的总价是720钱。

第十八章 隶臣妾死而后已 看经济一叶知秋

（6）一个成年隶臣所穿的衣服费用，冬衣每人 110 钱，夏衣每人 55 钱，全年 165 钱。

（7）一个成年隶臣全年的花费是 720 钱加上 165 钱，为 885 钱。这是维持一个隶臣的最低生活费用。

（8）一个服劳役抵债的人全年的工资应该是 2880 钱，那么一个成年隶臣全年的工资也应该值 2880 钱，用这个总数减去他所花费的 885 钱，还剩下 1995 钱，这些钱都进了官府的口袋。

（9）1995 钱除以 30 钱／石粮食的话，值 66.5 石，也就是 66 石 5 斗粮食。我们在介绍军功授爵时，曾经提到过韩非的一个记录，他说在秦国，斩首一枚可以获得爵位一级，如果不想要爵位，可以兑换成 50 石的官职。这可以算基层官吏了，可能是提到的各种啬夫，他们的年薪应该就是 50—100 石，县长的年薪是 300—500 石。被秦国统治者剥削去的，绝对不是一个小数目。《史记·秦始皇本纪》记载，秦始皇三十一年，"米石千六百"，就是 1 石粮 1600 钱，此时，应该是物价开始上涨，对比每石 30 钱的价格，是其 53 倍。

另据《汉书·食货志》的记载："(楚汉相争导致)民失作业，而大饥馑（jǐn，荒年）。凡米石五千，人相食，死者过半。"因为楚汉战争，百姓无法正常劳作，遭遇了大饥荒，米每石 5000 钱，开始出现饿死人和吃人肉的状况，死者超过一半。这应该是符合当时现实的。

《史记·平准书》中记载，经历秦末大乱之后，社会凋（diāo，衰败、衰落）敝，"自天子不能具钧驷，而将相或乘牛车，齐民无藏盖"。就是说，天子的车子都凑不齐四匹毛色相同的马，有的将相的代步工具只能是牛车，普通老百姓更是一无所有。此时货币数量减少，而秦朝的钱币太重，于是汉朝政府允许百姓铸造轻便的钱币，又规定"一黄金一斤"。可能就是从此时开始，秦时的一金为一镒改为汉制的一金为一斤（16 两），实际上这是当时出现"钱荒"的无奈之举。就在此时，一些人唯利是图，囤积居奇，使得"米至石万钱，马一匹则百金"，1 石粮涨到了 10000 钱。对比 30 钱／石的价格，涨了 333 倍。究其原因，钱币贬值是其一，社会经济崩溃是其二。而一匹马值 100 金，即 100 万钱，这可是太昂贵了。从粮食价格的增长，可以看到当时经济所遭受的破坏。

第十九章　帝王术惊心触目　商君书惊世骇俗

为了让读者对秦国历史有一个比较理性的认识，本书完全超越了《史记》记述的范围，把它扩展至《商君书》《睡虎地秦墓竹简》和许多学术领域，对秦国文化中的一些核心问题做一个相对全面的介绍，如军功授爵制度、秦国官制的标准化、管理的标准化、度量衡的标准化、货币的标准化、刑罚手段、财税问题等。了解了这些，就知道秦国虎狼之师形成的原因，知道秦国百战百胜的原因，知道秦朝倏忽而亡的原因，知道秦国对于中国历史的正面和负面影响，知道商鞅和秦始皇的执政理念。下面讲述一些从《史记》《商君书》《睡虎地秦墓竹简》中摘取的细节，不过不做更加深入的论述，只是就事论事，展示一下商鞅变法的内容和变法之后秦国社会的横切面。

《史记·商君列传》记载："令民为什伍，而相牧司连坐。不告奸者腰斩，告奸者与斩敌首同赏，匿奸者与降敌同罚。"新法把百姓按照五家一"伍"、十家一"什"的什伍制度紧密地组织起来，让各家互相监督,一家犯罪,其他各家都跟着受牵连。如果明知道谁是坏人,或者谁是不守法的人,却不去告发,则要被腰斩;如果谁告发了,就如同在战场上斩获了一枚首级。包庇奸人与投降敌人的处罚相同。

《商君书·画策第十八》:"不作而食,不战而荣,无爵而尊,无禄而富,无官而长,此之谓奸民。"大致意思是:"不劳动却有饭吃,不打仗却有荣誉,没爵位却很尊贵,没俸禄却很富裕,没官职却有威势,这些都是奸民。"这是商鞅对于奸民的一个定义。商鞅变法的一个核心就是只能通过农战来获得爵位和俸禄。如果获取爵位和俸禄的途径太多,不需要通过农战也能获得,那么秦国设计的这个狭窄的上升阶梯就没有价值了。在商鞅的理想中,秦国最好只有两种人,一种是农民,一种是战士。然而,有很多人"不作而食,不战而荣,无爵而尊,无禄而富,无官而长",这些人应该包括儒家学者、靠游说获取爵禄的人、商人、意见领袖、享受世卿世禄制度的世家子弟等,此类人不需要通过农战也能获得爵位和俸禄。在商鞅眼里,这些人就是不能坚定地执行国家农战政策的奸民。

《商君书·赏刑第十七》记载:"有功于前,有败于后,不为损刑。有善于前,有过于后,不为亏法。忠臣孝子有过,必以其数断。守法守职之吏,有不行王法者,罪死不赦(shè,免除或减轻刑罚),刑及三族。"以前立过功,但是后来做了坏事,不会因此而减轻刑罚。以前做过好事,但后来有了过错,不会因此而破坏法律规定。哪怕是忠臣孝子有了罪过,也一样要按照罪过的轻重、大小来定罪判罚。此前一向守法、恪尽职守的官吏如果现在不执行君主法令,知法犯法,则判处死刑,绝不赦免,而且他的家族要因此受到株连。

这里要简单介绍"八议制度"。"八议制度"是古代规定的八种人犯

第十九章　帝王术惊心触目　商君书惊世骇俗

罪需经特别审议并享受减免刑罚的一种司法制度，始于周朝，称为"八辟（pì，意为法）"，后改为"八议"，三国时正式入法典，将"八议"规定下来，直至明清。所谓"八议"是：（1）议亲。是不是皇室宗族？（2）议故。是不是皇室旧友故交？（3）议贤。是不是贤人君子？（4）议能。是不是才能卓越？（5）议功。是不是为朝廷建立过大的功勋？（6）议贵。是不是高官显爵？（7）议勤。是不是特别勤劳忠诚的人？（8）议宾。是不是先朝皇室子孙？只要你不是犯了谋反的大罪，这样议下来后，重罪变轻罪，大罪变小罪，小罪变无罪了。

◎八议制度与商君法的理念冲突

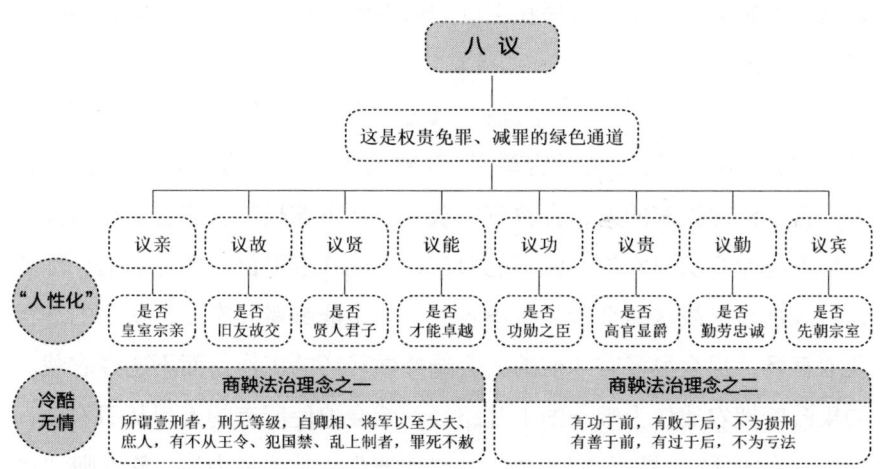

需要说明的是，这种"八议制度"是普通百姓享受不到的，只有少数的权贵和特权阶层才可以享受。《商君书·赏刑第十七》中说："所谓壹刑者，刑无等级，自卿相将军以至大夫庶人，有不从王令、犯国禁、乱上制者，罪死不赦。"因此，秦国权贵对商鞅有着刻骨的仇恨。在商鞅之后，虽然秦国在具体执法中对于有爵位者、高爵者也采取了种种宽恕措施，爵位作为硬通货，可以通过捐出的方式来换取减刑，但是，由于秦国获取爵位的途径主要靠军功，其次靠农耕，因此，想要获得爵位不是一件容易的事情，需要刀头舔血、九死一生。商鞅变法之时，"宗室非有军功论，不得为属籍"，国君的宗族如果没有军功，一律从贵族和宗室的谱牒上除名。只认军功，不认道德的高尚与否。连嬴姓宗室都不能无功受禄、获得赦免，何况外人？在变法前期，太子的老师公子虔、公孙贾都因放纵太子犯法而受刑，可见改革力度之大。

《商君书·农战第三》指出："凡人主之所以劝民者，官爵也；国之所以兴者，农战也。"商鞅不断阐述他的军功授爵制度和农战政策，他认为，如果有人用花言巧语和空洞的道理就能获得官职和爵位，将是对国家的最大削弱。

《商君书·农战第三》中说："善为国者，其教民也，皆作壹而得官爵。是故不以农战，则无官爵。"商鞅所说的"作壹"指农战。他认为，善于治理国家的人，会教育民众专心从事农战来获取官职和爵位。如果不能专心从事农战，就不能做官，不能获取爵位。他也知道，想要让百姓从事农战这两个苦差事不容易，如果能够避开农战，从别的途径获取官爵，那么很多有才能的人会选择做轻巧的工作，而不选择农战。如果政府把农战作为唯一的上升路径，就会迫使所有的人都从事农战，因为别的途径都是行不通的。民"作壹"，则"多力"，多力则"国强"。

《商君书·农战第三》指出："农战之民千人，而有《诗》《书》辩慧者一人焉，千人者皆怠于农战矣。农战之民百人，而有技艺者一人焉，百人者皆怠于农战矣。国待农战而安，主待农战而尊。"商鞅认为，致力于农战的有一千人，只要有一个人学习《诗经》《尚书》而善

第十九章　帝王术惊心触目　商君书惊世骇俗

辩智巧，就会瓦解这一千人对于农战的坚持和"信仰"。依此类推。读书人是商鞅的头号敌人，因为读书人有思想，有辨析，有主张。如果读书人容易找工作，就会让人羡慕；如果他们愿意议论时政，就会发现政策的不足、社会的不公。这都是对农战政策的威胁。商鞅的第二号敌人是商人，第三号敌人是工匠，因为商人有钱，工匠有技术，他们不依靠农战政策就能活得很好。因此，商鞅认为，这三类人对推行农战政策有威胁。只有农民和战士，才是他最为欣赏的两类人。他认为，只有采取农战政策，国家才会安定，君主才会尊贵。

《商君书·农战第三》中说："诗、书、礼、乐、善、修、仁、廉、辩、慧，国有十者，上无使守战。"《诗经》《尚书》、礼制、音乐、慈善、修养、仁爱、廉洁、善辩、智慧，国家有了这十样东西，君主就无法使民众攻守作战了。

《商君书·农战第三》指出："百人农，一人居者，王（wàng，称王）；十人农，一人居者，强；半农半居者危。"一百人耕种，一个人闲着或者从事非农产业，国家就能称王天下。十个人耕种，一个人闲着或者从事非农产业，国家也能强盛。可如果一半人农耕，一半人闲着或者从事非农产业，国家就危险了。在随时可能被饿死的年代里，农业确实就是国家的第一产业，如果这个产业有问题，国家就会遭遇灭顶之灾，此言不虚。商鞅重视农业本来无可厚非，但他只重视农业，对其他同样有助于国家实力增长的产业采取敌视、歧视的政策，这就不对了。

《商君书·农战第三》记载："国作壹一岁者，十岁强；作壹十岁者，百岁强；作壹百岁者，千岁强；千岁强者王。"商鞅多次提到"作壹"，就是农战。他认为，国家专心于农战一年，就会强盛十年；专心于农战十年，就会强盛百年；专心于农战百年，就会强盛千年；能强盛千年的国家就可以称王天下。

《商君书·去强第四》指出:"重罚轻赏,则上爱民,民死上;重赏轻罚,则上不爱民,民不死上。"商鞅是重罚、重刑的坚定提倡者,而这里所说的轻赏,不是赏赐得轻,而是不滥赏。加重刑罚,不滥加赏赐,那是君主爱护百姓,百姓也会为君主卖命。这里所说的重赏,不是赏赐的轻重,而是滥赏,即除了农战之外都可以得到赏赐。因此,他的意思是,滥加赏赐,减轻刑罚,那是君主不爱护百姓,百姓也不会为君主献身。

《商君书·去强第四》指出:"怯民使以刑,必勇;勇民使以赏,则死。怯民勇,勇民死,国无敌者强,强必王。"对于胆小的民众,就采取刑罚来驱使他们作战,他们就会勇敢;对于勇敢的人,就利用奖赏来促使他们作战,他们就不怕牺牲。胆小之人变得勇敢,勇敢之人不怕牺牲,国家就会无敌于天下,那才是强大的国家。国家强大就必然称王天下。商鞅为了让"怯民变为勇""勇民不怕死",制定了一套完整的奖励和惩罚体系,用重刑在后面逼迫,用利益在前方诱惑,用连坐制度进行多方捆绑。军功授爵制度、重刑主义、户口制度、什伍制度、农战政策等等,紧密连环,终于把秦军变为虎狼之师。

《商君书·去强第四》:"十里断者,国弱;九里断者,国强。以日治者王,以夜治者强,以宿治者削。"这个"里",应该指最小的行政单位,也可以理解为距离的"里",十里九里都是约数,不可拘泥。这句话说的是,国家的强弱,取决于法律的普及程度和行政的效率。如果法律普及的效果好,游戏规则制定得明确,越是在小的范围内能够做出正确的处理,国家的行政效率就越高。能在里解决的,别到乡解决;能在乡解决的,别到县解决。日、夜、宿,也是这个意思,八小时能解决的

第十九章　帝王术惊心触目　商君书惊世骇俗

政事，别拖到晚上；晚上就能把政事处理好了，也算效率高；拖到第二天再办，国家就削弱了。

《商君书·去强第四》还说："举民众口数，生者著，死者削。民不逃粟，野无荒草，则国富，国富者强。"登记好民众的人数，活着的要著录在户口簿上，死去的要从户口簿上删除。这样，民众就不能逃避赋税，田地也不会荒芜，那么国家就富足了，富足的国家就强盛。当时用竹简编成簿册，除名时要用小刀刮削竹简，所以说"削"。

《商君书·去强第四》记载："金一两生于境内，粟十二石死于境外。粟十二石生于境内，金一两死于境外。国好生金于境内，则金粟两死，仓府两虚，国弱。国好生粟于境内，则金粟两生，仓府两实，国强。"第一个"生"可以认为是"输入"，第一个"死"可以认为是"输出"，第二个"生"可以认为是"创造、增加"，第二个"死"可以认为是"丧失、削弱"。这句话的意思是说，黄金 1 两输入国内，就有粮食 12 石输出到国外。这是指国外有人拿 1 两黄金来秦国购买 12 石粮食，所以这 12 石粮食对于秦国来说就是丧失了，就是"死了"。同样，如果说秦国缺粮，也要用 1 两黄金的代价到国外去买粮，这样，1 两黄金对于秦国来说就是丧失了，就是"死了"。商鞅的意思还是重视农业。

综合上下文的意思，这段话也就是说，如果秦国重视商业，不重视农业，这是一种政治导向的问题，那么人们都会重视经商，重视现金，不喜欢农业生产。由于从事非农产业的人多了，虽然国家可以获取眼前的金钱，但是，如果国家缺乏粮食，还是要用金钱去国外购买粮食，最后的结果是钱、粮两失。如果重视农业发展，粮食富余，不但自己满足了粮食需求，还可以把多余的粮食卖到国外去，获取"外汇"，这样，粮有了，钱也有了，"金粟两生，仓府两实"，粮仓、金库都充实，国家也就会强盛。

1两黄金能买12石粮食，而按照《睡虎地秦墓竹简》中的记载，1石粮是30钱，那么12石是360钱。当然这是两个时代的事，不能纠结到一起。因为缺乏准确的记载，这里只是找一个参照物。在秦国，告奸、捕盗等一般的奖赏是2两黄金，如果1两黄金能买12石粮食，2两黄金就能买24石粮食，也就是720钱。按照每天8钱的日薪来计算，720钱就是一个壮劳力90天的薪水，也算是一笔不少的钱了。

《商君书·说民第五》记载："罚重，爵尊；赏轻，刑威。"罚要重，爵要尊；赏要轻，刑要威。罚得重，才能让民众畏惧。爵位必须通过农战这一个途径。不容易获得，爵位才显得尊贵。赏赐只有军功授爵这一个标准，不滥赏，无法通过其他途径获得，这样才能让人自觉地投入农战中。同时，奉行重刑主义，而且要让刑罚能够得到有效的执行，不论身份，不论等级，这样才能确立法律的权威，这也是保证农战政策得以推行的关键。

《商君书·说民第五》指出："刑生力，力生强，强生威，威生德，德生于刑。"刑罚能够产生实力，实力能够产生强盛，强盛可以转为威势，威势能够产生恩德，恩德产生于刑罚。按照商鞅的思维，使用刑罚是一种"恩德"的表现。他认为，"以刑去刑"，百姓畏惧刑罚，就不敢轻易触犯刑罚，最后可以不用刑罚。理论上可以这样讲，可实际情况是，稍微一点小错都被处以刑罚，最后大量的人成为官奴婢和犯人，为各种大型工程服务。从统治者的角度来看，他们获得了大量廉价的劳动力，可是对于老百姓来说，他们是在痛苦的深渊中挣扎。

《商君书·算地第六》中说："故圣人之为治也，刑人无国位，戮人无官任。刑人有列，则君子下其位。"圣人治理国家时，受过刑的人不

第十九章　帝王术惊心触目　商君书惊世骇俗

能享有国家授予的爵位，判过罪的人没有官做。如果受过刑的人也有爵位，君子就会轻视君主所授予的爵位。

《商君书·开塞第七》中说："故王者刑用于将过，则大邪不生；赏施于告奸，则细过不失。治民能使大邪不生，细过不失，则国治。国治必强。"能够称王天下的国家，刑罚用在人们将要犯罪的时候，这样，大的罪恶才能避免。赏赐用在告发奸邪上，所以小的过错也别想漏网。也就是说，奸邪之事还没有发生，或者刚刚有些苗头，就被人告发了。如果说，治理民众能使大的罪恶不产生，小的罪过不漏网，那么国家就能治理好，这样的国家就一定能强盛。

《商君书·错法第九》中说："明主之所贵，惟爵其实；爵其实而荣显之。不荣，则民不急列位；不显，则民不事爵。爵易得也，则民不贵上爵。列爵禄赏不道其门，则民不以死争位矣。"英明的君主所重视的，一定是爵位的授予和实际的功劳相匹配。爵位与功劳相匹配，就会让获得爵位的人深感荣耀。如果获取爵位不是一件荣耀的事情，民众就不会迫切希望获取爵位。如果爵位不能带来显贵，民众就不会积极追求爵位。如果爵位很容易获得，含金量太低，民众就不会看重君主授予的爵位。如果授予爵位、赏赐俸禄不是通过农战这一个途径，而是有很多途径，民众就不会通过农战拼死来获取爵位了。商鞅要提升爵位的含金量，并且不滥赏，让获取爵位的方式变得相对公平。

《商君书·战法第十》中说："凡战法必本于政胜。"这是商鞅在军事思想上的一大创见。"政胜"不是普通的政治攻心，而是说国家政令通畅，具有政治体制上的优越性。这句话的意思是，能够用政治手段聚合国家的一切力量，才能取得军事上的胜利，即政治是军事的根本。历数古今中外的军事案例，一定是政治上的胜利，才能保证国家是常胜将军,否则,只能是胜在一时、胜在一地,却没有持久而广泛的胜利。政治上能够胜利的国家,即便失败,也是败在一时、败在一地。

《商君书·战法第十》中说:"政不若者,勿与战;食不若者,勿与久。"如果政治上不如对方,就不要和对方交战;如果粮食储备和经济实力不如对方,就不要和对方打持久战。商鞅在秦国大力推行农战政策,秦国打败六国,就是政治体制和经济实力上的胜利。

《商君书·战法第十》指出:"王者之兵,胜而不骄,败而不怨。胜而不骄者,术明也;败而不怨者,知所失也。"王者的军队,打了胜仗不骄傲,打了败仗不抱怨。胜而不骄,是因为国家的所有政策保证了军事上的胜利,胜利来得理所当然,不值得骄傲;败而不怨,是因为能够准确地找出自己的得失与不足,不会怨天尤人,寻找客观理由。

《商君书·战法第十》中说:"若其政出庙算者,将贤亦胜,将不如亦胜。""庙算",杜预注解为:"庙算者,计算于庙堂之上也。"即由朝廷制定出克敌制胜的谋略。如果朝廷能够基于全局思维做出正确的战略决策,那么将领的能力胜过对方的,自然取胜;将领的能力不如对方的,也能取胜。此前一再说过,秦国致力于各个方面的标准化,在军事运筹方面也一定是有标准化体系的,在后勤、军粮、武器、战法、军功授爵等方面都可以进行标准化。对于如何计算城墙的长度,如何划分攻击的地段,如何使用敢死队,如何确定奖惩标准,等等,都已经提前筹划好了。虽然我们不知道更多的细节,但是,从这个角度可以看到秦国一切都有章法。

《商君书·徕民第十五》这篇文章应该不是商鞅创作的,而是他的后学创作的。这篇文章的总体思想是,秦国地多人少,而韩、赵、魏地少人多,因此秦国可以制定优惠政策,招徕三晋之民过来垦荒。然而,

第十九章　帝王术惊心触目　商君书惊世骇俗

由于秦国的法律严密、严酷，一般六国之人不愿意自动迁徙到秦国。例如，引发长平之战的原因，就是秦军攻占韩国的野王（今河南沁阳），割断了上党郡与韩国本土的联系，因此，韩王决定把土地割让给秦国。上党郡郡守冯亭综合大家的意思，不愿成为秦国的臣民，于是把上党郡献给了赵国。当时赵国是赵孝成王主政，他欣然接受，这才引起了长平之战。由此可见，秦国在当时是不得六国民心的，六国百姓认为秦法太严酷。而这篇文章提出的思路是，既然其他国家的人不愿意打仗，那就"新民作本，故秦事敌"，"新民"指新秦国人，"作本"指从事农业，"故秦"指老秦国人，"事敌"指对外发动战争。农与战对农战政策都很重要，农是为了战，战是为了有更广阔的农田。但是秦国得不到六国的认同，不知道这个政策推行与否，或者推行得如何，最后可能是不如人意，还要靠战争来实现秦国的目标。

《商君书·画策第十八》指出："以战去战，虽战可也；以杀去杀，虽杀可也；以刑去刑，虽重刑可也。"用合乎道义的战争手段消灭不义之战，即便发动战争也是可以的；用杀人的办法去除祸根，使人不敢杀人，即便杀人也是可以的；用刑罚惩治罪犯，使得民众不敢犯法，从而不必再用刑罚，即便用重刑也是可以的。而在秦国的政治实践中，商鞅的想法并没有得到实现，最后造成的结果是："以战去战，战不止；以杀去杀，杀不停；以刑去刑，刑不完。"

《商君书·画策第十八》中说："国之乱也，非其法乱也，非法不用也。国皆有法，而无使法必行之法。国皆有禁奸邪刑盗贼之法，而无使奸邪盗贼必得之法。"国家的混乱，并不是因为它的法律混乱，也不是因为法律被弃置不用。每个国家都有法律，却没有使法律必然得到推行的办法。每个国家都有禁止奸邪、惩处盗贼的法律，却往往没有使得奸邪被禁止、使得盗贼一定被抓获的办法。法律不论多少，关键在于执行力，很多法律条文虽然繁密，可都是挂在墙上的文字而已。

《商君书·外内第二十二》中说："民之外事，莫难于战，故轻法不可以使之。"还说："民之内事，莫苦于农，故轻治不可以使之。"商鞅自己有绝对清醒的头脑，他知道，"外事"当中最难的就是让民众去打仗，因此，他要用重法驱使民众乐于战斗，用巨大的利益吸引他们乐于战斗。而"内事"当中，最苦的就是从事农业，赋税沉重，利润空间一眼可以看到顶，不如从事商业和技术工种，赚钱轻巧，利润空间大。因此，他采取重农抑商政策，而且用重法来保证政策的推行，把农民牢牢地绑在土地上。

第廿章　在秦国罚多奖少　做官吏实属不易

《商君书·定分第二十六》记载："有敢剟（duō，削删）定法令，损益一字以上，罪死不赦。"如果有人胆敢删改法令，增减一字以上，就判处死刑，绝不赦免。

《商君书·定分第二十六》指出，官吏和民众等如有向主管法令的官吏询问法令内容的，法官都应该根据他们所询问的方向，依据相关法律给出明确的答复，而且要制作一尺六寸长的信符，信符上要明确记录年、月、日、时，以及他们所询问的法令。如果法官不答复，等到询问者犯了罪，而所犯的罪正好是其询问法官，法官却没有答复的罪名，那么就用惩治该项罪名的法律规定，去惩罚法官。

《商君书·定分第二十六》指出，法令都有副本，将一个副本放在天子的宫殿里，在储藏法令副本的地方设立戒备森严的"机要室"，并用严密举措保证"机要室"的安全，钥匙、封泥、印章一应俱全。如果有胆敢擅自打开"机要室"的印封的，进入"机要室"偷看所藏的法令的，以及在"机要室"中删改法令一个字以上的，都判处死刑，不予赦免。

《商君书·定分第二十六》指出，官吏和民众想知道法令的，都可以去问法官。如果普法工作做好了，官吏明确知道民众都了解法令，就不敢用非法的手段来对待民众。同时，民众知道了法律，也就不敢轻易冒犯法官、触犯法令。如果官吏用非法手段对待民众，民众就去法官那里寻求帮助，法官把相关法律规定告诉民众，民众就会把法官的话严正地告诉官吏，官吏就不敢用非法手段对待民众。像这样，法官普法，民众和官吏守法，法令明白、易懂，并且能得到坚决执行，即便天下官吏和民众有超越常人的智慧和辩论才能，也不敢歪曲法令。同时，"民愚则易治也"，国家应该使用手段让民众愚蠢、守法，这样才容易管理。

在秦国，不但做一个老百姓不容易，做一个官吏也是不容易的。在秦国前期，对于吏治问题抓得还是比较严的。按照商鞅的构想，普法是守法的第一要务，官吏守法是严格执法的第一要务，而制定明白易懂的法律条文是重中之重。因此，从中央到地方，所有的管理条文都是非常细密的，涉及政治、社会生活的各个方面。关于这个问题，前面已经多次阐述，大家可以通过《睡虎地秦墓竹简》中的一些具体条文，去理解《商君书》和《史记》中的一些战略性规定。下文中所列的条文，也都是《睡虎地秦墓竹简》中的规定，读者可以从中了解到秦律的细密。这些条文不一定都是商鞅时代完成的，而是经过几代君主不断完善的结果，但是其总体思想不离商鞅的战略构思。

《法律答问》："成例，官吏弄虚作假，其罪在罚盾以上的，依判决执行，同时要撤职永不叙用。"罚款的数额值一副盾牌的人，将永不叙用。看来"赀一盾"已经不算一个小的处罚了。上文提到"刑人无国

第廿章　在秦国罚多奖少　做官吏实属不易

位，戮人无官任"这句话，是指受过刑、获过罪的人不能保有爵位和官职。看来商鞅这个政策，是被贯彻下去了。

《法律答问》："啬夫不以官职为事，而专干坏事，应如何论处？应流放。被流放者的妻子应否随往流放地点？不应随往。"啬夫一般都是县级、乡级官吏。

《秦律杂抄》："伤害了乘舆马，马皮破伤一寸，罚一盾；二寸，罚二盾；超过二寸，罚一甲。"乘（shèng）舆，是古代帝王、诸侯王所乘车。汉代皇帝乘舆用六马，副车用四马，车、马之装饰都有相关规定，也用作皇帝的代称。天子或诸侯王的专用马匹一定要细心呵护。如果表皮伤了一寸，罚一副盾牌的钱；伤了二寸，罚两副盾牌的钱；超过二寸，罚一副铠甲的钱。看来，一副铠甲的钱要比两副盾牌的钱多，否则，就不会有这样递进的惩罚。

《秦律杂抄》："成年母牛十头，其中六头不生小牛，罚啬夫、佐各一盾。母羊十头，其中四头不生小羊，罚啬夫、佐各一盾。"秦国有"牛长"一职，管理政府所掌控的牛。在秦国，牛和马是重要的资源，是实行农战政策的"拖拉机"和"坦克"，因此一定要保护好。为了让主管人员悉心照料牛、羊、马，秦国制定了这样的措施。佐，就是佐史，月薪 8 斛粮食，应该是秦汉官僚体系中最低一层享受财政拨款的人。佐史一年 96 斛粮食，虽然我们不知道一盾能折合多少粮食，但对这些人来说，一盾恐怕就是天文数字。秦国之重罚，就在这些细节中。

《秦律杂抄》："故大夫斩首者，迁。"本为大夫而在阵前斩首，应处以流放之刑，这是因为，大夫的责任在指挥，指挥官应该是拿"绩效提成"，如果他们也像普通的士兵一样去一线斩首，将会失去指挥的职责，这对部队整体而言是个伤害。

《秦律杂抄》:"任法(废)官者为吏,赀二甲。"保举曾被撤职永不叙用的人为吏,罚二甲。既然被撤职永不叙用了,一定是因为该人为官时触犯了刑罚。如果有人保举他重新做官,就罚保举人值两副铠甲的钱。一副铠甲的钱要比两副盾牌的钱多,两副铠甲至少应该值五副盾牌。"赀二甲"也是重罚。

《秦律杂抄》:"发弩啬夫射不中,赀二甲,免。"发弩啬夫应为射弩兵之官长,这是技术型基层官员。如果他们没有技术水准,将会降低基层士兵的技术水准,因此,如果发弩啬夫射不中目标,就要被免职,而且罚值两副铠甲的钱。"赀二甲"和免职,是重罚。

《秦律杂抄》:"不应自军中领粮而领取的,皆罚二甲,撤职永不叙用;如不是官吏,罚戍边二年。一起吃军粮的军人、屯长和仆射(pú yè)不报告,罚戍边一年;县令、县尉、士吏没有察觉,罚一甲。"这是对冒领军粮实施的"官吏集体问责"的处罚措施。有几个官职需要简单说明一下。屯长,按照《商君书·境内第十九》中的说法是"五人一屯长",五名军人中设置一个屯长。仆射,官名,秦时皇帝的侍卫、仆从皆有此称。仆是"主管"的意思,古代重武,主射者掌事,故诸官之长称仆射,在此应该是军队中的基层武官。士吏属于武吏,其职责以通烽火、防备盗贼、监察戍卒为主,应该是边防军中的基层武官。如果说出现了冒领军粮事件,整体的追责和惩罚措施是:(1)如果冒领者是官吏,罚值两副铠甲的钱,撤职永不叙用;(2)如果冒领者不是官吏,那就戍边两年,到边疆去干两年苦役;(3)知情不报的军人、屯长和仆射,戍边一年,这是连坐制度和连带责任;(4)县令、主管一县军事的县尉和士吏即便不知情,也要承担领导责任,罚值一副铠甲的钱。这就是集体问责、集体惩罚,冒领者、军人、屯长、仆射、县令、县尉、士

第廿章　在秦国罚多奖少　做官吏实属不易

吏这一条线上的人，都逃不过，而且都是重罚，从中也可以看出秦国对军粮的重视。

《秦律杂抄》："采山重殿，赀啬夫一甲，佐一盾；三岁比殿，赀啬夫二甲而法（废）。"采山，指开采矿石。重，指两次。殿，指殿后，垫底。《商君书·境内第十九》中提到了"殿"。攻城的时候，最先攻上城的叫"启"，最后的被称为"殿"，在此应指下等。也就是说，采矿时两次被评为下等，罚啬夫一甲、佐史一盾；三年连续被评为下等，罚啬夫二甲，并撤职永不叙用。这里的啬夫指采铁啬夫，主管开采矿石的官吏。这也是重罚。这种方法类似于现代管理中的"末位淘汰制"。

《秦律杂抄·中劳律》："敢深益其劳岁数者，赀一甲，弃劳。"秦时官吏参加考核，"最"者，即成绩优等者，可得到一定的奖励。奖励的具体方式就是记"劳"，即劳绩。意思是说，官员若是胆敢擅自增加自己的劳绩，就要被罚值一副铠甲的钱，并取消其劳绩。劳绩的数额对官吏而言很重要，影响其升迁。这是对官吏在政绩上弄虚作假的惩罚。

《效律》："数而赢、不备，直（值）百一十钱以到二百廿钱，谇官啬夫；过二百廿钱以到千一百钱，赀啬夫一盾；过千一百钱到二千二百钱，赀官啬夫一甲；过二千二百钱以上，赀官啬夫二甲。"数，是清点物品。赢，指超过。不备，指不足数。根据账目核对物品的数量，不论超过还是不足，都是一种失职，只有正好才是应该表扬的。根据误差和损失程度的不同，啬夫所面临的惩罚是不同的：（1）误差在 110 钱至 220 钱，斥责官啬夫；（2）误差在 220 钱至 1100 钱，罚官啬夫一盾；（3）误差在 1100 钱至 2200 钱，罚官啬夫一甲；（4）误差超过 2200 钱，罚官啬夫二甲。规定得如此明白，就是有效管理。

《效律》规定，器物标记编号与簿籍不符的，如为大的器物，则罚该官府的啬夫一盾；如为小的器物，则可免罪。

《效律》规定，官府收藏皮革，应常曝晒风吹。有被虫子咬坏的，则罚该官府的啬夫一甲。皮革是制造铠甲的重要战略物资，因此才有这样的重罚。

《睡虎地秦墓竹简》中关于官吏的管理条文非常多，而且管理之细致，令人非常震惊。秦国官吏奖惩条例中，奖赏极少，惩罚极多。做好了是应该的，做不好必须严惩。官吏犯罪的源头包括但不限于：（1）因玩忽职守而被问责，包括贻误文书、损害公物、丢失印玺、工作疏漏、越职等；（2）以权谋私；（3）不从令；（4）不直（枉法）；（5）间接犯罪；（6）集体问责；（7）领导责任；（8）连带责任；（9）受到连坐制度的牵连需要承担的责任等。官吏所遭受的惩罚措施，包括但不限于：（1）谇（斥责）；（2）罚款；（3）罚劳；（4）赔偿；（5）免职；（6）废（永不叙用）；（7）迁；（8）以军功爵抵偿罪责（降爵是轻判的途径之一）；（9）各种刑罚。

第廿一章　执军刀刑治天下　细节处有法可依

《法律答问》：工匠偷出来东西，赃不满一钱，其同班工匠应否笞（chī）打？不应笞打。因为赃值比较小，这才不承担连带责任。

《法律答问》：士伍甲盗窃一只羊，羊颈上有绳，绳值一钱，问应如何论处？甲所要偷的是羊，绳是拴羊的，甲把羊牵走了，不应以超过盗羊议罪。秦法之细，可见一斑，连价值一钱的细节都不放过。

《法律答问》：妻凶悍，其夫加以责打，撕裂了她的耳朵，或打断了四肢、手指，或造成脱臼，问其夫应如何论处？应处以耐刑。耐刑，就是剃掉胡子和鬓角。

《法律答问》：男奴甲主谋叫女奴乙偷主人的牛，把牛卖掉，带着卖牛的钱一同逃越国境。出边塞时，被拿获。各应如何论处？应"城旦黥之"，然后分别交还主人。有一种刑罚叫"黥为城旦"，即处以黥刑，然后再罚服城旦的苦役。

《法律答问》：甲偷牛，偷牛时身高六尺，囚禁一年，再加度量，身高六尺七寸，问甲应如何论处？应完城旦。古时一般认为男子十五岁身高六尺，六尺是 1.38 米，六尺七寸是 1.541 米，这已经是准成人的身高了。"完"是不施以肉刑；"城旦"就是去当苦役犯。

《法律答问》：有人偷摘别人的桑叶，赃值不到一钱，如何论处？赀徭三旬，即罚服徭役三十天。秦法对偷和盗惩罚得非常严厉，即便赃值不到一钱，都要罚服徭役三十天。当时壮劳力一天的薪水是 8 钱，被罚 30 天徭役，就是 240 钱，那么罚款是赃值的 240 倍。

《法律答问》：休妻而不登记，罚二甲。所休的妻应否也加论处？应罚二甲。也就是说，休妻，要到官府办理正规的离婚手续，否则要重罚，两副铠甲的钱可是大价钱。

"商君之法，刑弃灰于道者"这句话出现在李斯给秦二世的奏章当中，意思是说，把灰烬随便丢弃到大街上，要受到惩罚。商鞅的这条规定大致有以下几种解读：（1）因为灰烬可能有余火，随便丢弃有火灾隐患。（2）秦国是重视农业的国家，灰烬可以肥田，可能当时规定要丢到田地里。（3）明代张燧说他"偶阅《马经》，马性畏灰，更畏新出之灰，马驹遇之辄（zhé，总是，就）死"。马是秦国重点保护的战备物资，出于保护马匹的考虑，不得将灰烬弃于大街上。（4）这确实是商鞅轻罪重罚的一个案例。此中辨析可见《商鞅为何"刑弃灰于道者"》一文，很有见地。苏轼的《东坡志林·赵高李斯》也记载："商鞅立信于徙木，立威于弃灰。"

"步过六尺有罚"经常与"刑弃灰于道"一起被提起。"步"是丈量土地的单位，六尺为一步，一尺约合现在的 23.1 厘米，六尺约为 1.38 米。商鞅把小亩改成了大亩，小亩是此前留下的标准，100 平方步为一亩，即长 100 步，宽 1 步，而商鞅改成了 240 平方步为一亩，即长 240

第廿一章　执军刀刑治天下　细节处有法可依

步，宽 1 步。这是秦国土地法的一项重大改革，也是统一度量衡制度的重大举措，而土地制度是国家的根本制度，也与每个农民息息相关。如果大家不了解秦国的文化和历史背景，就容易造成一些误会，以为对步子的长度都有规定。

《田律》规定，下了及时雨和谷物抽穗（sui，水稻、小麦、玉米等禾谷类作物的花或果实聚生在茎的顶端），应该以书面报告的方式报告受雨、抽穗的顷数和已开垦而未耕种的田地顷数。禾稼生长期下雨，也要立即报告降雨量和受益田地顷数。如有旱灾、暴风雨、涝灾、蝗虫及其他虫害等损伤了禾稼，也要报告受灾顷数。距离近的县，由走得快的人专送报告；距离远的县由驿站传送，在八月底以前送达。

《田律》规定：

（1）春天二月，不准到山林中砍伐木材。这是封山育林。

（2）不准堵塞水道。保护水道，确保田地用水。

（3）不到夏季，不准烧草作为肥料。按照"夜（疑为"择"）草为灰（取草烧灰，作为肥料）"的记载，"刑弃灰于道者"的规定极有可能是为了用草灰增强土地的肥力，其他解读极有可能都是误解。按照秦法之细，不可能不对如何增加土地肥力，以及对草灰的管理和使用做出详细规定。前面提到的宋代苏轼、明代张燧等人，都没有看到过《睡虎地秦墓竹简》，因此，此前的学者对于"刑弃灰于道者"的判断很有可能都错了。

（4）不准采刚发芽的植物，或捉取幼兽、卵，不准……毒杀鱼鳖，不准设置捕捉鸟兽的陷阱和网罟（gǔ，捕鱼的网，用网捕鱼），到七月才解除禁令。

（5）只有因死亡而需要伐木制造棺椁（guǒ，古代套在棺材外面的大棺材）的，才不受季节限制。

（6）居邑靠近牛马的皂和其他禁苑的，幼兽繁殖时，百姓不准带着狗去狩猎。百姓的狗进入禁苑，如没有捕兽，不准打死；如追兽和捕兽，要打死。在专门设置的警戒地区打死的狗要完整上缴官府，在其他禁苑打死的，可以吃掉狗肉而上缴狗皮。居邑，是生活区。皂，牛马圈，此处指畜养牛马的苑囿（yòu）。禁苑，王室畜养禽兽的苑囿，禁止百姓入内。

《田律》规定，居住在农村的百姓不准卖酒，地方上管理农事的小官田啬夫和部佐应严格禁止卖酒的行为，违反法令的有罪。秦国对农民的管理非常严格。从《垦草令》的相关规定中可以看到，秦国为了让农民安心生产，禁止一切搅扰农民安心生产的因素出现，如禁止娱乐，禁止享受，禁止学习，禁止经商。汉初，"禁酒令"依然得以实施。

《厩苑律》规定：

（1）每年四月、七月、十月、正月评比耕牛，满一年，在正月举行大考核。耕牛管理的评比和考核一年进行四次，正月这次是年终考核。成绩优秀的，赏赐田啬夫酒一壶，干肉十条，免除饲牛者一次更役，赏赐牛长资劳三十天。更役，古时成年男子有服役的义务，一月一换，称为更。一更，指服一次更役。劳，古时劳绩常以日计算，有功时即"赐劳"若干日，有过时则罚若干日，这种劳绩通过减免服役天数的方法来兑现。这条规定是说，如果牛养得好，就赏赐一级主管田啬夫酒肉，赏赐二级主管牛长资劳三十天，饲养牛的人免除一次更役，即少服役一个月。成绩低劣的，申斥田啬夫，罚饲牛者资劳两个月，即一级主管田啬夫要被申斥，饲养牛的人要多服役两个月。

（2）用牛耕田，如果牛的腰围缩小了，每缩小一寸要笞打主事者十下。笞，用竹木板责打背部。

（3）在乡里进行考核，成绩优秀的，赏赐里典资劳十天，成绩低劣的，笞打三十下。里典，也叫里正，是农村基层管理人员。

（4）因为耕牛事，田啬夫、牛长、里正、养牛者等都在这一条线上承担连带责任。连坐制度主要指刑事责任上的连坐，在经济领域则有种种连带责任。这里所指的牛，一定是官府管理、国家所有的牛，而不是私人饲养的牛。

《仓律》规定，种子，稻、麻每亩用二又三分之二斗，谷子、麦子每亩一斗，黍子、小豆每亩三分之二斗，大豆每亩半斗。如果是良田，用不到这样的数量，也是可以的。田中已有作物，可酌情播种。黍（shǔ），其籽实煮熟后有黏性，可以酿酒、做糕等，今北方谓之黄米。孟浩然的《过故人庄》有一句："故人具鸡黍，邀我至田家。"看来鸡肉和黍子是待客的佳品。秦国对每一种农作物每亩所需的种子数量，都做了相关的规定，但也给了弹性空间，允许具体问题具体分析，真是细致而全面。1 斛=10 斗（秦制）=100 升（秦制）=100×200 毫升（今制）=20000 毫升（今制），1 斗=2000 毫升，1/2 斗=1000 毫升，"二又三分之二斗""三分之二斗"进行相关换算即可。

《仓律》对于隶臣妾、城旦舂口粮供给的规定是：

（1）隶臣妾为官府服役，隶臣每月发粮二石，隶妾一石半。隶臣、隶妾是国家刑徒，因为干活较重，发放的口粮是最多的。秦国一石=120 斤（秦制），约合今天的 30 公斤，因此，"二石"约合 60 公斤（今制），"一石半"约合 45 公斤（今制）。

（2）如不服役，不得发给。只有工作才发放，不工作就没有。在秦国，没有社会福利，没有失业保险，只有能干活的才有饭吃。

（3）隶臣妾、城旦舂都是合并性称呼，分别指隶臣（成年男子）、隶妾（成年女子）、城旦（成年男子）、舂（成年女子），而小隶臣（未成年男子）、小城旦（未成年男子）的标准是不满六尺五寸，小隶妾、小舂的标准是不满六尺二寸。秦制一尺约等于今制 0.23 米，那么六尺五寸则为 1.5 米，六尺二寸为 1.4 米。参加劳作的小城旦、小隶臣，每月发粮一石半，即 45 公斤（今制）；如果不工作，每月一石，即 30 公斤（今制）。

（4）小隶妾或小舂比小隶臣、小城旦又低了一等。参加劳作的小隶妾或小舂，每月发粮一石二斗半，37.5 公斤（今制）；不参加劳作的，每月发粮一石，30 公斤（今制）。

（5）没有母亲的婴儿每人发粮半石。秦法有规定，隶臣之子女为隶臣妾，婴儿也不例外。有母亲而随母亲在官府服役的孩子的口粮是每月半石，15 公斤（今制）。

（6）从事农业劳动的隶臣，从二月起每月发粮二石半，到九月底停发其中加发的半石。隶臣的标准是每月二石，从每年二月起到九月底止共八个月，因为工作重，每月增发半石。这八个月是二石半，75 公斤（今制）。

（7）舂每月发一石半。舂与隶妾都是成年女子，口粮标准一样，都是一石半，45 公斤（今制）。

（8）身高达到五尺二寸，都要劳作。五尺二寸是 1.2 米，超过 1.2 米的都要劳作。

（9）小隶臣成年，在八月登记为大隶臣，从十月起加发口粮。小隶臣的口粮是一石半，大隶臣的口粮是二石，想要领大隶臣的口粮，需要等到十月份。从八月到十月，还是按照小隶臣的口粮标准发放。秦国以阴历十月初一为岁首，所以才从十月起加发口粮，这属于从第二年开始算。小隶妾登记为大隶妾与小隶臣登记为大隶臣的情况一样。

（10）这些口粮也不都是足额发放的。如果隶臣妾损坏或者丢失了官府的物品，没有钱赔偿的话，就要用口粮来赔偿，但是扣除的额度不能超过三分之一，如果还是不够，就用劳役来抵偿。关于这个问题，前文已有详细说明。

◎ 隶臣妾、城旦舂等人的口粮标准

身份	特点	口粮标准	今制重量（公斤）	情况说明
隶臣	成年男子	二石半	75	每年二至九月参加农业生产，每月增加半石。这是特例
		二石	60	正常发放标准
隶妾	成年女子	一石半	45	
舂	成年女子	一石半	45	
小隶臣	未成年男子（不到1.5米）	一石半	45	正常发放标准
		一石	30	不工作时
小城旦	未成年男子（不到1.5米）	一石半	45	正常发放标准
		一石	30	不工作时
小隶妾	未成年女子（不到1.4米）	一石二斗半	37.5	正常发放标准
		一石	30	不工作时
小舂	未成年女子（不到1.4米）	一石二斗半	37.5	正常发放标准
		一石	30	不工作时
婴儿（无母）		半石	15	
孩子（有母）		半石	15	
备注	1石（秦制）=30公斤（今制），当时1石粮约30钱，每天的工资约8钱			

第廿二章　定标准匠人精作　考其诚物勒工名

下面再来看看秦国和秦朝的手工业标准化。

（1）技术工人的来源。通常技术工人的来源有：工隶臣妾、刑徒、自由人（一类是官府征来服更役的"更卒"，从事官府手工业劳动；一类是工匠及工师。后者应有报酬）。工隶臣妾即便因为军功成为自由人，也要从事相关技术工作。

（2）新工匠的技术培训标准。《均工律》规定，新工匠开始工作，第一年因为技术不熟练，业务不熟悉，要求达到规定产额的一半。经过一年的实际锻炼，从第二年开始，就要按照熟练技师的产额来考核，也就是要完成满额的生产量了。在这里，也有一个传、帮、带的传统。工师，也就是技术主管，要好好教导新人。如果新人有一定的技术基础，一年应该学成；如果新人没有技术基础，两年应该学成。能提前学成的，向上级报告，上级将有所奖励。满期仍不能学成的，应记名而上报内史。内史，秦开始设置，治理咸阳。秦汉京畿（jī，国都附近的地区）

地方由内史治理，照此看，内史相当于首都市长，秦时就是咸阳市市长，汉时是西安市市长。

（3）工匠的工作量标准。

①《工人程》记载，善于做针线活的隶妾和其他女子，可以抵得上一个男劳动力。

②《工人程》记载："冗隶妾二人当工一人，更隶妾四人当工一人，小隶臣妾可使者五人当工一人。"冗隶妾，疑为做零散杂活的隶妾。两个冗隶妾顶得上一个工匠。更，轮番更代。更隶妾，当为以部分时间为官府服役的隶妾。前文提到"更役"，古时成年男子有为官府服役的义务，一月一换，称为更。一更，指服一次更役。更隶妾，应该也是这样的情况，但"更"的具体规则，不得而知。更隶妾四人顶工匠一人，合理的推测是，四个更隶妾每人一年至少工作三个月，或者更多，才能顶得上一个工匠。根据《居延汉简》的记载，"小隶臣妾可使者"中的"可使"，指七岁以上的儿童，这样的小隶臣妾五个顶一个工匠。《均工律》规定，新工匠在第一年完成老工匠生产定额的一半就算完成工作，第二年起，生产定额就与成熟老工匠的相等了。

（4）《工律》规定："为器同物者，其小大、短长、广亦必等。"也就是说，制作同一类型的器物，其大小、长短和宽度必须相同。这就是对同一类型器物的标准化需求。在以手工为主的制造业中达到标准化，其难度比机器生产达到的标准化难度何止大数倍。

秦国对于各行各业的管理都是细致入微的，而且有具体的规章制度、数据、措施、步骤和相关责任人，这就使秦国对各个行业的质量管理和考核变得有效而直接。关于这个问题，前文所举的案例已经很多了。至于对手工业和军工产业的质量标准、质量考核制度、验收制度等方面的管理，就更为严格，这从秦始皇帝陵兵马俑上得到了淋漓尽致的展现。关于兵马俑领域的研究，被称为"兵马俑之父"的袁仲一先生在其大作中有专业、严谨、全面的论述，请参阅。下面只选取几个小侧面做一些说明。

① 秦砖汉瓦。秦砖汉瓦是秦汉时期的两大品牌，驰名古今。秦始皇兵马俑坑出土的青砖规格有：24 厘米×14 厘米×7 厘米、42.5 厘米×19.1 厘米×9.7 厘米、42 厘米×14 厘米×9.5 厘米、38 厘米×19 厘米×19.5 厘米，基本上做到了标准化。其中第一种砖的数量最多。

② 铜车马。铜车马坑出土的铜车马，是由 3462 个零部件组装而成的，这些零件均为铸造成形，组装方法则有浑铸、焊接、嵌铸、插接、活铰等工艺，零部件可以通用、互换。其他产品的通用性、互换性和系列化程度也都非常高，令人吃惊。

③ 秦国甲衣。秦俑身上的甲衣，大致有七个型号：a. 高级军吏俑穿的彩色鱼鳞甲；b. 中级军吏穿的齐边的彩色鱼鳞甲和有背带的前胸甲；c. 下级军吏穿的长甲；d. 步兵甲；e. 骑兵甲；f. 战车上的驭手甲。每一种甲衣的款式、质地、做工和组合方式都有严格的规定。

④ 秦俑坑兵器。根据《中华秦文化辞典》的记录，秦俑坑出土了近 40000 件兵器，基本都是实用青铜兵器。a. 铁兵器十分罕见。当时只出土铁矛 1 件，铁镞（zú，箭头）1 件，铁铤铜镞 2 件。铤，古代称未经冶铸的铜铁。b. 兵器种类：短兵剑；长兵器，如矛、戈、戟（jǐ）、铍（pī，长柄刺杀兵器，铍头如剑形）、殳（shū，古代兵器，多用竹或木制成，有棱无刃，有的在顶端装上刺球和矛，秦俑坑中应为青铜质的殳）、钺（yuè，青铜制，状如大斧，装有长柄，是权力象征物，多用于仪仗）；远射兵器，主要是弩。远射武器最多，尤其铜镞的量很大。c. 根据《从秦俑坑出土箭镞

第廿二章　定标准匠人精作　考其诚物勒工名

看镞的发展演变》一文，秦俑坑出土的镞基本上都是三棱锥形镞，并且已经定型、标准化，汉代弓弩所用的镞基本沿用了秦镞的标准，只是由以铜镞为主变为以铁镞为主。镞首呈三棱锥体并带有流线型弧面的造型，具有导向性好、穿透能力强、加工容易等特点，而扁平形镞在飞行的过程中容易飘浮、穿透力弱。专家曾对三棱形镞的三个棱脊的长度做过检测，在 84 个样品中提取了 252 个数据，所得的最大差值为 0.55 毫米，最小差值为 0.02 毫米，也就是说，三个棱脊的长度几乎完全相等，制作尺度非常精确，工艺水平非常高超。d. 当时出土了秦剑 22 把，其中残剑 5 把。据《秦俑坑铜剑考论》一文，秦国青铜剑与前代青铜剑相比，显著特点是剑身窄狭而长，通长 81—94.8 厘米，远远超过吴越青铜剑的长度。吴越青铜剑一般是宽而短，长度不超过 70 厘米，最有名的越王勾践剑才 55.6 厘米。秦剑的剑身多呈青白色，含锡量较高。在本系列丛书之《吴越争霸（技术篇）》中曾有过论述，在青铜剑的制作中，铜、锡的合理配比是制剑的关键技术。铜柔韧性好，但刚性不足；锡的刚性好，但是脆。如果铜的比例过高，会减少穿刺力；锡的比例过高，剑容易折断，而且铜、锡的熔点不同。但是从秦剑身上可以看到，在制作秦剑时，这项技术得到了极好的传承。

（5）物勒工名制度。物勒工名制度是秦国手工业标准化过程中最重要的制度，也是一种产品质量追溯制度。《礼记·月令》记载："物勒工名，以考其诚；功有不当，必行其罪，以穷其情。"这就是说，在制造的产品上，要刻上工匠的名字，以便让他们对自己的产品负责。如果质量不过关，就要回头追溯，对不用心的人进行惩罚，追究责任。

关于监督者和制造者，一般有相邦、寺工、丞、工四个等级。相邦是秦国兵器生产的最高负责人，寺工是秦始皇时代主造兵器和车马器的官署名，也是官职名。咸阳曾出土秦始皇（实际上此时还是秦王政，只是这样说大家更容易理解）二年"寺工师初"壶一件，"初"为人名，"寺工师"为官职名，其全称应是"寺工工师初"。此外，还有寺工周、寺工献、寺工耆等，这些都是简称，全称应该是寺工工师周、寺工工师献、寺工工师耆。有一种可能是，寺工（下文细述）属于秦国手工制造系统的技术研究院，工师是寺工里的技术专家、技术顾问，他们是技术工作的实际负责人。丞的地位低于工师，应该是工师的副手，协助工师的工作，本身也应该是技术人才。工则是直接生产者。

《秦律杂抄》记载，在对产品进行考核时，如果被评为下等，"赀工师一甲，丞及曹长一盾"；如果连续三年被评为下等，"赀工师二甲，丞、曹长一甲"。这就是一种惩罚升级。如果一年被评为下等，罚工师一副铠甲的钱，丞和曹长各一副盾牌的钱；如果连续三年被评为下等，罚工师两副铠甲的钱，丞和曹长各一副铠甲的钱。也就是说，工师、丞、曹长都承担连带责任。《睡虎地秦墓竹简》中提到了曹长，但是在出土的兵器铭文中没有看到关于曹长的记录，曹长应该是工人的班长。因此在成熟期，整个军工生产实际上有四到五个层级：相邦—工师—丞—（曹长）—工。

工师的第一项职责，应该是教育和培训技术工人。"新工初事工"，需要"工师善教之"。如果没有技术基础，两年才能成为成熟技工；如果有技术基础，一年就能成为成熟技工。如果提前达标，可以向上级汇报，这样就可以得到相应的奖励。培养技师团队，看来是工师的重要职责。第二项职责应该是抓生产。工师要布置生产任务，做好生产的规划和任务的分解，并且要监察产品的规格和质量。第三项职责应该是负责原材料的管理，做好相关原料的调度。工师非常像车间主任，是一线领导者。

上文提到了"工"的来源有工隶臣妾、刑徒和自由人。从考古器物中还可以看到这一类的字样：工隶臣庚、工城旦某、工鬼薪稽（tuí）。工隶臣庚，"工"字说明是技术工人，"隶臣"是身份，"庚"是此人的名字。城旦、鬼薪都是刑罚的名称。可能是判刑之后，发现某个人有专业技术，将其调任到技术部门工作，但是此人的刑罚还存在，因此有工城旦某、工鬼薪稽的字样。

根据袁仲一先生的《秦中央督造的兵器刻辞综述》一文，笔者制作了一个图表，让人一目了然。

◎ **秦国和秦朝出土器物铭文层级分析表**

勒名制度发展阶段	初创期	完善期			成熟期		
勒名制度所处时期	秦孝公时代	秦惠文王到秦昭王时代			秦始皇元年至十年	秦始皇十一年至三十七年	秦二世时代
铭文类别	一级督造	二级督造	三级督造	四级督造	四级督造	二级督造	三级督造
第一层级	大良造	相邦	相邦	相邦	相邦	寺工、诏吏、少府、属邦工（室）	丞相
第二层级		工师	工师	工师		寺工，或少府工室、诏吏	工师
第三层级			工	工大人（类似丞或曹长的地位）	丞		工

续表

勒名制度发展阶段	初创期	完善期		成熟期		
第四层级			工	工		
备注	题铭格式不统一			题铭格式统一化、规范化		

为了便于理解，笔者对表中的一些概念做简单的说明。

在秦孝公时代，物勒工名制度还是初创期，没有记录工师、丞和具体工匠。商鞅所担任的大良造，是秦国独有的称呼，类似于相国兼将军，商鞅量（商鞅方升）铭文有"大良造鞅"字样。前文已有论述。

从秦惠文王到秦昭王时代，是物勒工名制度的完善期，但此时规则不够确定，有二级督造、三级督造、四级督造的记录。当然，所说的一级、二级、三级督造，只是从考古器物的铭文上发现的一些铭文类别，这是我的说法，是为了便于理解。

秦始皇七年，吕不韦戈上的铭文是"七年，相邦吕不韦造，寺工周，丞义，工竞"，吕不韦是兵器生产的最高监造人，工师是周，丞是义，技工是竞。

出土的秦始皇时代的器物，制作机构主要是少府工室、寺工、属邦工（室）、诏吏四个机构。少府，官名，始置于战国，秦汉沿用设置，为九卿之一，掌管山、海、池、泽收入和皇室手工业制造，为皇帝的私府长官，秩（薪水和爵位）中二千石。少府属于皇帝的首席财务官。除土地税要上缴国家财政之外，其他的税收基本都要归入少府，包括工商税。当时工商税的税额小，土地税是主要的财政收入。少府工室，应该隶属于少府，除了铸造兵器外，也要做其他器物。

第廿二章　定标准匠人精作　考其诚物勒工名

铭刻"寺工"字样的武器相当多，尤其在秦始皇陵园范围内大量出土，但"寺工"这一名称并未见于文献记载。它也应该属于少府，与少府工室是并列的机构，但规模要大于少府工室，似乎设置于秦始皇时代。其职责主要是主持制造兵器，另外兼做车马器和部分生活用的铜器，制作的产品多为宫廷的御用物。

属邦，是管辖"道"的中央官署机构；道，指少数民族聚居区。到了汉代，因为避汉高祖刘邦讳，"属邦"一词改为属国、典属国（这是一个学术问题，还有其他说法，请参看《试论秦国之"属邦"与"臣邦"》《秦"属邦"、"臣邦"与"典属国"》等文，本文采取袁仲一先生的观点），掌管少数民族归降之事，即负责归附的诸少数民族事务。另外，秦国官僚体系中还有一"典客"，九卿之一，也掌管少数民族事务。汉景帝中元六年（公元前 144 年），其更名为大行令，汉武帝太初元年（公元前 104 年）又改为大鸿胪（lú，陈列）。汉成帝河平元年（公元前 28 年），典属国并入大鸿胪。有一种说法比较合理：典客（后来的大鸿胪）负责处理中原王朝与少数民族之间的关系，类似于外交部礼宾司，负责联络、接待，而典属国则是管理归降到秦汉王朝的个人，有直接的行政管理权（见《秦汉的典属国与大鸿胪》引孙言诚先生言）。秦国属邦下设工室，制作兵器，以适应战争的需要。广州东郊罗岗秦墓出土的秦始皇十四年铜戈，就刻有属邦工的铭文，这件兵器应该是到两广地区作战的秦军带去的。

关于诏吏，袁仲一先生考证："诏吏有可能是直接为属邦统辖的官署机构，地位相当于属邦工（室）。"除制造兵器外，它应该也兼做其他类铜器。

通过秦国出土器物的铭文也可以了解到秦国君权和相权的变化。研究者发现，秦始皇十年以前，历代秦中央兵器的制造均有相邦（或丞

207

相、大良造）作为最高督造人，秦始皇十年后则不见了，到了"秦二世元年李斯戈"又再次出现。其实，这里面有君权和相权此消彼长的因素，也印证并反映了秦国历史的真实。秦庄襄王元年（公元前249年），吕不韦成为秦国相国。三年后，秦庄襄王去世，秦王嬴政登基，此时为公元前246年。由于嬴政年幼，国政操控在吕不韦、太后、嫪毐（Lào ǎi）的手里。秦王嬴政九年（公元前238年），嬴政亲政，嫪毐叛乱，最后被秦王剿灭。吕不韦在嫪毐之乱中采取骑墙派的政策，在秦王嬴政十年（公元前237年）被免去相国一职。目前发现的"吕不韦戈"最晚的为秦王嬴政八年（公元前239年），这是与历史相符的。

在吕不韦之后，王绾（wǎn）、隗状、冯去疾、李斯先后为相，但是目前没有发现这些人在秦始皇十年以后督造的兵器。由此可以证明，罢免吕不韦之后，秦始皇有意识地加强君主集权，削弱丞相的权力，防止丞相权力过大，擅权作乱。在此期间，秦诏版度量衡器都刻印了秦始皇的诏书，类似于商鞅方升的铭文再也未曾见到，秦始皇的君主意志获得了极大的伸张。

秦始皇去世后，相权又得到了一定程度的加强。在辽宁省宽甸县出土的秦二世"元年丞相斯戈"铭中就有"丞相斯造"的字样。这就是所说的"考古的真实"可以进一步验证"史籍的真实"。

大多数高科技产品和管理规则，都首先在军事领域使用，然后从军用向民用过渡。物勒工名制度也不例外。它首先在秦国军功产业上获得了广泛使用，若干年之后，民用领域，主要是商业领域，开始利用物勒工名的优势，建立自己的商业品牌，建立商业诚信。大致从东汉开始，民用商品上也开始出现一些显著标识，以便与竞争品牌区分开来，成为一种主动的诚信宣示。

第廿二章　定标准匠人精作　考其诚物勒工名

按照考古文物的证明，从宋朝开始，中国就出现了图文并茂的完整商标。中国历史博物馆珍藏了一件"济南刘家功夫针铺铜版"，这块青铜版是用来印刷广告的，印版上方标明店铺字号"济南刘家功夫针铺"，中间刻有一幅"白兔捣药图"，图案两侧注明"认门前白兔儿为记"。图案下方是广告词："收买上等钢条，造功夫细针，不误宅院使用，□□兴贩，别有加饶，请记白。""□□"，有人考证为"客旅"。"客旅兴贩，别有加饶"，这应该是给代理商的优惠政策，如果批量进货做二级代理商，会有优惠。这也是目前已知的世界上最早出现商标的广告，是物勒工名制度由军用最终广泛地拓展至民用的证据。

《考工记》有句名言："天有时，地有气，材有美，工有巧。合此四者，然后可以为良。"顺应天时，适应地气，材料上佳，工艺精巧，这四个条件加起来，才可以得到精良的器物。不知秦国是否具有天时、地气和材美的优势，工巧则确证无疑。这不得不说与秦国手工业部门的传帮带制度、连坐制度和物勒工名制度息息相关。而物勒工名制度是匠人精神的象征。每一件能够保留到现代的秦国和秦朝作品，都可以说是精品中的精品，即便经过两千多年历史风雨的洗礼，它们依然向世人昭示着秦国和秦朝技术人员技艺的精湛和匠人精神的尊严。当秦国和秦朝工匠严格按照生产标准生产时，当每一道工序都符合设计标准时，当每一个环节都能找到相关责任人时，当出现问题都能获得及时纠正时，一统天下的格局就已经在这些细节中形成了，以至于最后变得势不可挡。

第廿三章　铁血相趁火打劫　得意人作茧自缚

曾经被魏惠王瞧不起的商鞅，在秦国找到了用武之地。秦国从秦孝公三年（公元前359年）开始变法，短短几年间就开始显示出霸主气象。《史记·六国年表》记载，秦孝公八年，秦国"与魏战元里（今陕西澄城东南），斩首七千，取少梁（今陕西韩城，司马迁故里）"。秦孝公十年（公元前352年），商鞅率军直指魏国旧都安邑。秦孝公十一年（公元前351年），商鞅夺取魏国的固阳。秦孝公十二年（公元前350年），秦国迁都咸阳，并开始第二次更加深入的变法。

魏国曾经是战国早期的霸主。在三家分晋之后，魏国在魏文侯的带领下，经过三十八年的努力，国势蒸蒸日上，李悝、吴起、西门豹、田子方、乐羊等乐为所用。在这些人当中，李悝和吴起是两个非常关键的人物，"李悝变法"是战国时代的首次变法，李悝的个人专著《法经》是商鞅变法的蓝本，只是商鞅在秦国推行的力度更大，范围更广，层次更深，影响更深远。尤其秦孝公对商鞅之信任和支持的力度达到了让人

第廿三章　铁血相趁火打劫　得意人作茧自缚

无法置信的程度，因此，商鞅取之于蓝而胜于蓝，世人没有记住李悝反而记住了商鞅，没有记住《法经》反而记住了《商君书》。

吴起在魏国进行的"武卒制"改革，可算是魏国军事改革的重头戏。前文曾经论述过这个问题，叫"齐之技击，不可以遇魏氏之武卒；魏氏之武卒，不可以遇秦之锐士"。我们现在已经不知道《法经》的详细内容，更无法知道李悝变法的详细情况，但是按照基本的推断，"李悝变法+吴起武卒制改革"整体上都不如商鞅变法来得深入和彻底。商鞅变法以农战政策为根本，将"政治改革+农业生产+军功授爵制度"进行了环环相扣的设计，使得秦国能够通过战争手段让国家富强，让民众有了出人头地的机会。不得不说，在魏文侯、魏武侯（文侯之子）和魏惠王（武侯之子）前期时，魏国的经济实力和军事实力还是比较强大的，在那个时期，魏国对秦国保持了战略优势。

魏惠王时，秦、魏两国在力量对比上出现了失衡。商鞅曾经是魏国的中庶子。中庶子，周代开始设置，掌管诸侯与卿大夫之庶子（妾生之子，与妻生的嫡子相对）的教育，西汉沿置，为太子属官，全称为"太子中庶子"，秩六百石。商鞅以中庶子的身份做相国公叔痤（cuó）的侍从官，因此，公叔痤深知其能，临死时想让魏惠王拜其为相，可是魏惠王认为公叔相国纯粹是老糊涂了，并没有采纳其建议。其实，当时即便魏惠王用了商鞅，商鞅在魏国也难以做出在秦国的成绩。从多个层面分析，魏惠王属于志大才疏之辈，而且魏国的保守势力非常强大，变法很难达到秦国的力度。魏惠王与孟子多有交集，在《孟子》中，魏惠王占了大量的篇幅，他也被孟子称为"望之不似人君，就之而不见所畏焉"，远看没有人君的气派，走近了也看不出有什么让人敬畏的地方。这样的君主是无法与秦孝公相比拟的。秦孝公嬴渠梁是君王当中的异数。与秦孝公同时代的楚宣王、魏惠王、燕文侯、韩僖侯、赵成侯等，谁都用不了商鞅。除了秦国，任何一个国家都接受不了商鞅变法之烈。魏惠王没有祖父魏文侯之能，却有不切实际之理想，四处用兵，数次被挫，使得魏国从霸主的宝座上跌落下来，而秦国经过十年变法，开始变得势不可挡。秦国想要东扩，魏国是必须直接面对的强敌。

在秦国对魏国虎视眈眈的时候，在秦国将魏国视为头号强敌的时候，魏惠王团队竟然对秦国商鞅变法的后果没有做出充分的评估。秦孝公二十一年（公元前341年），马陵之战爆发，齐国的田忌、孙膑兵团打败魏国的庞涓兵团，庞涓被杀，魏国太子申被俘虏，这对魏国是致命打击。

秦孝公二十二年（公元前340年），商鞅对秦孝公说："魏国和秦国的关系，好比人有腹心之患，必欲除之而后快。不是魏兼并秦，就是秦击败魏，两国势不两立。为什么呢？魏国的国都安邑（今山西夏县西北）建立在地势险要的中条山山岭西部，并有险要的隘（ài）口，与秦国以黄河为界，占尽了崤山以东的地利，进可攻退可守，条件有利时，就向西侵占秦国，条件不利时，就向东发展地盘。魏国左右开弓，自然是秦国的巨大威胁。现在秦国不同往日，凭着您的贤德圣明，秦国已经足够强大，而魏国却在去年被齐国打得大败，国力一时难以复原，其他诸侯都背叛了它，我们何不趁魏国实力衰弱去攻打它？若是魏国抵挡不住秦国的迅猛攻势，必然会向东迁徙。只要它一迁徙，秦国的势力马上就能填补上去，并因此能够占领黄河和崤山的险要地带，可攻可守，进退自如。那时我们再出兵向东控制诸侯，成就帝王之业。"此后秦国历史的发展，验证了商鞅的这个判断。魏国从此无缘霸业，而秦国气势如虹。

秦孝公批准了商鞅的破魏方案，命令商鞅带兵伐魏。魏国派出的主

第廿三章　铁血相趁火打劫　得意人作茧自缚

将是公子卬。商鞅与公子卬在魏国时应该有一定的交情，甚至公子卬可能也和公叔痤一样，认可商鞅的才能。两军对垒之后，商鞅给公子卬去信说："我在魏国时和你是好朋友，今天我们因为各为其主，成为敌对双方，但是我不忍心互相攻打。我想和你以酒会友，当面订立盟约之后，各自撤兵，让秦、魏两国都得到安宁。"公子卬深以为然，没有戒心地赴会。会盟之后，双方正在欢饮之时，商鞅预先埋伏的甲兵突然逮捕了公子卬，接着，秦军对魏军发起了攻击，结果魏军被彻底击溃。魏惠王迫不得已，割地求和，并慨叹道："寡人恨不用公叔痤之言也。"

秦孝公曾向全天下人发布招聘广告，宣称："宾客群臣有能出奇计强秦者，吾且尊官，与之分土。"不论是宾客、大臣，谁能进献奇谋使秦国强大起来，高官、爵位、土地全都兑现。对于商鞅，秦孝公确实兑现了所有承诺。商鞅击破魏军之后，"秦封之於、商十五邑，号为商君。"此时，卫鞅才应该正式称呼为"商鞅"。

当商鞅志得意满的时候，儒生赵良与他进行了一次高端访谈。商鞅让赵良发表个人意见，看看他与百里奚谁更贤能。百里奚是秦穆公时代的名相，是秦穆公用五张公羊皮换回来的，他为秦国的强盛打下了基础。百里奚在秦国很有人气，不论道德力量，还是实际才能，都被秦国人认可，因此，商鞅比较在乎自己与百里奚的比较。赵良的观点不一定都对，但这是从儒家视角看待法家人物的一个案例。他的主要观点是：

（1）商鞅想要和他交朋友，但他感觉无法和商鞅成为朋友，他给出的理由是"非其位而居之曰贪位，非其名而有之曰贪名"，如果和商鞅成为朋友，对他来说就是攀附权贵，是贪位、贪名之举，这其实就是说，道不同不相为谋。

（2）反听之谓聪，内视之谓明，自胜之谓强。能够听取不同意见叫作"聪",能够不断自我反省叫作"明",能够克制冲动、战胜自我叫作"强"。赵良其实反对商鞅说一不二的行事作风,也认为商鞅缺少反省,缺少战胜自我的能力,而商鞅根本就不需要反对意见,只需要坚决执行,他不会奉行"己所不欲,勿施于人"的信条,更不会克制对功名利禄的冲动,而是把功名利禄当成人生价值的最大体现。

(3)商鞅认为自己的政绩还是非常明显的,给秦国带来了翻天覆地的变化,但是赵良认为,百里奚的做法与政绩更加突出。百里奚对内教化,对外树德,三次扶立晋国国君,一次救援楚国,用仁德感召八方来降,使得巴国进贡。这是儒家非常信奉的修身、齐家、治国、平天下的理念。

(4)赵良认为,商鞅和百里奚最大的不同,是盛名之下的表现和最终的命运。百里奚身处高位,路上不坐车,夏天不打伞,进进出出没有车马仪仗,也没有全副武装的警卫人员跟随。也就是说他非常亲民,不讲物质享受,可是功名和德行却被万世景仰。百里奚死时,秦国男女老幼如丧考妣(bǐ,特指死去的母亲。考妣,指死去的父母),这就是百里奚的德行。可是商鞅恰恰相反,他享受高官、尊爵、裂土封侯所带来的种种利益,身为相国却不为百姓谋利益,对于治下臣民采取严刑峻法,残酷杀戮,包括对太子的老师也绝不手软。他的种种行为给自己埋下了祸根。每一次商鞅出行,后面总是跟着十几辆大车,车上拉着兵器铠甲,勇武之士担任骖乘,车下还有手持武器的士兵跟着奔跑。如果保护措施和车队仪仗少了一点,商鞅就不出门。

(5)赵良认为,"恃德者昌,恃力者亡""得人者兴,失人者崩"。德与力,得人与失人,是中国管理哲学中一直在谈的核心问题。从长久来看,"德"肯定是制胜之本,可也不能完全忽略"力"。商鞅之类的管

第廿三章　铁血相趁火打劫　得意人作茧自缚

理者的优点是重视数据，重视"显性实力"，如军人若干、武器若干、粮食若干等等，可是他们对于"道德""人心向背"等"隐性实力"不够重视，甚至加以蔑视。当他们的奖惩机制陷入僵局之后，就失去了激励和惩戒的作用，最后大失人心。

赵良给商鞅提供的方案是，赶快把国家赏赐的十五座城池还给国家，功成身退，找一个僻静的地方安养，并劝说国君吸纳隐居山林的贤士，尊养老者，抚恤孤儿，褒奖对国家有功之人，尊崇有德之人，这样，商鞅才能安全一些。否则，一味贪恋封地的奖赏，贪图高官厚禄的荣耀，百姓的怨恨之情不断增加，如果有一天秦孝公去世了，商鞅的好日子也就结束了。他认为商鞅危如朝露，太阳一出就烟消云散。此刻还想着延年益寿，不是太可笑了吗？

第廿四章　秦商鞅死得其所　不废法继往开来

《史记·秦本纪》记载："（秦献公）四年正月庚寅，孝公生。"秦献公四年，即公元前 381 年，正月初九，秦孝公出生。《史记·秦本纪》记载："（秦献公）二十四年，献公卒，子孝公立，年已二十一岁矣。"此处记载，秦孝公继位时二十一岁，如果按照秦献公四年到秦献公二十四年来计算，应该是二十周岁，古人的纪年方式与今人不会相同。秦孝公也是在位二十四年，他去世时应该是四十五周岁。秦孝公撒手人寰（huán），对商鞅来说是最大的坏消息，他的生命危在旦夕。一切"反对商鞅的势力"蠢蠢欲动。

秦孝公是否传位于商鞅？《史记》中没有这方面的记载。《战国策·秦策》记载："孝公行之八年，疾且不起，欲传商君，辞不受。"秦孝公元年，商鞅入秦，三年时开始变法，五年时为左庶长（十级爵位），十年时为大良造（十六级爵位），二十二年时被封为商君。二十四年时孝公死亡。"行之八年"，这个时间错了，应该是十八年，或者是二十年。

第廿四章　秦商鞅死得其所　不废法继往开来

秦孝公用商鞅推行法令治国十八年后，因病卧床不起。他想传位于商鞅，这与刘备想传位于诸葛亮非常相似。当时刘备对诸葛亮说："君才十倍曹丕，必能安国，终定大事。若嗣子（指阿斗）可辅，辅之；如其不才，君可自取。"

我们试着谈几对君臣之间的黄金搭档。齐桓公与管仲，好像一个大方、爱当甩手掌柜的主人与尽职、有能力的大管家，彼此信任。秦始皇与李斯，不论李斯能力多强，他在秦始皇面前都是一个忠实的奴仆和"首席秘书长"。而项羽与范增，就像一对个性鲜明、关系十分僵化的父子。至于刘邦与张良，张良就好比帝王师，而且极能掌握君臣相处的尺度。在这些关系中，秦孝公与商鞅的关系是最为特殊的，两人达到了一

◎中国历史上几对知名的君臣黄金搭档

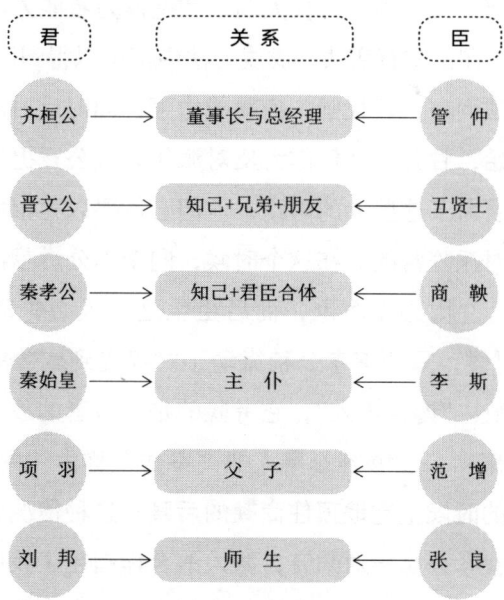

除了君臣这一基本关系之外，相对和谐的君臣之间还要加入上述元素

217

种君臣合体的程度。商鞅就是一个不戴王冠的秦王，秦孝公已经达到了让渡部分君权的程度。

在专制主义政体中，君权与相权一直是政治权力斗争的核心。为了削弱相权，加强君权，秦汉设置左右丞相，隋唐搞三省六部制，宋朝的相权更加分散，明朝干脆取消了丞相一职，清朝设置的军机处就相当于秘书处。可以说，为了削弱相权，历代君主绞尽脑汁。即便在君权与相权能相对共处的时代，君权与相权的大小也与君主和丞相的个性有一定的关系。例如，秦始皇个性强硬，相权往往就要被压缩。

关于秦孝公的个性，历史记载比较少，可是从他的"求贤令"、他在历史上的作为来看，他也是一个性格刚猛的人。然而，他为了实现强国的梦想，竟然能够让渡一部分君权给商鞅，难能可贵。古今中外的改革，成功者寥寥无几，不是君权太弱，就是操刀者能力不足，或者是反对派太强大，这在王安石变法、戊戌变法中都可以得到印证。

就商鞅变法而言，君权强，商鞅能力强，同时反对派也比较强大。从商鞅变法开始，甘龙、杜挚作为反对派代表就公开提出反对意见，因为商鞅变法是要断了这些人的财路，他们必然要以死相搏。太子、太子的老师都是反对派阵营的。在这个时候，向秦孝公进献谗言的人应该不是一个、两个。"物必先腐也，而后虫生之；人必先疑也，而后谗入之"。在这个时候，只要秦孝公稍微动了君权受到威胁的心思，商鞅变法就要归于失败。"谗言不入"，它考验的是决策者的战略定力。让人不可思议的是，秦孝公能够容忍秦人把"秦法"称为"商君法"，能够在推行政治路线的时候坚定地顶住商鞅的后腰。这种情况确实难得。我一再说，商鞅与秦孝公是一对知音，两人的合作超越了我们基于个人生活经验所能理解的高度，那是一曲知音之间合奏的高山流水。因此，我不

第廿四章　秦商鞅死得其所　不废法继往开来

用阴谋论来理解秦孝公的做法,可能他也非常关心商鞅变法的后续推行问题。

秦孝公去世后,太子嬴驷继位,成为秦惠文王。《战国策·秦策》记载,商鞅担心秦惠文王要杀他,请求回到魏国去。有人向秦惠文王进言:"大臣权力太大,国家就很危险。左右之人太接近国君,国君的身体就很危险。目前秦国的妇女、孩子张口闭口都说商君之法如何如何,没人说是大王您的法令。这等于是商鞅成了国君,而您却成了臣子了。再说,商鞅早就是您的仇人,我希望大王您好好考虑考虑这个问题。"如果这个记载属实,就可证明,在商鞅变法之时,只要秦孝公听信了反对派的任何一条建议,变法就会中途夭折,而这样的话一定是不少的。

公子虔之徒诬告商君谋反,并派兵捉拿商鞅。商鞅逃亡到了秦国的边境,想住旅店,可是旅店老板并不认识商鞅,而且当时商鞅提供不了合法的身份证明。旅店老板说:"按照商君的法令规定,凡是留宿没有合法证件的客人,店主人是要承担连带责任的。"商鞅不由得叹了一口气说:"唉!实行变法的弊病,竟然到了这个地步。"

商鞅没有办法,便逃入魏国境内,魏国人恨他当年欺骗公子卬打败魏军的行为,不肯收留他,于是他打算去别国。魏国人说:"商君是秦国的罪犯,秦国强大,不能得罪。它的罪犯逃到了魏国,魏国不把他送回秦国是不行的。"于是,魏国人又把商君送进了秦国境内。

商君回到秦国后,回到了自己的封地商邑,与他的部属一起征集了领地上的士兵,向北攻打郑邑(今陕西渭南华州境内)。秦国政府出动大军,很快击败了商鞅,并把他杀死。为了显示商鞅的罪孽深重,秦惠文王下令车裂其尸首以示众,说:"谁也不要像商鞅这样反叛国家。"接着杀了商鞅满门。商鞅成了自己理论的殉道者。

太史公说:"商鞅天生是一个残忍、狠毒、尖酸、刻薄的人。他当初用'王道''帝道'游说(shuì)秦孝公,掺杂了虚假浮夸、迂阔无用的言论,他是故意要引起秦孝公的反感,说这些空话根本不是出于他的本心。此外,他还是通过秦孝公宠幸的宦官景监的门路上位的,来路不正。他被重用之后,处罚了公子虔,欺骗了魏将公子卬,后来又不听赵良的劝告,这些都足以证明他的刻薄少恩。我曾经读过《商君书》中的《开塞》《耕战》等文章,真是言为心声,文章的思想和他的行事为人基本符合。他不知荣辱进退、刚柔并济,最后在秦国蒙受恶名而被杀,是有原因的呀!"《战国策·秦策》记载了一句话:"惠王车裂之,而秦人不怜。"白起之死,"秦人怜之",很多乡镇都祭祀他,而商鞅之死,"秦人不怜"。"秦人不怜",这是人心向背。

第廿五章　论功罪各抒己见　察得失垂鉴后世

我们来看看历代名人对商鞅的评价。

《史记·范雎蔡泽列传》中，秦昭王时代曾经担任过相国之职的蔡泽评论说，商君替秦孝公彰明法令，禁绝奸邪，尊爵必赏，有罪必罚，统一度量衡，调整经济策略，改革土地制度，推行农战政策，鼓励农耕，发挥土地效能。百姓别无他想，要么努力耕作，要么效命沙场，一旦秦国出兵，就能拓展领土，若不出兵，就全力抓紧生产，从而保证了国家的富足，因而秦国无敌于天下，树立威名，成就基业。功业已经完成，商鞅就被车裂处死。蔡泽是商鞅的粉丝。此为褒。

李斯在《谏逐客书》中评论："孝公用商鞅之法，移风易俗，民以殷盛，国以富强，百姓乐用，诸侯亲服，获楚、魏之师，举地千里，至今治强。"李斯写这篇文章约在秦王政十年，此时，秦王嬴政打击了嫪毐集团、吕不韦集团。同时，韩国派出的间谍郑国，是一个水利专家，他劝说秦国修建郑国渠，以便消耗秦国国力，阻碍其东侵，此时正是

"疲秦计"的阴谋败露之时，秦国的宗室贵族趁机说外国专家们的坏话。秦王嬴政准备驱逐客卿，李斯便呈上了这道奏章。他的主要观点是，外国的客卿为秦国的强大立下了汗马功劳，如果不做区别，一味驱赶，最终损害的是秦国的根本利益。商鞅就是从魏国来的客卿，但他是秦国变法的主角，因此，李斯只会强调商鞅之能、商鞅之才，而且这是法家看法家，当然是只看优点。此为褒。

在《史记·太史公自序》中，司马迁讲述了自己的家族历史、学术渊源和创作《史记》的旨趣，也就是说明为什么创作八书、十表、十二本纪、三十世家和七十列传。他对创作《商君列传》的点评是："鞅去卫适秦，能明其术，强霸孝公，后世遵其法。"商鞅本是卫国人，后来到魏国谋发展，最后到了秦国。商鞅离卫入秦，能以法术佐君，孝公因此称霸，后代遵循其法。这一评价不同于《商君列传》中对商鞅褒少贬多的评价。此为褒。

《盐铁论·非鞅》中的"挺鞅派"意见：商鞅主持秦国变法的时候，对内制定了法令制度，严明了刑罚标准，整顿了政令和教化，使奸恶作伪的人无处藏身。此外，采取了很多增加国家收入的措施，因而国富民强，农具和兵器完备，物质储备充足。因此可以去征服敌人，攻打敌国，夺取土地，开拓疆域，不必向百姓加征赋税而军队的给养就很充足。此为褒。

《盐铁论·非鞅》中的"非鞅派"意见：商鞅采取严刑峻法，崇尚财利。秦国民不聊生，一起到秦孝公那里去啼哭……秦国一天比一天衰弱。儒家人物最看不惯严刑峻法和崇尚财利的行为。此为贬。

《盐铁论·非鞅》中的"挺鞅派"意见：秦国任用商鞅，国家因而富强，后来终于兼并六国而完成了统一天下的帝王大业。到了秦二世，

第廿五章 论功罪各抒己见 察得失垂鉴后世

◎挺鞅派、中间派和非鞅派的大致人群和观点

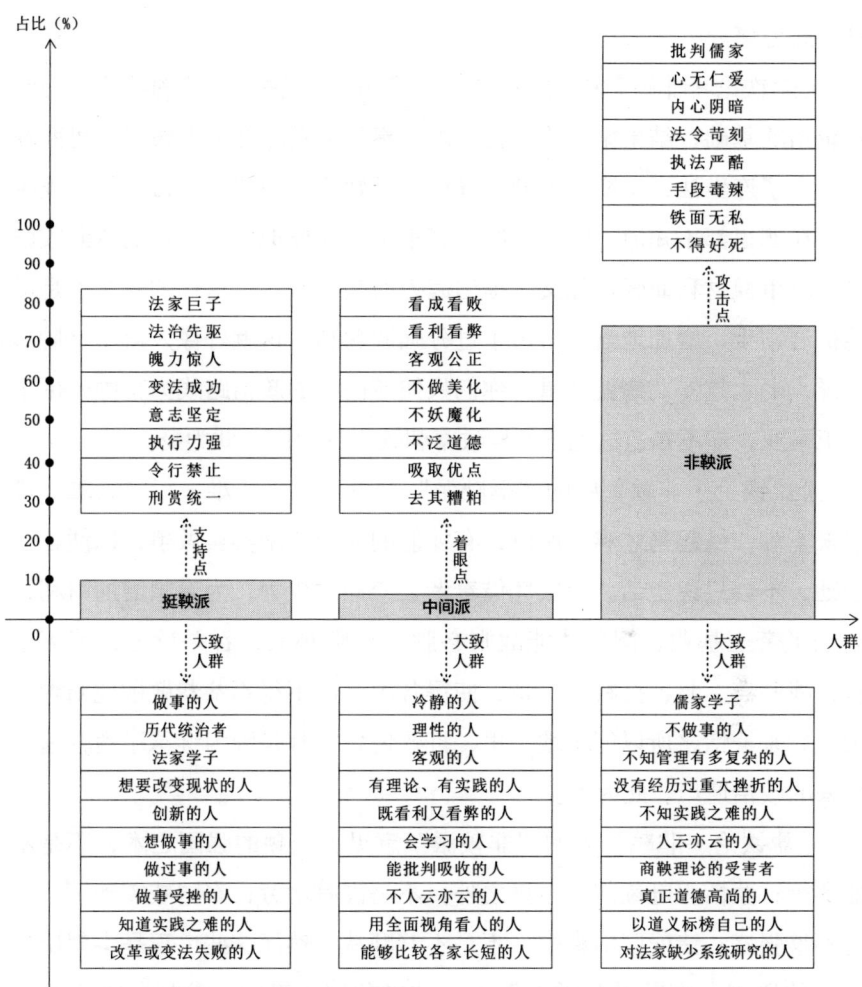

由于奸臣独断专行，言路不通，合理的法律制度得不到推行和落实，致使趁秦末农民起义而纷起反秦的六国旧贵族得势，秦朝灭亡……如今把赵高祸乱秦朝的罪行记在商鞅的账上，就好比把商纣王时代崇侯虎祸乱

商朝的罪行记在创造商朝基业的名臣伊尹的账上一样，与事实完全不符。此为褒。

《盐铁论·非鞅》中的"非鞅派"意见：商鞅用严酷的法律作为秦朝统治的基础，结果第二代就亡了国。秦国刑罚已经很严峻了，可商鞅又制定了连坐法，又增加肉刑，弄得老百姓心惊胆战，动辄得咎，连手脚放在哪里都不知道。赋税已经很繁重了，还要把山泽湖泊的资源收归国有。重视财利而轻视礼义，提倡武力而奖励军功，这样的政策不是不能扩展领土，增加地盘，可由于过分强调功利，这就好像人得了水肿病一样，喝水越多，病就越重。你们只知道商鞅的政治路线为秦国开创了帝王事业，却不知道这也正是导致秦朝灭亡的原因。此为贬。

《盐铁论·非鞅》中的"挺鞅派"意见：言之非难，行之为难。说起来不难，做起来才难。所以，有才能的人会踏踏实实做事，以便建立功勋，不会只说空话。商鞅凭借秦孝公给他的权力，为秦国增加财利，创立了帝王基业，因此才能战则必胜，攻则必取，吞并近国，消灭远国，战胜燕、赵，打败齐、楚，使得各国诸侯不得不恭恭敬敬地归顺秦国。后来蒙恬之所以能拓地千里，打败匈奴，都是因为继承了商鞅遗留下来的政治遗产。此为褒。

《盐铁论·非鞅》中的"非鞅派"意见：商鞅的强国之术，不是不能实行；蒙恬驱赶匈奴于千里之外，不是没有功劳；秦国威震天下，不是不够强盛；诸侯归附秦国，不是不够顺从。然而这些也正是秦朝所以灭亡的原因。商鞅过分看重权术，结果危害了秦国；蒙恬得到千里土地，但是秦朝却灭亡了。这两个人，知利而不知害，知进而不知退，结果难逃身死名败的命运。这就是浅薄人的智慧和愚蠢人的计谋，哪里谈得上什么治国的大道理呢？此为贬。

第廿五章　论功罪各抒己见　察得失垂鉴后世

《盐铁论·非鞅》中的"挺鞅派"意见：商鞅出身平民，从魏国来到秦国，很快就被任命为相国。他革新法令，严明教化，把秦国治理得很好。所以，秦国对外用兵就能拓展领土，发展农业就能富强国家。秦孝公非常高兴，就把商、於一带方圆五百里的土地封给商鞅。商鞅功高盖世，名扬天下。他所做的都是一般庸人所做不到的，所以他们就嫉妒他的才能，吹毛求疵（cī，毛病，缺点）。此为褒。

《盐铁论·非鞅》中的"非鞅派"意见：君子做官时要依靠道德，辞官之后也不失掉礼义，有才能但不自傲，有功劳却不自夸，地位尊贵而举止谦逊，所以世人不会憎恶他的才能，不会嫉妒他的成就。现在商鞅抛弃仁义之道，一味玩弄权术，废除仁德之政，一味崇尚暴力，依靠严刑峻法，把暴虐当成习惯，欺骗旧交公子卬换取个人功名，通过对公子虔、公孙贾等人用刑的办法来建立威势，对百姓不施恩德，对诸侯不讲诚信，所以人人都怨恨他，家家跟他结仇。虽然他依靠这些手段建立了功劳，获得了封地，但这就和吃了有毒的肉一样，吃得越饱越是遭殃。此为贬。

《盐铁论·非鞅》中的"挺鞅派"意见：伍子胥辅助吴王阖闾称霸，但是昏庸的吴王夫差却把他杀害了，并把他的尸体装进皮袋投入江中。乐毅曾被燕昭王信任，带领联军攻破齐国，为燕国建立了功业，却被燕惠王怀疑，只好远离燕国避祸。大夫文种辅助越王勾践，深谋远虑，最终打败了强大的吴国，拥有吴国的土地，但最终却被赐死。这些做臣子的为了保全节操，尽忠而死，却得不到当时君主的信任，这都是骄横的君主忘恩负义、听信流言蜚语、不考虑他们功劳的缘故，难道是他们本身的罪过吗？此为褒。

《盐铁论·非鞅》中的"非鞅派"意见：伍子胥之死不同于商鞅之

死。伍子胥之死引起了吴国人对吴王夫差的怨恨，可是秦国人对商鞅变法的仇恨超出了个人私仇，所以秦孝公一死，全国人对他群起而攻之，使得他东西南北无处奔逃，他只好仰天长叹说："唉！实行变法的弊病，竟然到了这个地步。"最后他被车裂，被灭族，被天下人所耻笑。这是他自己杀了自己，并不是别人杀的他。此为贬。

《全汉文·新序论》中刘向评论：商君一心只想让秦国强大，从来没有考虑到个人的得失。他大力推行农战政策，实行富国强兵之道。法令必行，令行禁止，刑赏一律平等，不论亲疏贵贱……然而商鞅用刑酷烈，步过六尺者有罚，弃灰于道者被刑。他曾经在渭水（东流经秦都咸阳南，流至潼关入黄河）边对七百余人进行宣判，死者的血把渭水都染红了，号哭之声响彻天地。人们对商鞅恨之入骨，等到他逃亡之时，没有人收留他、保护他，最终身死之后，还要遭受车裂之刑，家族也被剿灭，这和成为一个真正的霸王之佐不是相差太远了吗？然而秦惠文王杀他也不对，可以让他继续辅佐，实施宽平之法，为秦所用嘛。假使商鞅杀戮不重，体恤百姓，能够建立真正的信义，他就是真正的霸王之佐了。此为中性评价。

《通典》作者杜佑说：古往今来，想要成就一番事业，最难的就是遇到有才、有能、有缘的人。周朝之兴盛，是遇到了姜太公；齐国之称霸，是遇到了管仲；魏国之富强，是遇到了李悝；秦国之强大，是遇到了商鞅；后周之兴起，是遇到了苏绰（chuò）；隋朝之开国，是遇到了高颎（jiǒng，古同"炯"）。这六位贤臣，最高理想是帮助国君成就王业，实现霸图，其次可以富国强兵，为人效法。此为褒。

《旧唐书》中说："盖仁义既废，然后齐之以威刑；威刑既衰，而酷吏为用，于是商鞅、李斯谲（jué，欺诈，狡诈）诈设矣。"这是说五帝崇

第廿五章　论功罪各抒己见　察得失垂鉴后世

尚仁，三王崇尚义，五霸崇尚信，七雄崇尚力。因为仁义之道得不到施行，所以治国者使用严刑峻法。当严刑峻法也不起作用后，酷吏就被派上了用场，于是商鞅、李斯的诡谲诈术开始畅行其道了。在这里，商鞅被视为酷吏。此为贬。

王安石作诗道："自古驱民在信诚，一言为重百金轻。今人未可非商鞅，商鞅能令政必行。"王安石是非常推崇商鞅的，此为褒。

《资治通鉴·卷二》记载："初，商君相秦，用法严酷，尝临渭论囚，渭水尽赤。"论，意为定罪，判刑。此为贬。

明代学者张燧曾经夸奖商鞅："（商）鞅一切不顾，真是有豪杰胸胆。"此为褒。

《黄氏日抄》作者黄震说，商君之术是秦国强大的原因，也是秦朝灭亡的原因；商鞅之术是商鞅显名天下的原因，也是商鞅身死家灭的原因。一则以强，一则以灭；一则以显，一则以灭。商鞅之术有什么好处呢？此为贬。

战国末期思想家韩非曾说："（*商君之法，*）孝公行之，主以尊安，国以富强……商君车裂于秦"。此为褒。

《东坡志林·卷五》中苏轼说，秦国本来就是天下的强国，而秦孝公也是有志的君王，十年间潜心于政令和法令的推行，不沉湎于声色犬马，就是没有商鞅，秦国不也能富强吗？秦国之所以富强，是秦孝公极力发展农业生产的效果，并不是依靠商鞅变法，靠流自己的血和秦人的血来完成的。最后陈胜一出，嬴氏子孙全被剿灭，实在是商鞅种下的祸根。此为贬。

杜甫《述古三首》中有一句话："秦时任商鞅，法令如牛毛。"此为贬。

清代学者李景星说:"《商君传》是法家样子,是衰世圣经。"大致意思是说,《史记·商君列传》给法家人物提供了一个样本,而法家人物的理论与实践成为衰落之世的圣经。他所定义的衰世,要么指国家衰弱,要么指没有仁义道德的世道,只有在这样的世道,商鞅一类的人才会大行其道。当然这句话也可以理解为,越是衰弱、衰落的世道,越需要商鞅类的"哲学"。此为中性。

《商鞅评传》的作者陈启天说:"法学之巨子,政治家之雄也。"此为褒。

梁启超等人编著的《中国六大政治家》,将商鞅列为中国历史上最伟大的政治家之一,与管仲、诸葛亮、李德裕(唐代政治家)、王安石(宋代)和张居正(明代)同列。此为褒。

荀子曾谈及对秦的观感:"入境,观其风俗,其百姓朴,其声乐不流污,其服不挑(同"佻",轻浮,不庄重),甚畏有司(泛指官吏)而顺,古之民也。及都邑官府,其百吏肃然,莫不恭俭、敦敬、忠信而不楛(kǔ,粗劣),古之吏也。入其国,观其士大夫,出于其门,入于公门;出于公门,归于其家,无有私事也;不比周(结党营私、联合、集结),不朋党(指集团、派别,多为争夺权力、排斥异己互相勾结而成),倜(tì)然莫不明通而公也,古之士大夫也。观其朝廷,其朝闲,听决百事不留,恬然如无治者,古之朝也。故四世有胜,非幸也,数也。"我们从荀子的视角来看秦国,作为对秦国的一个总结。这段话的大致意思是:"到了秦国境内,观察秦国的世俗风情。秦国的百姓比较朴素、朴实,社会上流行的音乐并非放纵污浊,百姓穿的衣服也不妖艳,人们比较顺从,害怕官府和官吏,古之民也。到了城里看官府的景象,官吏都严肃整齐,全都恭敬、简朴、敦厚、忠信,而不是粗野、蛮横,古之吏也。看秦国

第廿五章 论功罪各抒己见 察得失垂鉴后世

的士大夫,他们作为高级官吏,每天从家里出来,进到办公场所工作,下班时从办公场所出来,直接回到家里,朝九晚五,没有私事。他们不结党营私,不相互勾结,做事相对公正,明白通达,古之士大夫也。看秦国的朝廷,办事效率极高,百事不留,就像朝廷没有公事一样,古之朝也。因此,秦国经过秦孝公、秦惠文王、秦武王、秦昭襄王四代的努力,一直保持胜势,并不是侥幸,而是必然的啊。"但荀子也指出了秦国之短,它缺少大儒,治国原则缺少兼收并蓄,离"王者之功名"还有很大距离。荀子的评价可谓入木三分!

第廿六章　吕不韦机关算尽　庄襄王枯木逢春

秦孝公死去，儿子秦惠文王继位。他杀死了商鞅，但是他的聪明之处在于：对人不对事。商鞅的新法不但继续推行，而且得到了补充完善，政策得以继承、延续。在秦惠文王十年时，战国时代有名的辩士张仪来到秦国，成为秦相，这在《史记》中有记载。张仪当时搞外交，把各国诸侯玩弄于股掌之间，和他对立的是苏秦。苏秦联合六国攻打秦国，而张仪的任务是拆散六国联盟，便于秦国各个击破。张仪为秦国做了不少贡献。

秦惠文王在位二十七年后去世，儿子秦武王继位，在秦武王四年的时候，他因一次意外死了。原来，秦武王平时热爱体育运动，特别喜欢举重，当时有几个力大无穷的勇士如任鄙、乌获、孟说（yuè）等都因为和他志趣相同，做了高官。有一次武王和孟说举鼎较力，结果折断了膝盖骨，没几个月就死了，孟说的全族也被杀尽。武王的王后是魏国宗室的女儿，但她没有儿子，因此，武王的异母弟弟成为秦王，这就是秦昭

第廿六章　吕不韦机关算尽　庄襄王枯木逢春

王（秦始皇的曾祖父，也就是太爷）。昭王的母亲是楚国人，姓芈（Mǐ），尊号为宣太后。武王去世时，昭王作为人质正在燕国，燕国人把他送回秦国，他才能够被立为秦王。

秦昭王在位五十六年，在这段时期，秦与各路诸侯争战不断，打得其他诸侯心惊胆战，特别是韩、赵、魏三个邻近秦国的国家。在这期间，有关人物在《史记》中的传记有：《穰侯列传》《范雎蔡泽列传》和《白起王翦列传》。穰侯是秦昭王的舅舅，范雎（jū）和蔡泽是秦昭王的相国，而白起和王翦是秦国的重要军事将领。在秦昭王时代，白起的军事才能得到了充分的发挥，但他过于残暴，被称为"人屠"，最令人发指的就是长平之战中坑杀了赵军降卒。

关于长平之战的详细过程，请参看本系列丛书之《长平之战》，文中对长平之战作了细致而全面的分析。从长平之战中最能见识秦昭王之性格及其决策能力，也能了解秦国之动员能力和整体战之水平。

秦昭王时代的秦国领土面积迅速扩大，而白起在这当中有不可或缺的作用。在他死后四年左右，秦昭王也去世了。秦昭王在位五十六年，《廉颇蔺相如列传》中蔺相如出使秦国时面对的就是他。秦昭王四十年，太子死去，秦昭王的二儿子安国君成为太子。这安国君就是秦始皇的爷爷。安国君继位为秦孝文王，守孝期满，才正式登基，三天后就死了，秦始皇的父亲子楚登基做了秦庄襄王，他在位三年左右去世，儿子秦始皇继位。

按理说秦始皇的父亲子楚成不了太子，但因为一个政治投机分子的积极运作，他才得以脱颖而出。这人是谁呢？吕不韦。在秦始皇正式亲政前，是这个人在改变和左右着秦国的历史与政局的发展，所以要讲这段秦国的历史，不得不说一说吕不韦，他是一个举足轻重的人物。

秦史之谜

◎再梳理一下秦国与秦朝的九位君主

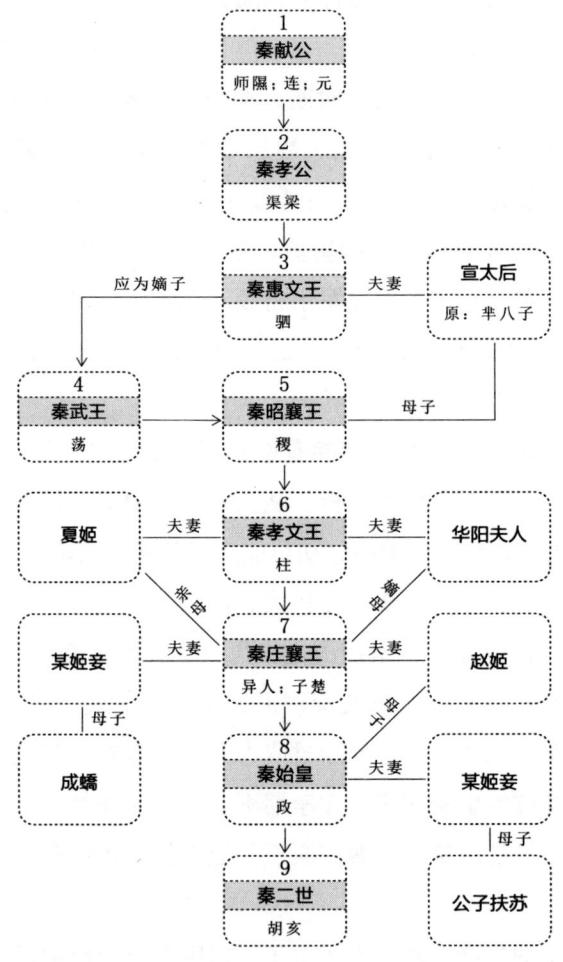

这里面的关系我们还得再理顺一下。秦昭王四十年的时候,他的太子去世,二儿子安国君成为太子,这人是秦始皇的爷爷,他有二十多个儿子。他把自己最宠爱的那个姬妾册立为第一夫人,称为华阳夫人,她

第廿六章　吕不韦机关算尽　庄襄王枯木逢春

没有儿子。安国君有个儿子叫子楚（原来叫异人），这个子楚是秦始皇的父亲。子楚的母亲叫夏姬，不受宠爱，子楚作为人质被派往赵国。由于秦国多次攻打赵国，因此，赵国并不十分礼遇子楚，认为秦王根本不把子楚这个人质放在心上，也不怕他们杀掉他，可见子楚在秦国的宗族中是一个可有可无的人物。只是赵国处于被动挨打的局面，实力削弱，还不敢杀死他罢了，权且留着当个棋子而已。就这样，子楚在赵国期间乘坐的车辆残破，其他日常用度等都不宽裕，生活困窘，很不得意。这时有个大商人叫吕不韦的来到赵国邯郸做生意，机缘巧合遇到了子楚，知道他的身世和处境后十分怜惜。

吕不韦回家问他的父亲："耕田的利润有几倍？"其父道："十倍。"吕不韦又问："做珠宝生意的利润呢？"其父道："百倍。"吕不韦又问："那要是能扶助人成为一国的君主又该如何呢？"其父道："做这件事的利益无数。"吕不韦说："只把耕作、经商当事业，不过是衣食无忧罢了；若是能安邦定国，则可以流芳百世。子楚就像可以囤积起来的稀有货物，可待价而沽（成语"奇货可居"源于此）。"于是，他向子楚游说道："我能让您名声显赫。"子楚笑道："您是一个普通百姓，我是一个落魄王孙，您还是先光大自己的门第，然后再考虑我的事吧。"子楚认为吕不韦实力也有限，不可能完成自己的心愿。吕不韦说："您不知道吧，我就是要通过您来光宗耀祖。"子楚这才明白他的深意，心中一动，就把他引入密室，两人深谈起来。吕不韦说："秦王年事已高，有今天没明天，而您的父亲安国君现在是储君，我听说他十分宠幸华阳夫人，可华阳夫人没有儿子。最有资格成为嫡系继承人的，只有正室华阳夫人的儿子而已。你们兄弟有二十多个，而您又排在中间，因为您母亲的缘故您也不受宠爱，这才长久地在赵国当人质。若是秦王死去，您父亲安国君继位，那么您肯定没有机会和长子或其他能够早晚陪侍在安国君左右的兄弟竞争当太子了。"子楚问："确实是这样，我该怎么办呢？"吕不韦道："您客居国外，生活贫困，没有足够的财力馈（kui）赠亲朋好友和结交宾客，我吕不韦也不宽裕，但我愿意拿出千金为您到秦国游说，去侍奉安国君和华阳夫人，让他们立您为继承人。"子楚于是叩头说："如果天可怜恤，您的计策成功了，那么我愿意和您共同拥有秦国的土地。"

吕不韦送给子楚五百金，作为日常的生活费和结交宾客所需，然后又拿出五百金购买了一些奇珍异宝，向西进入秦国。他先去见华阳夫人的姐姐，通过这层关系见到了华阳夫人，把带来的礼物都送给她，喜得华阳夫人眉开眼笑。吕不韦趁机谈到了子楚贤明能干，结交的朋友遍布天下，并且转述子楚的话说："子楚把夫人看成主心骨和至亲之人，日夜流泪思念太子（安国君）和夫人。"华阳夫人十分高兴。有了这种先期的运作与铺垫，吕不韦趁机让华阳夫人的姐姐游说华阳夫人："我听说'以色事人，色衰而爱弛'，也就是说，单凭美色来侍奉人是不牢靠的，一旦容颜衰老，宠爱也就荡然无存了，因为没有了凭依。现在夫人您侍奉太子，集万千宠爱于一身，但您却没有儿子，不如趁着这个时候在众多儿子中挑选一个既贤能又孝顺的，把他过继到自己名下，将来再把他推举为太子。这样，丈夫在的时候母以子贵，您更受尊重；丈夫去世，您过继的嫡子就会继位为王，您终究不会失去权势，这就是所谓的一本万利的事啊！您只要一句话就可以给自己留下后路。不在受恩时加固根本，等到您美色衰退、无力争宠之后，即使想再进一言，又怎么可能呢？机不可失，时不再来。现在子楚贤能，而且知道自己是排在中间的儿子，他的母亲又得不到宠幸，怎么也轮不到他来当嫡系继承人，他自

第廿六章　吕不韦机关算尽　庄襄王枯木逢春

然而然地想依附夫人。夫人若能够在这时过继他做儿子，将来再使他成为太子，那么夫人终生无忧了。"华阳夫人频频点头。她在侍奉安国君的时候，委婉地谈到了在赵国做人质的子楚，说他特别贤明，受到普遍的赞誉，接着又流泪道："我能服侍太子是一生的荣幸，可美中不足的是至今没有儿子，希望能将子楚过继给我，也让我能有一个可托付后半生的儿子。"安国君答应了她，并刻写玉符作为凭信，约定立子楚为继承人。安国君和华阳夫人因此送了许多财物给子楚，并且请吕不韦辅佐他早日成才。就这样，吕不韦让子楚在诸侯间扬名立万了。

吕不韦娶了邯郸城中一个姿容绝美而又能歌善舞的女子赵姬为妾，两人同居以后，赵姬极有可能怀有身孕。有一次子楚和吕不韦饮酒，他看到赵姬后好像被摄走了三魂六魄，因此站起身向吕不韦敬酒，请求得到她。吕不韦很生气，但一想到自己已经为他倾尽家财，若是因为这个女人而闹得不快，岂非前功尽弃？于是吕不韦献出了他的姬妾。赵姬也隐瞒了自己怀有身孕的事，后来她生了个儿子，取名嬴政，这就是后来的秦始皇。子楚于是立赵姬为夫人。还有一个版本是说吕不韦故意设局把赵姬献给子楚，想用这种手段窃取秦国江山。

秦昭王五十年，秦军攻打赵国邯郸，白起有病未能带兵，由王陵率军攻打，可是损兵折将。由于白起拒不应命，因此王龁替代王陵进攻邯郸。赵国情况十分危急，赵人想杀掉子楚。通过吕不韦的谋划，送了六百斤金给守城的官吏，子楚才得以逃到秦军的营地，顺利地返回了秦国。赵人又想杀死赵姬和嬴政，但赵姬是赵国富商的女儿（这与赵姬为歌女的说法有矛盾。关于赵姬的家世，《史记》中就记载了两种说法），家族有实力，经过积极的努力，母子化险为夷。

几年后，秦始皇的太爷秦昭王去世，其爷爷安国君继位，也就是秦孝文王，华阳夫人成为王后，其父亲子楚被立为太子，赵国也护送赵姬和嬴政回到了秦国。秦孝文王先是守孝，登基三天后就去世了，太子子楚继位，这就是秦庄襄王。嬴政被立为太子，赵姬成为正室夫人，子楚的嫡母华阳夫人成为华阳太后，生母夏姬被尊为夏太后。秦庄襄王任命吕不韦为相国，封其为文信侯，把洛阳十万户封给他。秦王嬴政即位后，又称他为"仲父"，仿效齐桓公对管仲的称呼。后来项羽尊范增为"亚父"，也是尊崇对方之意，仅次于父亲。这吕不韦是当之无愧的"红顶商人"。

第廿七章　淫太后红杏出墙　秦始皇韬光养晦

秦庄襄王在位三四年的光景就去世了，嬴政仅仅十三岁就继位为秦王。由于年龄还小，国家大事都由吕不韦全权决断。当时吕不韦炙手可热、位高权重，他的家童就有万人以上。但是吕不韦也有难言之隐，就是太后赵姬青春年少，耐不住寂寞，经常找他这个老相好"谈心"。

在吕不韦摄政时代，他认识到实施人才战略对国家发展的重要性。在他之前，魏国有信陵君，楚国有春申君，赵国有平原君，齐国有孟尝君，他们都礼贤下士，喜欢结交宾客和招揽人才，借此削弱对方、互相倾轧。吕不韦认为，秦国虽然强大，却未能像"战国四公子"那样招贤纳士，这是可耻的事。于是他也向全国招集文人学士和其他有一技之长的贤才，十分优待他们，后来宾客达到三千人。这时诸侯中有许多辩士，例如荀卿（李斯、韩非的老师，《荀子》的作者）一班人，他们著书立说，宣传自己的观点，天下闻名。吕不韦也要求他门下食客分别记下自己的所见所闻，然后把这些论断、见闻等去粗取精，汇编成八览、六论、十二纪，共有二十余万字。他认为此书包含了天地万物、古往今来的事情，取名为《吕氏春秋》。他把这部书的内容发布在首都咸阳的城门上，并在旁边悬挂千金，邀请各诸侯国的游士宾客挑错，宣言有谁能增减一个字，就赏他千金（成语"一字千金"源于此，当时指对书的内容十分自负，后来用以称赞文章精妙，具有极高的价值）。据说孔子作《春秋》，是想为当时混乱的社会思潮确立主流思想，吕不韦取"春秋"二字，是不是也有这层含义？一部书既然能流传两千年，绝对应该是经典之作。历史是无情的，大浪淘沙剩下的应该是精华，我们有机会不妨读一下。

秦始皇逐渐长大，但太后仍然淫乱不止，弄得吕不韦焦头烂额，他既不敢得罪太后，又害怕事情败露后，灾难降临。后来他想到了一个计策：找到能顶替自己的人嫪毐作为门客，放纵他的淫行，并且为他制造桃色新闻来扩大知名度，故意让太后知道，借此引诱她。太后知道后，眼中果然显露出饥渴的神色，吕不韦就趁机向太后暗示肯定会满足她的心愿。吕不韦安排人陷害嫪毐，并且让告发人提出对嫪毐处以宫刑。吕不韦对太后说："可以让嫪毐假装受宫刑，这样他就可以光明正大地到宫中服侍您了。"太后送给主持宫刑的官吏许多财物，使嫪毐得以顺利进宫服侍太后。太后对他爱若珍宝，可惜光顾快乐了，不久珠胎暗结，怀孕了。这要让人知道了还了得。于是她假装请人卜卦，说卦象显示自己需要到宫外回避一段时间，然后就搬到了雍宫。嫪毐与太后形影不离，太后对他痴迷不已，言听计从，凡事都由嫪毐做主，他得到的赏赐不计其数，家童有数千人，为求官职而成为其门客的人多达一千人。

但像嫪毐这样的，兔子尾巴怎能长得了呢？九年之后，秦始皇二十二岁了，这一年，他举行了成年加冠典礼。他开始佩带长剑，并把实权收归手中。秦始皇正式走到历史前台。这时有人告发嫪毐不是真正的阉

第廿七章　淫太后红杏出墙　秦始皇韬光养晦

宦，而且与太后私通生下了两个儿子。他还和太后密谋说:"秦王若死了，就由我们的儿子继位。"有记载说，嫪毐有一次酒醉后和人争论起来，他瞪着眼睛说:"我是秦王的继父，你们这些小子还敢和我顶嘴。"这些人就跑去告诉秦始皇，这件事才泄露。笔者以为还有一种可能：秦始皇早已知晓，之所以隐忍不发，就是因为头上有吕不韦和太后压着，不敢贸然行事，现在他收回权力，完全有能力摆脱吕不韦和太后的控制，这才出手。嫪毐知道秦始皇要动手杀他，决定先发制人，阴谋叛乱。他假造秦始皇的玉玺和太后的印信，想要调动国家部队、卫队、官骑、戎狄族首领、家臣、门客、侍卫兵卒等作乱。

秦始皇命令军队追击，双方在咸阳开战，秦军斩杀了好几百人，参与平叛的功臣都得到封赏。嫪毐兵败逃走，秦始皇又向全国发布命令：能够生擒嫪毐的，赏钱一百万；带回首级的，赏钱五十万。结果嫪毐等人全部被擒获，嫪毐被杀，他和太后生的两个儿子也被杀死，他的宗族被灭，重要的党羽有二十多人，皆被斩首。他的门客中，罪轻的为鬼薪，服劳役；被流放到蜀地的有四千多家。秦始皇把太后迁到了雍地，准备不再和她见面，并且下令说:"有以太后被迁一事进谏的，杀无赦。"二十七个人因为这件事而死。有个叫茅焦的齐地人说:"我想为太后的事进谏。"秦始皇说:"你快走吧！难道没见到因此而死的人吗？"茅焦说:"您杀死继父，是嫉妒心在作怪；杀死同母异父的弟弟，有残忍好杀的名声；把生母迁走，是不仁不孝的行为；如今又拒不纳谏，这是自取灭亡之道。如今秦国正在经营天下，若是让天下人知道您这样，恐怕要诸侯背叛、天下瓦解了。"秦始皇一听这话有理，就又把太后接了回来。十年以后，太后去世，和秦庄襄王葬在一起。

秦始皇派官吏彻查这件事，结果牵扯到吕不韦，原来是他牵的线。

秦始皇想要诛杀他，可又因为他侍奉先王功劳大，而且众多宾客辩士都为他说情，所以秦始皇不忍心法办他，但免去了他的相国职务，把他打发到河南洛阳的封地去了。此后一年左右，其他诸侯国的宾客使者依然络绎不绝地探访吕不韦。秦始皇一看他还有这么大的影响力，怕他作乱，后患无穷，就给他去信说："你对秦国有什么功劳？秦国封你十万户食邑，难道不是受之有愧吗？你和秦国有什么亲缘关系，竟敢号称仲父？太自以为是了吧！你与你的家属都给我迁徙到蜀地去。"吕不韦猜到秦始皇有杀己之心，就喝毒酒自杀了。吕不韦、嫪毐死后，秦始皇怒气平复，把迁徙到蜀地的嫪毐的门客全部迁回咸阳。

第廿八章　十二年相国勤勉　八岁前嬴政凄苦

在这里，需要对吕不韦做一个小结。

在他当政期间，秦国继续实施"东进策略"，我们把他的当政时间设定为秦庄襄王元年（公元前 249 年）到秦王政九年（公元前 238 年），大致 12 年。

就好像秦昭王时任用白起，实现了国家的大战略；就好像秦始皇当政后任用王翦、蒙恬，实现了兼并天下的理想；在吕不韦执掌秦国国政期间，正是蒙恬的爷爷蒙骜将军的黄金时期，通过"吕不韦—蒙骜"这一组合，秦国也完成了一系列的战略步骤。

秦庄襄王元年，秦以吕不韦为相国。秦灭东周国，派蒙骜攻韩，夺取成皋（gāo）、巩。秦国设置了三川郡，治所在洛阳。所谓三川，即黄河、洛水、伊水。

秦庄襄王二年（公元前 248 年），蒙骜攻赵，平定太原。秦庄襄王三年（公元前 247 年），秦将王龁攻取上党。长平之战后，上党、太原，应

秦史之谜

◎ 西周、东周都指代啥

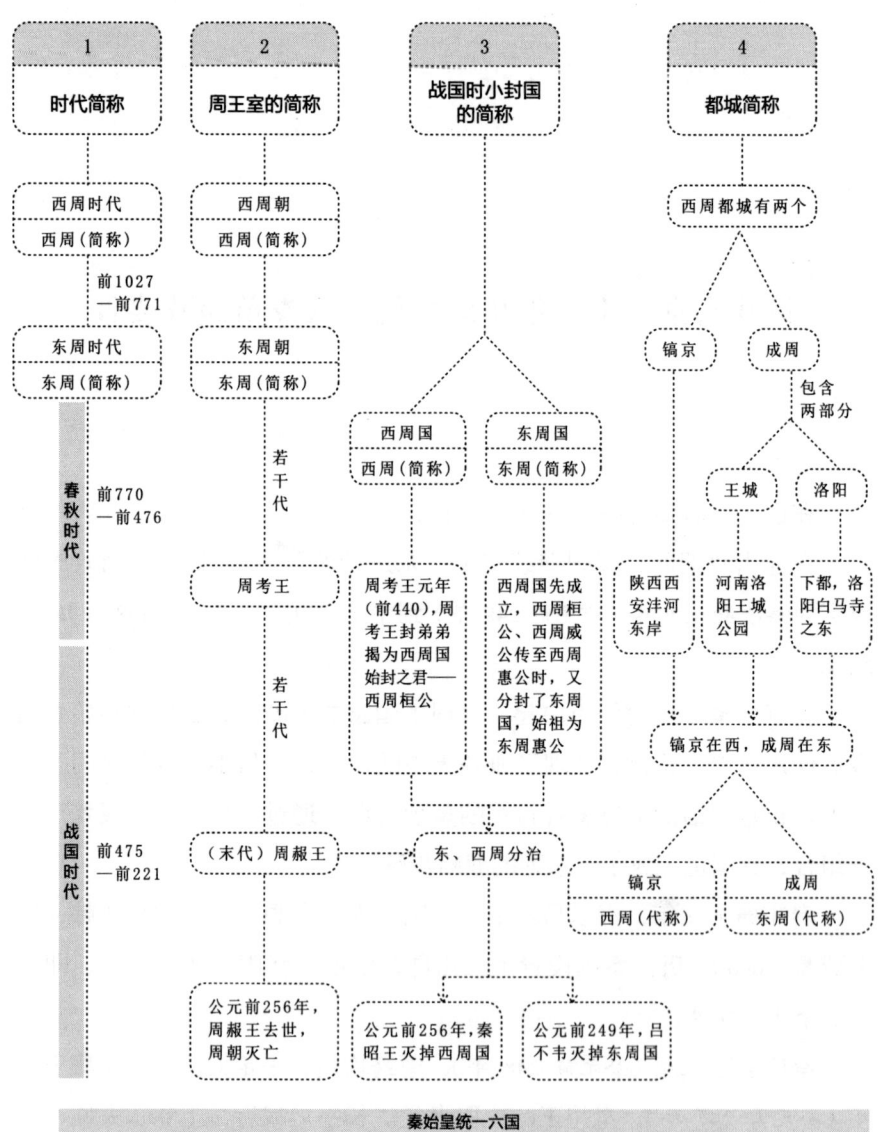

第廿八章 十二年相国勤勉 八岁前嬴政凄苦

该已经被秦国所掌控。但是,秦昭王一意孤行,继续发动邯郸之战。在这场战役中,秦国遭受了惨败,太原、上党应该又被赵国夺了回去,所以才有这两年的继续争夺。详情请参看本系列丛书之《长平之战》。

秦庄襄王三年,蒙骜攻击赵国,夺取榆次、狼孟(今山西阳曲)等三十七城,设置太原郡。这年,秦庄襄王去世,秦王嬴政登基,吕不韦被尊称为"仲父",更是大权独揽。

秦王政元年(公元前 246 年),晋阳反秦,被蒙骜平定,秦重建太原郡。秦王政继位后不久,韩国想让秦国把注意力放在国内的基础建设上,使秦国没有精力发动对外战争,于是实施了"疲秦计",派出水利工程师郑国游说吕不韦等人。秦国决定开凿郑国渠,计划引泾水至瓠口(瓠口在今陕西泾阳北),然后引水向东,流经今三原、富平、蒲城等地,进入洛水,灌溉田地四万顷,约合今二百八十万亩。经过十余年的努力,郑国渠建成了。事实证明,韩国的"疲秦计"成了不折不扣的"强秦计"。

秦王政二年(公元前 245 年),秦攻魏国的卷(今河南原阳西),斩首三万。

秦王政三年(公元前 244 年),蒙骜攻韩,夺取十三城。

秦王政四年(公元前 243 年),蒙骜攻魏,夺取两城。

秦王政五年(公元前 242 年),蒙骜攻魏,夺取二十城,设置东郡(今河南北部、山西西北部)。

秦王政六年(公元前 241 年),庞煖组织了最后一次合纵,率领赵、楚、魏、卫、韩五国攻秦,至函谷关,被秦击退。

秦王政七年(公元前 240 年),蒙骜去世,但他的儿子蒙武、孙子蒙恬先后成为秦国军界中的扛鼎人物。

秦史之谜

秦王政八年（公元前239年），秦国长安君、秦始皇之同父弟成蟜攻赵。关于成蟜此次出兵的后果，存在不同的说法：一是成蟜在屯留谋反，死于屯留；一是其士卒反叛，其被杀；还有一说是他投降了赵国，赵封他于饶（今河北饶阳东北）。总之，这是一次比较重大的政治事件。

秦王政九年（公元前238年），秦将杨端和攻魏，夺取三城。这年，秦王嬴政举行加冠礼，正式亲政。嫪毐叛乱，其势力被铲除。

以上是吕不韦担任相国期间秦国的大事记。在秦国实施这些战略步骤时，吕不韦肯定是第一策划人和第一决策人。秦王政十年（公元前237年），吕不韦被免相；秦王政十二年（公元前235年），吕不韦被逼自杀。

吕不韦原来是卫国濮阳（今河南濮阳西南）人，阳翟大贾（gǔ）。阳翟，今河南禹州。濮阳、阳翟都是战国时代商业发达的城市。

这个在商场上获得了足够成功的男人，开始以"天使投资人"的身份，涉足政坛，他要获取无穷的利润。这是一个商人正常的商业抱负。

当吕不韦把一个落魄公子当成光大门楣的对象之后，便从"天使轮"开始，接着完成了A轮、B轮、C轮、D轮，直到把子楚运作"上市"。《史记·吕不韦列传》有明确记载的是："吕不韦乃以五百金与子楚，为进用，结宾客；而复以五百金买奇物玩好，自奉而西游秦，求见华阳夫人姊（zǐ），而皆以其物献华阳夫人。"秦昭王五十年，邯郸之战期间，王龁对邯郸实现了合围。赵孝成王被围困得急了，想要对子楚动手，于是："子楚与吕不韦谋，行金六百斤予守者吏，得脱，亡赴秦军，遂以得归。"前两个五百金，应该是黄金。能让子楚扩大其在诸侯中的影响力，拿出打动华阳夫人的礼物，肯定需要烧钱。后六百斤金不能确定是黄金，然而，能在邯郸封城的情况下让守城官吏冒死打开城门的，一定价值不菲。这还不算各种七七八八的杂费。敢于倾家荡产来投

第廿八章 十二年相国勤勉 八岁前嬴政凄苦

资的投资人,还是不多见的。

再看秦始皇为何逼死吕不韦,大致有这样几个思考点。

(1)嫪毐事件的影响。这是显而易见的原因。嫪毐是吕不韦进献给赵太后的,吕不韦是嫪毐事件的始作俑者。在嫪毐势力坐大的过程中,虽然有赵太后的扶植、纵容,但是作为相国,吕不韦有着不可推卸的责任。况且在平叛的过程中,并没有见到吕不韦积极参与的记载。《史记·秦始皇本纪》记载:"王知之,令相国昌平君、昌文君发卒攻毐。"有的版本断句为:"王知之,令相国、昌平君、昌文君发卒攻毐。"如果是第二种断法,相国似乎为吕不韦,而种种资料显示,相国应该是昌平君,由嬴政重新任命。昌平君、昌文君,史缺其名,造成了很多谜团,是一个学术难题。如果说,吕不韦没有参与平叛,那么,这里有一种可能,就是秦王嬴政不信任吕不韦,而吕不韦可能有一种骑墙派心态。他恐怕还在刚刚当政的君主与"嫪毐—太后"势力之间进行着某种权衡和投机。

(2)切断吕不韦与太后之间的联系。雍(今陕西凤翔。秦德公元年,即公元前 677 年,迁都于此)—泾阳(今陕西泾阳西北。秦灵公时迁都于此)—栎阳(今陕西临潼东北。栎,yuè。秦献公二年,即公元前383 年,迁都于此)—咸阳(今陕西咸阳。秦孝公十二年,即公元前 350 年,迁都于此),这是秦国主要都城的变迁路径。嫪毐事件发生之后,秦王嬴政迁怒于母亲,把她迁到雍。此前,太后与嫪毐为了过自在的两人世界,同时为了生产,一直躲在雍的大郑宫(一说应为蕲年宫),如今嬴政再次把自己的母亲打发到了雍。后来在茅焦的劝说下,嬴政才把母亲接回咸阳。有一种可能是,秦王嬴政既不允许母亲与吕不韦有情感上的联系,也不允许有政治上的结盟。

（3）功高震主和才高震主。吕不韦当了约十二年的相国，从中央到地方，势力盘根错节，假如吕不韦真有不臣之心，确实是致命的隐患。要说功劳，他拥立了两代国君，没有办法继续封赏了。论权力，他是当时超级大国的相国；论财富，他有十万户封地，家童万人，门客三千；论名声，天下知名。关键是他还有文化建树：创作《吕氏春秋》。

（4）怕吕不韦为他国所用。吕不韦被免职后，回到了洛阳的封地，但是六国去拜访的使者络绎不绝，可见其影响力之大。他对秦国的战略知道得太透彻了，假如他为六国所用，那么他就是秦国最大的祸患。就像魏国丞相公叔痤向魏惠王推荐商鞅时所说，要么重用他，不用就杀了他，以防被他国所用。

司马迁评论吕不韦说：吕不韦和嫪毐显贵之时，一个号称文信侯，一个号称长信侯，可谓志得意满。有人告发嫪毐的阴事，秦始皇向左右验证，并没有公开披露此事，而嫪毐害怕灾祸降临，就和党羽谋划主动出击，盗用太后的印信调动兵卒造反，后来战败逃跑，结果还是被追杀，宗族也被灭，吕不韦也因此而被废黜。孔子所说的"闻者（见《论语·颜渊》："夫闻也者，色取仁而行违"，大致意思是，有虚假名声的人，表面上主张仁德，实际行动却背道而驰）"，大概就是指吕不韦这样的人吧！

吕不韦是一个杰出的权谋家。一个人敢于破家败业、孤注一掷地为备受冷落的落魄公子运作政治前途，这份魄力和眼光不能不让人惊叹。他先是杰出的商人，转而又成为叱咤风云的政治明星，接着又涉足文化产业，为后人留下一部《吕氏春秋》，在这种角色的变化中游刃有余，令人不得不佩服。

第廿九章　左手钱右手横刀　十年间诸侯束手

我前面这么写主要是为了结吕不韦这段公案，接下来写秦始皇兼并统一六国的过程。我们还是要稍微回一下头，从秦始皇剿灭嫪毐说起。秦始皇九年，他行了成人加冠礼，杀死了嫪毐，罢免了吕不韦，然后在全国范围内清洗，驱逐从其他诸侯国来的宾客。嫪毐的叛乱让他对外国人产生了不信任感。此外，韩国为了实施"疲秦计"，派郑国游说秦国修建郑国渠，事情败露，秦始皇下令把外国人驱逐出境。

这时引出了一个人物叫李斯，他原先是吕不韦的门客，因为有才华而得到了任用，当时他也在被遣返之列，于是他向秦始皇写了一个奏章叫《谏逐客书》，后来这篇文章成为经典之作。奏章先列举了驱除宾客后的种种不利因素，又说秦国之所以能成为强大的国家，就是因为广纳人才，如果把这些人赶出去，不但自己蒙受损失，还便宜了其他诸侯国，也为自己树立了敌人。奏章将利弊分析得相当到位，于是秦始皇废止了这道命令。李斯通过这一事件反而因祸得福，得到秦始皇的另眼相看，他进而游说秦始皇，要先攻取韩国，用赫赫武功震慑其他诸侯，因此，秦始皇派李斯攻打韩国。这是要重用他的信号。

这一年，有一个叫尉缭（兵书《尉缭子》的作者）的人来到秦国，向秦始皇建议道："凭借秦国的强盛，对其他诸侯国予取予夺，随心所欲，攻击任何一国，它都未必有还手之力，但我最怕诸侯们联合起来，拧成一股绳，出其不意地来进攻。所谓'二人同心，其利断金'，何况他们有六个诸侯国。这也是强大国家常常被众志成城的弱者联盟击败的原因。希望大王不要吝惜财物。贿赂各国有权势的人物，不过损失三十万金，却可以打乱他们的合谋计划，各个击破，最后全部兼并他们。"秦始皇听从了他的建议，用平等的礼节对待他，衣服、饮食都和自己相同，可尉缭却说："秦王的相貌异于常人，高挺的鼻子，细长的眼睛，有着鸷（zhì）鸟一样前凸的胸脯，显示其性格的强悍。他还有豺狼一样的嗓音，这种人刻薄寡恩而有虎狼心肠，为达目的不择手段，在不得志时很能克制自己，对人谦卑，一旦得志于天下，必定是骄横跋扈、恣意妄为。我只是一个平民百姓，可是他见到我时常常显出不合时宜、不符身份的谦恭卑下的样子。若是他真拥有四海，全天下人都要成为他的奴婢了。和这种人是不能长久共事的。"于是尉缭准备逃走，秦始皇发现后执意劝止，并任命其为秦国的军事首长，最终也实施了他的计策，这时李斯也开始参与秦国的核心决策了。

秦始皇十二年（在秦始皇二十六年前，秦王称呼和纪年方式都应称为秦王嬴政，只是为了避免频繁换称号，上下文大多称秦始皇），吕不韦死去，其门客违背命令私下把他埋葬了。门客中那些参加丧礼哀哭的如果是韩、赵、魏的人，被驱逐出境；如果是秦人并且俸禄在六百石以上的，被削夺爵位并迁徙外地；俸禄在五百石以下而没有哭丧的也要迁徙，但保留

第廿九章　左手钱右手横刀　十年间诸侯束手

爵位。秦国发布命令说,以后再遇到像嫪毐、吕不韦那样玩忽职守、阴谋作乱的国家官员,都要按照这种方式严肃处理。秋天时,赦免了迁徙到蜀地的嫪毐的门客。

秦始皇十三年,秦军攻打赵国大获全胜,韩国也岌岌(jí)可危。韩王派遣韩非出使秦国进行外交斡(wò)旋,但李斯认为韩非的才能在自己之上,就劝秦始皇扣留了他,最后韩非死于狱中。韩王请求做秦国的藩臣,臣服于秦。

秦始皇十七年,秦俘获了韩王韩安,全部收纳了韩国的土地,在这一地区设置颍川郡,韩国灭亡。

秦始皇十九年,王翦统率大军猛攻赵国,他和其他秦将联手俘虏了赵王赵迁,秦始皇来到邯郸,把那些曾经和他外公家有仇怨的人都活埋了。赵国公子赵嘉率领宗族几百人逃到了代地一带,组织了一个"流亡政府",号称代国,坚持六年后仍被灭掉,赵国灭亡。

秦始皇二十年,秦军逼近燕国,这时韩国已亡,赵国还有那么一丁点儿的抵抗势力。赵国是横亘(gèn,横跨、横卧)在秦、燕之间的屏障,现在燕国完全裸露在秦军的剑锋之下,燕国太子丹焦急万分,派遣荆轲刺秦王。事情失败,荆轲被肢解示众。然后秦始皇派王翦率兵进攻燕国,赵嘉组织代军与燕军共同迎击秦军,燕军被击溃。接着,秦始皇派兵增援王翦,打垮了太子丹的军队,攻克了燕都蓟(jì)城,也就是今北京市南城一带,燕王喜向东北逃窜。王翦借口年老多病退役。

秦始皇二十二年,王贲率军攻打魏国,挖沟引黄河水灌淹大梁城,城墙被毁,魏王假请求投降,秦国完全占有魏国的土地,魏国灭亡。

秦始皇二十三年,这一年主要是攻楚,秦始皇再度征召王翦带兵。这王翦不是已经告老还乡了吗?怎么又被征召了呢?从上文可知,秦始皇此时已经灭掉了韩、赵、魏三国,拥有了整个中原腹地,北面燕国也只剩一支弱旅,基本没有战斗力了,最东面的齐国龟缩在一角,嘴边的肉早吃晚吃都一样,只有南面的楚国还保有相当的实力。虽然楚军也被多次击败,但这时还是秦国的头号劲敌。秦国的将领李信(他是汉初"飞将军"李广的祖先)年轻壮勇,曾经带领几千士兵把燕国太子丹一直追击到衍(yǎn)水边,最终导致太子丹被杀,秦始皇认为他贤能而勇敢,于是问他:"我想攻占楚国,将军你估计要用多少兵马才够?"李信答:"不过二十万。"秦始皇又问王翦,王翦说:"最少六十万。"秦始皇说:"王将军真老了,怎么这么胆小!李将军果敢壮勇,他说得对。"于是派李信与蒙恬率领二十万兵马南下攻楚。秦军开始倒是打了几场胜仗,但最后被楚军尾随偷袭,三天三夜没有停息,李信军大败,死了七个都尉。

秦始皇听了这个消息,十分震怒,亲自去王翦老家,当面向他谢罪道:"我因为没有采纳你的意见,轻信了李信,这才兵败受辱。我听说楚军乘胜追击,日日向我国挺进,将军你虽然有病,但真能漠不关心吗?"王翦推辞道:"我体弱多病,也有点老糊涂了,大王还是另请高明吧。"秦始皇又恳请道:"好了,将军不要这么说,别推辞了!"王翦说:"您若非起用我不可,那就得六十万人。"秦始皇说:"一切由将军做主。"

这样,王翦率领六十万大军出发,秦始皇亲自送到霸上。王翦临行前,请求赐给自己良田美宅,秦始皇说:"将军到此为止吧,只要打了胜仗,你还担心自己受穷吗?"王翦说:"做大王的将军,即使有功劳,也未必能被封侯。趁大王还用得着我,我就及时给自己的后代子孙留下点产业吧。"秦始皇哈哈大笑。王翦走了以后,又五次派使者请求

第廿九章　左手钱右手横刀　十年间诸侯束手

秦始皇赐给良田。有人说:"将军这么请求赏赐,好像太有失身份了吧。"王翦说:"这其中的奥妙你哪能知道呢?秦王性格粗暴而又不信任人,这次他把秦国的军队都给我指挥,心中能踏实吗?我不假托为子孙后代考虑,以稳定他的心,难道要让他怀疑我心怀二志吗?"到了前线,王翦取代李信担任"前敌总指挥"。

楚国听说秦军的增援部队来到,也倾尽国内兵力来对抗。王翦一到,就加强防守,不肯出战,楚军多次挑战,他始终不迎战,让士兵每天吃饱睡足,养好身体。他和士兵的伙食标准一样,整天和士兵泡在一起。这样过了很久,王翦问:"军人们在玩游戏吗?"回报说:"正在扔石头和跳远。"王翦说:"好!现在的士兵可以用了。"楚军多次挑战,但秦军就是不出战,这时,楚军的斗志松懈下来,于是楚军向后撤兵。谁知王翦抓住这个机会突然发起攻击。休养了很久的秦军个个如下山猛虎,一鼓作气,大败楚军,杀死了他们的将军项燕(这个项燕是秦末农民起义中继陈胜之后的项梁将军的父亲,而项梁的侄子是项羽,陈胜起义也假托项燕的名头)。

当时流传的一种说法是项燕没有死,而是逃亡了,而且当时的人认为,楚国被灭显得无辜。楚国在长江以南不招灾不惹祸的,都是秦始皇贪得无厌。所以当时流传的说法是"楚虽三户,亡秦必楚",就是说只要有楚国的后人,哪怕再少,灭亡秦朝的也会是楚人,因为楚人的家国仇恨要远胜于其他诸侯国的人。

后来陈胜起义时用项燕的名义也有这方面的考虑,他建立的政权叫"张楚",取意为"张大楚国",但是真正能号召楚国贵族后裔的还是项梁、项羽,因为项氏世世代代为楚将,在楚人中很有名望。陈胜死后,大楚政权的继承权实际上到了项梁手里,但为了扩大同盟,他还是立了一个傀儡叫楚怀王心，这个孩子是楚国宗室的后代，后来流落民间。项梁因轻敌死于秦将章邯之手，项羽又接棒，后来他被称为"西楚霸王"。大家看，这里都和一个"楚"字有关。这在后文中有详尽叙述，这里简要地提一笔。

项燕的死让楚军失去了顶梁柱，楚军一路败逃，秦军乘胜平定了楚国，一年多以后，俘虏了楚王负刍（chú），楚国彻底灭亡。与此同时，王翦的儿子王贲（bēn）和李信平定了燕国和齐国。在秦始皇兼并天下的过程中，王氏和蒙氏的功劳很大，他们声名远播。秦二世的时候，王翦和他的儿子王贲都已经死去，而蒙氏家族也被诛灭。陈胜起义时，秦二世派王翦的孙子王离把赵王武臣和张耳围困在巨鹿城。有人说："王离是秦朝的名将，这次带着强大的秦军去攻打立足未稳的赵国，肯定手到擒来。"有人反驳道："不对，将门之后的第三代肯定要失败，为什么呢？因为一将功成万骨枯，先人杀戮（lù）过重，后代必然要遭受不祥之灾，如今王离恰恰是第三代了。"后来项羽"破釜沉舟"打赢巨鹿之战，果然俘虏了王离，王离也因此投降了起义军。

司马迁评论王翦说：王翦作为秦国的重要将领，扫平六国，在那个时候，他身为功勋卓著的老将，连秦始皇都师从他，但王翦不能辅佐秦始皇建立德政，巩固根基，却只知一味迎合秦始皇的贪婪，苟且偷安，直到老死，后来孙子王离被项羽俘虏，不是应该的吗？在《史记》中，白起与王翦是合传，司马迁说"尺有所短，寸有所长"，指的是这二人各有短处。

秦始皇二十四年，王翦灭掉楚国。

秦始皇二十五年，王翦的儿子王贲率兵擒获了燕王喜，燕国正式灭亡，然后王贲回师灭掉了赵国流亡公子赵嘉的代国，至此，韩、赵、

第廿九章　左手钱右手横刀　十年间诸侯束手

魏、楚、燕都被兼并，只剩一个齐国。王翦继续向东南推进，打败了越王勾践的后代，设置了会稽郡。

秦始皇二十六年，也就是公元前 221 年，齐王田建派兵守西界，然而王贲率军从燕国进入齐的北部地区展开攻击，俘获了齐王田建，齐国灭亡。

◎秦始皇的25个小目标（全部实现）

第卅章　霸天下功首罪魁　焚诗书文化遭劫

秦始皇二十六年，他对丞相和御史大夫下令说："以前韩王进献土地和印玺，请求为藩臣，我答应了他，谁知他很快就出尔反尔，违背盟约，和赵国、魏国联合反抗我国，所以我才出兵讨伐韩国，俘获了韩王。我认为这样做应该比较圆满，可以平息争端了。赵王派他的丞相李牧来订立盟约，和平共处我当然欢迎，就归还了他们的人质，谁知赵王也言而无信，在太原反叛我国，所以我才派兵剿灭了赵国。魏王起初也是和我国订立盟约表示臣服的，谁知他同样阳奉阴违，背地里和韩、赵勾结，密谋袭击我国，所以我大秦将士打垮了他。楚王主动示好，奉献土地，谁知他同样是口蜜腹剑，偷袭我国南部，这样我才发兵诛伐，俘虏了楚王，平定了楚地。燕王昏聩（kuì）无能，因此太子丹才能够暗中派荆轲行刺，是可忍孰不可忍？所以我国官兵果断诛伐，灭亡了他的国家。齐王听信丞相后胜的谗言，断绝了与我国的通使往来，意图行使阴谋诡计，官兵们这才前去征讨，平定了齐地。我以微渺的身躯，肩负兴

第卅章　霸天下功首罪魁　焚诗书文化遭劫

利除暴的重任,仰仗祖先神灵的庇(bì)佑,六国的君王全部称臣认罪,天下太平。如果不更改名号,就无法宣扬我的功业,流传后世。你们讨论一下用什么名号更好。"他把过错都推给了别人。

李斯等人说:"五帝时代,疆土纵横千里,四海臣服,但是诸侯有的心悦诚服,有的自行其是,有的狂悖(bèi)乱为,天子不能加以有效的控制。如今您发动仁义之师消除暴乱,平定天下,海内设郡县,法令为一统,这是前无古人的,五帝也没有这份功业。我们与博士们谨慎周密地讨论的结果是:'古代有天皇、地皇和泰皇,而泰皇最尊贵。'所以我们冒死呈上尊号,您应称为'泰皇'。天子的命令称为'制''诏',天子自称为'朕'。"秦始皇说:"去掉'泰'字,留用'皇'字,再采用上古'帝'的称号,尊号叫作'皇帝'。其他的就按照你们的建议实行。"这就是"皇帝""朕"的由来。之前"朕"不论贵贱都可使用,但现在成了"皇帝"的专有名词。

秦始皇又说:"上古时代的统治者有尊号没有谥号,后来才有谥号,这谥号是后人根据他的功罪优劣评定出来的,这是让儿子评论父亲,臣子议论君王了。我认为这样做没什么用处,我不能采取这个做法。从今以后,撤销'谥号评定委员会',我自称'始皇帝'(现在才应该称他为"秦始皇",笔者在前文中称其为"秦始皇",只是为读者提供方便。严格地说,在此之前应称其为"秦王嬴政",拙作中有很多情况与此类似,不是笔者失误,而是有意为之),后代以数字做标志,从二世、三世直到千万世,无穷无尽地传递下去。"这真是自负得可爱,他哪里能知道,自己死后才三年,辛苦打拼来的江山就改姓刘了。

齐国人邹衍是阴阳学家,他推演出金、木、水、火、土五德循环往复、相克相生的原理,这种相克相生有一定的合理性。所谓"卤水点豆腐，一物降一物"，世间万物确实是有种种联系的，按照辩证法的原理来说，事物总是变化、联系和发展的，这种矛盾是各种复杂的原因造成的。秦始皇采纳了邹衍的阴阳交替可以主宰王朝命运的理论，他派人推算出周朝属于火德。

大家注意，秦始皇虽然兼并了六国，但春秋战国时期名义上还是周朝，所以是秦朝代替周朝。而水能灭火，再加上传说秦朝的祖先秦文公曾捕获了一条黑龙，因此时人认为，周朝之所以不能胜过秦朝，是因为秦得水德，于是把黄河改成"德水"，崇尚黑色。后来黄色才成为皇帝的专用色。

秦时以黑色为尊，以"六"为基数，搭配仪仗队的一些器物、符信、法冠为六寸，车子的宽度为六尺，六尺为一步，每乘车配备的马为六匹。在行政上，秦始皇采取刚性、坚毅、狠戾（lì）、刻薄的施政手段，凡事都要依法办理，苛刻无情，铁面无私，不讲究仁义道德，因为水是无情的。秦始皇认为，只有这样做，才符合五德运行中水德的原理，从而保证秦帝国的长治久安。于是他施行残酷的刑法，罪犯很难得到赦免。

大臣王绾等上奏说："诸侯刚刚平定，人心未稳，而燕、齐、楚等地偏远，若是不设立王国，恐怕无法镇守。请求册封皇子为王，希望陛下准许。"这是要沿用周朝的"诸侯分封制"。秦始皇把这个提议下发给群臣讨论，大家都认为这样合理，只有李斯反对说："周朝的文王、武王分封同姓子弟为诸侯王，想让他们辅佐周王室，刚开始有一定效果，但这些诸侯王的后代彼此关系疏远，进而因为利益产生纷争，哪有一点血缘亲情的表现？而且诸侯势力日益壮大，渐渐摆脱了周王室的控制，周天子根本无力制止。如今仰仗陛下的英明神武，混一宇内。从此以

第卅章 霸天下功首罪魁 焚诗书文化遭劫

后,四海无波,边疆永清,皇威赫赫,万众沐恩。要想长治久安,继续保持这天下一统的大好局面,绝不可再实行周朝的分封制。可以赏给贵族及功臣尊爵厚禄,但绝不可分散中央的实权,而实行郡县制则可一劳永逸地解决这个难题。国家政令统一,社会自会安定。希望陛下明察。"

秦始皇说:"天下人之所以饱受无休无止的战争带来的苦难,就是因为有诸侯的存在。如今刚刚平定制造动乱的诸侯,反而又要设置独立王国,这是重新种下动乱的祸根,想要以此求得天下安宁,不是南辕北辙吗?李斯的意见是正确的。"

于是他把天下分成三十六郡,郡中设置郡守主管行政,郡尉掌管军事,监御史则监察长官;把民众改称为"黔首";让各地组织"联欢会"庆祝统一;把天下的兵器都收集到咸阳,其他违反规定的管制刀具也要收缴,全部熔化成大钟。又铸造了十二个铜人,都有千石重,放置在官中。这些铜人后来毁在三国时代董卓的手里。《三国志·董卓传》记载,其中十个被毁铸钱。

秦始皇对统一相当感兴趣,他要求统一法令、统一度量衡、统一车辆规格、统一文字。我们从秦国的历史中,尤其从其军工生产的标准化作业中,可以看出,"统一标准,有法可依"是秦人的价值观,这时的秦始皇更是乐此不疲,但无疑,这些措施对现在仍有影响。他把天下十二万户有钱的人家都迁到咸阳,以免他们凭借雄厚的财力干预地方政治。

秦始皇每灭掉一个诸侯国,就命人描绘出这个诸侯国王官的形状,然后在咸阳进行"克隆",官殿之间有天桥和环形的长廊连接,从诸侯国中得到的美人和其他物品都必须安置在这里。当时的秦朝疆土广阔,东北甚至抵达朝鲜。秦始皇又把各国长城联结成万里长城，以抵御北方的游牧民族匈奴的侵袭。

从秦始皇二十七年起，他不断出巡示威，兴建工程，并让人歌功颂德，这种好大喜功的行为预示了他的覆亡。这时的秦始皇踌躇满志，做事仅凭个人好恶，随心所欲。

◎秦始皇统一六国后主要人力和兵力的投送方向

人数、人力及户数	目的	详解	备注
两千万人		秦国总人口	这个数字是估算
十二万户	迁到咸阳	把全国富豪迁到咸阳，充实首都经济圈，这也有利于控制富豪	
不详	仿制六国宫殿	秦始皇每灭亡一个国家，就要按照该国宫殿规模在咸阳城北山坡上仿制一座	
不详	建造信宫	位于渭水之南，后改名为极庙	
不详	建造甘泉宫前殿		
不详	修建驰道	以咸阳为中心向全国各地拓展，干线有二，一条向东通燕、齐，一条向南通吴、楚	另有直道、杨越新道等
三万户	迁到琅邪台		
不详	建造琅邪台		
童男童女数千人	入海求仙	徐福带队	
刑徒三千人	伐湘山树木	只因遇到大风，秦始皇就迁怒湘君庙	
全国警察	大搜捕十天	博浪沙被张良行刺	

第卅章　霸天下功首罪魁　焚诗书文化遭劫

续表

人数、人力及户数	用途	详解	备注
关中警察	大搜捕二十天	秦始皇微服出行,路遇盗贼,被其困扰	
大兵三十万人	北击胡人	听信燕地人卢生的话"灭秦者胡也",派蒙恬带大兵攻打胡人,并夺取其境内黄河以南地区	
不详	设立三郡	即位于今广东、广西和越南北部的桂林郡、象郡、南海郡	
不详	设立四十四县	向西北方向用兵,置县,筑城,迁徙被贬谪之人充实新县	
不详	北筑长城	一边打,一边防	
七十余万人	兴建阿房宫	这是超大型的宫殿建筑群,秦始皇死时未曾完工,秦二世在位时继续修建,未完成	
	兴建秦始皇陵	兵马俑只是护卫秦始皇陵的地下兵团	
不详	兴建行宫三百座	这是关中地区的数量,供始皇帝出行使用	
不详	兴建行宫四百多座	遍布全国各地的数量,供始皇帝出行使用	
三万户	迁到丽邑	免除十年徭役赋税	
五万户	迁到云阳	免除十年徭役赋税	
三万户	迁北河、榆中	迁到今内蒙古境内黄河、榆中一带,给被迁人家的男子各赐爵一级	
五十多万人	戍五岭	五岭大致指今江西、湖南、广东、广西四省边境五大山岭的合称	
	平百越	百越大致是今东南沿海一带古越族人分布的地区	

259

秦史之谜

秦始皇二十八年，他到泰山祭祀，他认为泰山高耸入云，更能接近天神。下山时，突遇暴风雨，他就在一棵树下避雨休息，因此封这棵树为"五大夫"。他路过湘江时遭遇大风，就问博士："湘君是什么神？"博士说："据说是尧的女儿，也就是舜的妻子娥皇和女英，她们被葬在这里。"秦始皇大怒，派遣三千囚徒把湘山的树木全部砍倒，弄得湘山光秃秃的。

秦始皇二十九年，他巡视到博浪沙时，被张良（就是"初汉三杰"之一、辅佐刘邦建立汉朝的张良，这次伏击失败后，他潜伏了十余年钻研兵法，终成正果）伏击，力士的大铁锤击中他的副车。秦始皇十分震怒，竟然有人敢在太岁头上动土。全国展开了大搜捕，可是没有结果。

秦始皇三十二年，为他寻求仙人的术士说："灭亡秦朝的是胡人。"他就派蒙恬带领三十万大军北上攻击匈奴，把匈奴打得抱头鼠窜。他也不断向南方用兵。秦始皇三十三年，秦始皇统一岭南后，设置了桂林郡、象郡、南海郡三个郡。这时的秦始皇对内残酷镇压百姓，对外穷兵黩（dú）武，为所欲为。

秦始皇三十六年，也就是他死的前一年，有一块陨（yǔn）石从天而降。有人偷偷地在这块陨石上刻下"始皇帝死而地分"的字样，秦始皇听说后派御史追查此事，见没人承认，他干脆把陨石周边的居民抓来全部处决，这块陨石也被焚烧销毁。这些事情都显示了他的残酷无情。

秦始皇三十四年，他在咸阳宫摆酒席，有七十位博士陪同，其中一个叫周青臣的在祝酒时颂扬道："从前秦国土地方圆不过千里，仰仗陛下的圣明，秦国平定了天下，驱逐了蛮夷，凡是日月普照的地方，无不称臣纳降，六国诸侯的土地都兼并在您的名下，百姓安居乐业，免除了战争之苦，您的丰功伟业必定万世敬仰。您真是千古一人。"秦始皇听

第卅章　霸天下功首罪魁　焚诗书文化遭劫

了很高兴。

这时博士淳于越说:"我听说商朝和周朝之所以延续了千余年,正是因为分封子弟和功臣,作为自己的辅翼,才有如此骄人的功绩。如今陛下富有四海,可您的同宗子弟却都是平民百姓,一旦出现乱臣贼子,陛下势单力孤,没有强力支援,那时候该怎么办呢?凡事不效法古时的成功经验而能长久的,我闻所未闻。如今周青臣当面奉承以加重陛下的过失,他不是忠臣。"

秦始皇让群臣讨论孰是孰非,丞相李斯说:

"黄帝、颛顼、帝喾、尧、舜这五帝的施政纲领不尽相同,夏、商、周这三个朝代的典章制度也并非墨守成规,都要具体情况具体分析。如果原封不动地照搬现成经验就能达到目标,那么后人肯定会积极采用。但从目前来看,每个时代情形各异,并不是有意改变施政理念,确实是情况在变,若不能做出相应的调整,肯定要出大乱子。如今陛下创造了千秋伟业,为万世开太平,这些都不是愚蠢顽固的儒生所能理解的,而且淳于越所说的夏、商、周三代的故事,有什么值得效法的呢?

"从前诸侯纷争,为了扩大实力,才用优厚的待遇招揽游学之士,如今天下已定,法令统一,百姓就应该努力生产,士人就应该学习法令。如今这些儒生不研究现实问题,却厚古薄今,非议当世,搞乱了主流思想,让老百姓无所适从。丞相李斯冒死进言:古时候天下分散混乱,没有人能够统一思想,这些读书人纷纷自立门户、开坛讲学,所宣扬的都是陈词滥调,靠诽谤当世来为自己的理论做辩护,用经过粉饰的虚言妄语来掩盖事实、混淆视听,而且自以为是,只认为自己奉行的才是金科玉律,别人的思想一文不值,现在竟然用他们的错误想法指责陛下所建立的优越制度,殊为可恨。如今天下一统,是非黑白都由皇上决定,这是天经地义的。而那些私家之学相互勾结,盘根错节,非议法令教化。这些人一听说有政令公布,就各自用其信奉的思想和主张进行评论,在朝中心诽腹谤,出去后肆无忌惮,高谈阔论,在君主面前夸夸其谈以便博取名声,靠奇谈怪论来显示自己的高明,带领一批追随者兴风作浪、无事生非。如果这样都不禁止,在上,会损害皇上的尊严,在下,会结成宗派主义,那时为害不小。

"我以为防患于未然,及时阻止这种风气蔓延是合适的。我请求史官把除《秦史》以外的史书都烧毁,除了任职的博士官出于研究的需要以外,天下私藏的《诗经》、《尚书》、诸子百家典籍,都要交到郡守、郡尉那里,统一焚毁。若有敢在大庭广众之中谈论《诗经》《尚书》的,当众处死;以古非今的,灭族;官吏中有知情不报的,和他们同罪;命令下达后三十天内仍然不照做的,将被处以黥刑,发配到边疆,白天搞防卫,晚上修长城。有关医药、占卜和种植一类的没有思想倾向的专业书、技术书,是不烧的。想学习法令的,就拜官吏为老师。"

秦始皇批示:完全同意。

这是中国文化史上的浩劫,大量的古代文化典籍被烧毁。后来,秦始皇知道自己受到了方术的欺骗,迁怒于方术儒生,活埋了四百六十多个儒生(应以方士为主)。这两件事被称作"焚书坑儒"。春秋战国时代百家争鸣的生动活泼的学术氛围被扼杀了,这是中国文化史上的一大悲剧。

第卅一章　建阿房大兴土木　行苛政岌岌危矣

秦始皇的一生是矛盾的一生。他不知疲倦地同时做着自相矛盾的两件事：一是修建自己的墓穴三十多年，一是派人给他寻求长生不老的药方。修建坟墓说明他知道生老病死是人之常情，而寻找仙方又显示出他的痴心妄想和对人生无常的恐惧，这种恐惧让他有点神经质了，他对宫殿的热衷就是一种神经质的表现。秦始皇出巡时，想要走直道，所以命人挖山填谷，整个帝国上下一片忙碌。他又认为咸阳人口太多，而秦朝宫廷太小，于是他在渭水（渭水是陕西境内的一条河，河水浑浊，而它的支流泾水却很清澈，所以有成语"泾渭分明"之说，比喻事情的优劣好坏清清楚楚）南面的上林苑中营建宫殿，计划修筑前殿阿房宫。

这座宫殿东西宽 500 步，按照当时的计量方法是 3000 尺，若按 1 尺约合今 0.23 米计算，约为 690 米；南北长 50 丈，约 115 米。宫里能坐下万人，下面可立五丈高的大旗，布局规划、楼房建筑更是充满了奇思妙想。反正一句话：气势恢宏，劳民伤财。可这个宫殿直到秦始皇死

秦史之谜

◎ 秦朝的四条交通干线

也没有建成。秦二世时代这个宫殿也没建成，只是把地基打好了，大约用了六百万立方米的土。按照当时的生产力水平来估算，工程之浩大难以想象。但是，即便阿房宫没建成，秦朝原有的宫室也是绝无仅有的。项羽进入咸阳以后，把秦国宫室付之一炬，大火烧了三个月。

第卅一章　建阿房大兴土木　行苛政岌岌危矣

唐朝的杜牧作过一篇《阿房宫赋》，劝诫唐朝的统治者珍惜民力，不要穷奢极欲，要吸取秦朝灭亡的教训。他在文中描写阿房宫时创造了一个成语"钩心斗角"，原指宫室建筑结构精致，后来指各用心机，明争暗斗。他在篇末有一段精彩的论述："秦人不暇（没来得及）自哀，而后人哀之；后人哀之而不鉴，亦使后人而复哀后人也。"这段话的意思是说，秦人还没自我反省呢，秦朝就灭亡了，只能由后人替秦人做总结。可后人若只知慨叹而不知从中吸取教训，那么后人也会重蹈覆辙。不能把前人的失败经验当作自己行事的指导，一切经验都毫无意义，这样后人更可悲，只能让后人的后人更加悲伤，因为后人连秦人都不如，秦人还算是摸着石头过河，而后人则是有眼无珠。有了参照仍然走老路，这是可耻可恨的。

但是这篇经典文章为我们描述的阿房宫，应该是艺术的夸张。以近代考古学家刘庆柱、李毓（yù）芳为首的考古队，经过大量细致的科学研究发现，阿房宫根本就没有建成，但是上百万立方米的地基是存在的。劳动力条件和施工时间都证明，完全建成是不可能的。为什么这么讲？当时秦朝的人口有两千万左右，为秦始皇修建阿房宫和秦始皇陵的犯人和劳工大约有七十万，两大旷古工程各占一半左右的人力。秦始皇决定修建阿房宫时已是秦始皇三十五年的事了，他在两年之后去世。秦二世上台后，为了赶快把父亲安葬，把修建阿房宫的人力都调往秦始皇陵，加班加点地施工。安葬完秦始皇后，当年就爆发了陈胜起义，这让秦二世焦头烂额。虽然他一度继续修建阿房宫，但是这样庞大的工程不可能在几年内完工，因为秦二世也仅仅在位三年，就被逼自杀，也就谈不上修建了。

接着是楚汉战争。刘邦登基之后，百业凋敝，他只能休养生息。当时其丞相萧何修建长安的未央宫，超过财政预算，刘邦认为劳民伤财，还因此而大发脾气，他更不可能修建阿房宫了。

《史记》记载，项羽进咸阳时"烧秦宫室，火三月不灭"，这里所说的烧毁的秦朝宫室的地点在咸阳，司马迁并没有指明是渭水河畔的阿房宫，以司马迁之严谨，根本不会犯这种低级错误。

项羽烧毁秦朝宫室是真的，但没有烧毁阿房宫，然而我们都被杜牧笔下那个美轮美奂、气势雄伟的"艺术性想象中的阿房宫"蒙蔽了，头脑中形成了定式思维，自觉不自觉地就把项羽与阿房宫联系在一起了。在没有获得更加直接和有力的证据之前，考古学家的这个论断是有充分的依据的。这件事说明文学作品的影响力是巨大的，也说明"思维定式"是很可怕的。我们应该保留必要的正确的怀疑态度，这种怀疑不是无事生非的怀疑，不是神经质的怀疑，不是自以为是的怀疑，而是抱着追求真理的态度，是实事求是的怀疑。我们常常"非常自信地"犯错，如果我们多问几个为什么，应该会有"柳暗花明又一村"的豁然开朗，也会有"会当凌绝顶，一览众山小"的广阔视野。

秦末汉初三大名将之一的英布曾遭受黥刑，并被派到这些地方做苦工（《史记》中有传）。当时，出产于巴蜀、长江以南的楚地的木材、巨石都被运到大西北，可见秦始皇把人力都用到什么程度了。秦朝灭亡的原因之一是：兵役、徭役繁重，苛捐杂税多如牛毛。那时秦始皇四处征讨，肯定要征兵的，修建宫池苑囿当然需要搜刮民脂民膏，而运送各种材料也一定会导致徭役繁重。当时，刘邦还是秦朝的一个亭长，他就曾经带领民工服徭役，后来看到秦始皇的排场，说了一句"大丈夫当如此也"。秦始皇耗尽了民力，这肯定是他失败的重要原因之一。陶渊明老先生的《桃花源记》写的也是先人为躲避秦时之乱和残酷的剥削才躲到

第卅一章　建阿房大兴土木　行苛政岌岌危矣

了一个没有压迫、安乐祥和的乌托邦中，这是人类追求美好生活的良好愿望。《礼记·檀弓下》中有《苛政猛于虎》一文，是说孔子有一次路过泰山，看到一个妇人在坟墓前号啕大哭，他派子路问是怎么回事。妇人说："当年我舅舅被虎吃掉，如今我丈夫和儿子也难逃厄运，接连遇害。"孔子问："怎么不赶快离开这是非之地，找个安全的地方？"妇人说："这个地方没有苛捐杂税。"于是孔子发出感叹，说苛刻的政令和繁重的赋税比老虎还要凶猛、可怕。这层含义也是柳宗元的《捕蛇者说》一文所要阐述的。

第卅二章　想求仙接连被骗　秦皇死鲍鱼随车

秦始皇还有一个与修建地下宫殿背道而驰的做法就是寻找仙丹,意图长生不老。在秦始皇二十八年的时候,山东人徐福等呈上奏章,说海中有三座仙山,名叫蓬莱、方丈和瀛洲(这三座仙山在吴承恩的笔下也是一个仙乐飘飘、无忧无虑的福地洞天,这种幻想在秦朝就广为流传了),有仙人居住在那里。因此,他们请求斋戒沐浴,率领童男童女去寻觅仙人。秦始皇派遣徐福带领几千童男童女进入东海去寻访仙人,可徐福等人好几年都没有找到神药,并且耗资巨大。他们害怕受到谴责,于是诈称:"蓬莱仙药可以得到,只是我们常常被大鲛(jiāo)鱼袭扰,所以不能抵达仙山。请求皇上派神箭手和我们同去,如果再见到鲛鱼就用连发弩箭射杀它,这样就可以到达蓬莱仙山了。"

俗话说:日有所思,夜有所梦。秦始皇梦见自己和海神交战,这海神和人的形状差不多。这一年是他死的那一年,他已患上了狂想症,就找博士解梦。博士说:"水神因为有大鱼、蛟龙在身边护卫,一般看不

第卅二章　想求仙接连被骗　秦皇死鲍鱼随车

见，如今陛下祈祷、祭祀都十分严谨虔诚，只要除去这种恶神，一定会得到善神的福佑。"这种大鱼应该是鲸鱼、鲨鱼之类的吧。于是他让入海寻仙的人都带上捕捉大鱼的器具，而他自己出海的时候也装备了连发弩，以便见到大鱼时射杀它，实现自己战胜海神、寻找仙药的理想。后来他果然射杀了一条，但终究没能等到与海神殊死搏斗的机会，也没有得到长生不老药，因为这时的他离死神只有一步之遥了。

那时还有另外两路寻访奇药的，一路是韩终、侯生、石生等人，另一路是燕人卢生。卢生第一次返回时说，他抄录的图谶（chèn，迷信的人指将来要应验的预言、预兆）典籍上预测到灭亡秦朝的是胡人（其实从我们后人的角度来看，与秦朝灭亡有关的"胡"字的含义，应该是"秦二世胡亥"），于是秦始皇派蒙恬带领三十万大军北上攻击匈奴，并且加固、增高、连接长城，巩固北部边防。这时的秦始皇对方士言听计从，卢生为了增加神秘感，劝导秦始皇说："我们这些人奉命寻找灵丹妙药和真人，但真人总是可望而不可即，好像有什么东西伤害到他们了，因此他们避而不见。当我们的方术要应验的时候，皇上应该隐瞒行踪来避开恶鬼的干扰。只有在寂静无声的清平世界里，真人才会降临，从而天人合一。如果皇上的行踪让臣下知晓，这些愚鲁之人就会冲撞神灵。为什么会有这种严格的要求呢？原来真人是水火不侵、飘然出尘的，若是没有修身养性，他们也不可能跳出三界，悟道成仙的。如今陛下日理万机，俗务繁重，若再做不到清净安宁，肯定会妨碍修行。希望皇上不要让人知晓自己的行踪，只有做到这一点，才有可能找到仙丹。"秦始皇说："我仰慕真人，以后我就自称'真人'，不称'朕'了。"

于是秦始皇下令将咸阳周围二百里以内的二百七十座宫殿，用架在空中的密闭的甬道连贯起来，把帷帐、钟鼓、美女安置在里面，分别登记在册，各就各位，不准随意更改。秦始皇到了一个地方，若有谁透露他的行踪，处死。有一次他临幸梁山宫，从山上看到丞相李斯的仪仗队过于庞大，很不高兴，宫中就有人把这件事透露给了李斯，李斯赶忙削减随从、车骑的数量，秦始皇知道后大怒道："一定是宫中人把我的话泄露出去了。"他派人追查此事，可没有人承认，他就把当时服侍他的宫人抓起来全部杀头，从此以后，再也没有人知道他的行踪所在了。

虽然秦始皇用实际行动表示了虔诚，可卢生这些方士心知肚明，知道时间长了肯定会穿帮，那时候死得肯定很难看。卢生和侯生互相谋划说："始皇帝为人，天性刚愎自用，自以为是，而且心狠手辣。他从一个诸侯起家，兼并天下，如今志得意满，随心所欲，以为自古以来的帝王没有出其右者。他专门任用懂得刑法的酷吏，而且这些酷吏都能得到宠幸。虽然秦始皇身边也有七十多个博士，组成了'智囊团'，但他们实际上不过是政治花瓶，只是摆着好看，并没有被真正任用。丞相李斯和其他大臣只能唯命是从，一切政务都要由皇帝决断。皇上喜欢用严刑峻法来树立帝王的威权，天下人只是惧怕获罪或者为了保住自己的俸禄才遵从的，没有谁是真心诚意侍奉他的。皇上因为听不到相反的意见和自己的过失而日益骄横，臣下被皇上的威严所慑服而只能用说谎和欺瞒的办法来取悦、顺从他，谁也不敢说出真相，只能视而不见，听而不闻，装糊涂罢了。秦法规定，一种方术不能试验两次，只要没有应验就要被处死。推演、占卜星云气象的三百人都是好人，却总是害怕触犯忌讳，为了身家性命，对真相讳莫如深，只能阿谀奉承，不敢直言始皇帝的过失。天下的事无论大小都由皇帝裁决，他大权独揽，以至于每天批阅的奏折都能用秤来称，白天黑夜都有奏折，不批阅完规定的数量就不肯休息。我们不能给这个贪恋权位到登峰造极地步的人寻找仙药。"于

第卅二章　想求仙接连被骗　秦皇死鲍鱼随车

是他们就逃跑了。

秦始皇听说后勃然大怒，说："前些时候我把天下不合时用的书收集起来销毁了，并且广泛征求文学、方士的意见，想通过他们谋求太平，方士自告奋勇地说可以求得奇药。如今韩终一去不复返，徐福等人花费的钱财数以亿计，可还是徒劳无功。我没听说得到仙药，只听说他们为谋得奸利而欺诈的事情。我对卢生等人十分尊重而且给了他们很多赏赐，他们不但不感恩，却诽谤我，夸大我的失误。我要派人调查咸阳的方士儒生，看看是否有其他人妖言惑众。"他派御史详细查问这些人，这些人为了洗脱自己，相互告发，最后查出触犯禁令的有四百六十多人。

秦始皇把他们全都活埋在咸阳，故意大张旗鼓，让天下人都知晓这件事，杀鸡骇（hài）猴，又增派流放人员去边境戍守。始皇帝的长子扶苏劝道："天下刚刚平定，远方的民众还没有真心归附，那些儒生都接受孔子的学说，也不是一时半会儿就能改变的，如今皇上只靠重刑制裁他们，我担心天下因此而不安宁了，希望皇上明察。"秦始皇大怒，把扶苏派遣到北方，与蒙恬一起戍守边疆。他这一招儿走错了。扶苏被支在外面，让阴险小人赵高有机可乘了，这是后话。

秦始皇三十七年，秦始皇巡游到平原津的时候染病，病势凶猛，但他讨厌说出"死"字，大臣们也不敢询问他对后事的安排。后来病情日益严重，秦始皇才写了一封信给大儿子扶苏，上写："到咸阳参加治办我的丧事，再把我埋葬。"信已经封好，存放在赵高那里，准备再加盖一道印章后派使者发出，秦始皇就去世了。

因为秦始皇是在都城外驾崩的，丞相李斯怕留在咸阳的秦始皇的儿子和其他人知道后起了异心，所以秘不发丧，把秦始皇的尸体装进棺材

秦史之谜

后放在辒辌（wēn liáng）车内加紧向咸阳进发。这种车有窗户，关上窗，里面密不透风，打开窗则清爽异常，也就是一种空调车，由秦始皇宠幸的宦官驾车。所到之处也和从前一样要送去食物，大臣们也像往常一样奏事，宦官就在车中批准或否决，所有的一切都和秦始皇在时没有两样。为了掩盖辒辌车中散发的尸臭，就在车上装了一些鲍鱼（咸鱼）。秦始皇活着的时候，普通大臣也难得见他一面，都由宦官进行递转传达，所以一般很难看出破绽。

第卅三章　不孝子阴谋夺权　创业难守业更难

这趟出行，秦始皇的小儿子胡亥陪同，这时知道秦始皇已死的也就是胡亥、李斯、赵高和几个平时深得宠信的宦官等而已，而赵高与胡亥有师生情分。赵高是原赵国王室的远支亲属，他的母亲受过刑罚，他们兄弟几个地位也很卑贱，都是宦官，但赵高可不是那种四六不懂的文盲，他精通刑法，秦始皇认为他有能力，就让他教授胡亥读书和研习刑法。由于他善于察言观色，能言善辩，很讨胡亥的喜欢。秦始皇的大儿子扶苏宽厚仁爱，深得大臣信任，虽然秦始皇没有正式册立他为太子，可当时谁都认为太子之位非他莫属，但秦始皇错就错在没有公示，这层窗户纸始终没有被捅破，所以才给人可乘之机。那个大阴谋家赵高这时就鼓动胡亥自立为帝，因为皇帝的信物都在他们的掌握之中，想要更改圣旨，易如反掌。

刚开始胡亥也不肯，他认为这是不忠不孝，怕遭人唾骂，因为大哥扶苏一直是公认的继承人，秦始皇之前让扶苏回咸阳办理丧事也就是要让他继位。然而,胡亥抵不住巧舌如簧的赵高的层层设诱,加上受到巨大利益的刺激,最终决定铤而走险。但光靠他们俩肯定不行,必须把李斯拉下水,没有他的配合,此事肯定行不通。刚开始和李斯说时,他也坚决反对,认为对不起先帝,可赵高早就摸准李斯的脉了,知道这个政客最看重功名利禄,于是就从这方面下手劝说他。这时扶苏正与蒙恬防守北部边疆,二人相处得非常好,于是赵高对李斯说,若扶苏称帝,李斯在功劳、能力和与扶苏的亲近程度等各个方面都比不上蒙恬,蒙氏还是显赫的家族,在秦朝的兼并战争中立过汗马功劳,如果扶苏继位,虽然没有违背先帝的遗愿,但丞相位肯定要被蒙恬取而代之,而若拥立胡亥就不一样了,李斯将成为功臣,拥有的东西不会失去不说,还能有更丰厚的赏赐。李斯考虑再三,最终荣华富贵击败了忠君爱国。这时作为丞相的他只要再坚持一下,赵高的阴谋就不会得逞。他只看重自己的既得利益,谁知最后都成黄粱一梦。

于是,赵高伙同胡亥、李斯密谋,打开秦始皇所签封的赐给扶苏的书信,更换成:李斯亲自接受遗诏,立胡亥为太子。又另外写了一封赐给扶苏和蒙恬的书信,假托秦始皇的名义列举他们的"莫须有"罪状,赐他们一死。

扶苏这个人还是有一点愚忠思想,认为君父赐臣子死,他不得不死,于是自杀了。而蒙恬不甘心自尽,他手中有几十万大军,本来想讨个说法,可又怕玷污了祖宗名声,他情愿入狱以图申诉冤屈,可惜最后蒙氏也被诛灭。因为秦始皇病逝在原赵国的沙丘宫中,所以这段历史被称为"沙丘之谋",后来它成了互相勾结、密谋篡权的代名词。从沙丘到咸阳路途遥远,而且正赶上暑热时期,秦始皇的尸体散发着臭气,于是派人在车上放了一些鲍鱼掩盖尸臭。这就是生前不可一世的秦始皇的

第卅三章　不孝子阴谋夺权　创业难守业更难

死后遭遇。

一行人终于回到咸阳，这才发布治丧公告。

当年九月，秦始皇被埋葬在骊山。秦二世为秦始皇风光地操办了丧事，他把秦始皇的妃嫔中没有生儿子的全部用来陪葬，死的人不计其数。灵柩下葬以后，有人说工匠们制造了机关，并对墓穴里的宝藏和构造十分熟悉，若是泄露了秘密，难免会招致别人的非分之想，而只有死人最能保守秘密，所以在安葬完毕后，封闭中层墓道，又放下外层墓道的门，把工匠和负责填放宝物的人都封闭在墓道之内，没有人能活着出来。又在墓冢的外面种植花草树木，伪装成山的形状。

1974 年，陕西临潼西杨村的村民因为天气大旱，想打井汲取地下水，谁知地下水没有打出来，却挖出了一个震惊世界的地下军团——秦兵马俑，于是考古学家代替了农民，开始了最大规模的考古发掘。当一切大白于天下时，人们的心灵受到了强烈的震撼，震撼于这难以置信的奇迹。考古学家在已发掘的俑坑内发现了几千个真人大小的兵马俑，器物、队形、服饰都是现实的仿真，这是一队卫戍秦始皇地下宫殿的侍卫军。而离秦兵马俑坑不远的地方，有一个不起眼的土堆，就在这个土堆下，埋葬了当年雄视天下的秦始皇。

第卅四章 人不人婢学夫人 鬼不鬼大开杀戒

秦二世元年，二十一岁的胡亥正式成为皇帝。他马上任命赵高为郎中令，这是掌管宫殿门户和内务的职位，表明赵高受到信任并开始参政议政。二世与赵高谋划："我年纪轻轻，又刚刚继位，民心还没有归附。先帝在时，常常到各郡县巡视，显示赫赫皇威，以便震慑天下，我如果只坐守都城，就会被人视为软弱无能，这样就无法进行统治了。"他不想通过正常的手段来增加自己的政绩，使人心归附，偏偏想用这种劳民伤财、华而不实的巡视来威慑百姓，活脱脱一个草包形象。这年春天，他到东方巡视郡县，李斯跟从，他们到达碣石山，然后顺海南下，到达会稽，并且在秦始皇所立的石碑上又刻下了一些文字，把随行大臣的名字也刻了上去，以彰显始皇帝的伟大功勋。秦二世的理由是：这些金石碑刻都是始皇帝立的，他活着的时候也只能在碑文上写"皇帝"二字，而自己也袭号为"皇帝"，如果在这些碑文中不注明"始皇帝"，就容易混淆始皇帝和后世帝王的区别，这样就不能显示始皇帝的千秋盛德

第卅四章 人不人婢学夫人 鬼不鬼大开杀戒

了。秦二世要把他老爸的门面进一步精装修,他也好躲在祖宗的功劳簿上睡大觉。最后他又巡视到辽东,然后返回。这些碑文据说是李斯的手迹,他也是"小篆"的创制者之一。正可谓:"有的人把名字刻入石头,想'不朽'",但是他的"名字比尸首烂得更早"。这句话也可以是针对秦二世说的。

胡亥登基后,马上采用赵高申明法令的意见,他和赵高密议:"从中央到地方,各级官员掌握实权,对我还不顺服,加上我的那些兄弟心怀叵测,肯定会和我争夺帝位,我该怎么办?"这些话正中赵高下怀,他装作犹豫不决的样子,在秦二世的追问下才说:"我早就想进言,可一直不敢。先朝的贵族,世世代代劳苦功高,这才延续至今,而我赵高只是一个地位卑贱的小人物,因为受到您的抬举,才身居高位,掌握官廷内部事务。大臣们对您的这个安排快快不乐,对我也是口服心不服,做表面文章。如今皇上出巡,何不趁此良机把那些对皇上心怀不满的地方大员杀掉,以威震天下。现在这个时候不应提倡文治而要动用武力,希望您在群臣还没有合谋反叛的时候,当机立断,马上采取行动。圣明的君主收买人心的方法是:卑贱的让他高贵,贫困的让他富裕,疏远的让他受宠。这些新贵们肯定会对您感恩戴德,如此就能上下团结一心,国家安定。您若想免除后患,就要雷厉风行,摧毁旧世界,再建新宇宙。"秦二世称善。

秦二世为什么要实行高压政策呢?这主要从两方面考虑。秦始皇时代,秦帝国就到了崩溃的边缘,秦二世有过之而无不及,百姓心有怨言,国家风雨飘摇、积重难返。他无德无能,治国无方,根本不知道"一张一弛,文武之道"等高深的政治哲学,只能依样画葫芦,继续学秦始皇,用严刑峻法压制百姓。他又怎能比得上秦始皇的雄才伟略?二

秦史之谜

◎ 秦二世上台后事与愿违的十大"成果"

	努力	目的	结果
1	把始皇庙与其他祖先的庙分开	尊崇秦始皇	国人并不像他那样爱他的爸爸
2	刚上台就东巡	镇抚四方	并没有因此而树立权威
3	凡是秦始皇刻石的地方,他也刻石	显示自己的正统	婢学夫人,终究是表演拙劣
4	杀害兄弟姐妹	稳固自己的宝座	倒台更快
5	复建阿房宫	怕不继续修建,就显示了始皇的过失	进一步激化国内矛盾
6	继续修建秦始皇陵	以尽"孝道"	进一步激化国内矛盾
7	选材士五万人守卫咸阳	确保首都安全和自己享乐	进一步激化国内矛盾
8	诛杀大臣	预防真话、实话、好话	内政动荡不安
9	法令更加严苛	巩固统治	逼反陈胜,天下响应
10	重用赵高	把权力交给自己信任的人	赵高把他送上断头台

人相差了十万八千里,结果是画虎不成反类犬。此外,他的帝位来路不明,是从扶苏那里篡夺来的。天下事总是这样,要想人不知,除非己莫为,"沙丘之谋"只能瞒得了一时,瞒不了一世,时间一长,各位大臣和秦始皇的其他儿子难免起了猜疑,议论纷纷。二世感受到了深重的政

第卅四章 人不人婢学夫人 鬼不鬼大开杀戒

治危机,这才让赵高想办法,于是赵高给他出了这样一个馊主意。

秦二世果然听话,展开霹雳行动,果断诛杀大臣和各位公子,又罗织罪名逮捕了一些职位偏低的近侍人员,没有谁能免除罪责。秦二世先是把他的兄弟杀掉了六个,接着又囚禁了公子将闾等三兄弟,之所以拖延,只是罪名和证据还没有收集齐全。他派使者对将闾说:"你对皇上心怀不满,应该被处死。"将闾说:"对于宫廷的礼法,我从来都是循规蹈矩;对于朝堂的位次,我从来都是按部就班;对于皇帝的询问,我从来都是有问必答。凭什么说我心怀不满?我只是想知道自己究竟犯了什么罪,也好死得明白。"使者说:"关于这件事,我没有回答你的权力,我只是奉命行事。"将闾于是仰天大呼,他喊道:"老天啊!我无罪。"兄弟三人痛哭流涕,拔剑自杀。这种白色恐怖的政策让皇族的人十分震惊,大臣们有仗义执言的就被认定为诽谤朝廷,只剩下为保住官职而低眉顺眼、阿谀奉承的。秦二世的倒行逆施让天下人十分恐慌,不知秦二世的葫芦里到底卖的是什么药。

秦二世又说:"先帝因嫌咸阳的宫殿太狭小,所以才营建阿房宫,但工程还未完工,他就驾崩了,于是我命令停建,加紧修筑先帝的陵墓。如今先帝已经顺利安葬,如果不把阿房宫营造完毕,那就是有意彰显先帝的过失了。"于是他又命人继续修建阿房宫,同时派兵安抚镇守四方,一切遵照秦始皇的方针行事。他再征五万精兵守卫咸阳,令他们学习骑射和饲养狗、马等宠物。考虑到这些人及狗、马等物必定会消耗大量的粮草,而咸阳没有充足的粮草,所以向其他郡县征调粮草,并且运粮人要自备干粮。老百姓不但要免费为国家办事,还要倒贴,法令的施行更加苛刻严厉。

官逼民反。秦二世元年七月,爆发了震古烁(shuò)今的陈胜吴广大泽乡起义，导火索是陈胜带领九百壮士去渔阳一带守卫边境，抵达大泽乡时，因天降暴雨道路被冲毁，致使他们无法按期抵达。秦朝法律规定，若是耽误日期，全部斩首（这可能是秦二世时的新规定。《睡虎地秦墓竹简》上记载，误期主要还是经济上的处罚。当然也可能兵役与徭役不同，兵役执行军法）。这时陈胜和吴广谋划，怎么都是死，不如拼死一搏，也许还能建不世功勋。于是二人喊出"王侯将相，宁有种乎"的口号，揭竿起义，建立"张楚"政权。

这时各地英雄豪杰纷纷响应，他们也饱受秦朝官吏的迫害，都把郡县的行政官员杀死，组织队伍，互相扶持，打着讨伐暴秦的旗号，自东向西杀向咸阳，起义的人不可胜数。这当中涌现出了许多杰出人物，最为知名的是刘邦和项羽，不过这段历史是秦汉之际的重头戏，本系列丛书之《楚汉战争》有详细叙述。使者从东方回来，把各地造反的情况汇报给秦二世，秦二世讳疾忌医，听后暴怒，把使者关进监狱。后来又有使者到来，秦二世又问东方的情况，使者说："东方只有一小股强盗，已经被地方官员全部抓获，没必要大惊小怪。"秦二世听后大喜，他不敢面对事实，只有掩耳盗铃、自欺欺人，这时东方已经沸反盈天了，他还做着青天白日梦。

秦二世二年冬天，陈胜派部下周章等人带兵几十万逼近了咸阳，秦二世非常恐慌，现在怎么也不能装糊涂了，他问群臣怎么办，章邯说："如今反贼兵临城下，声势浩大，这时从外调兵已经来不及了，幸亏骊山还有人数众多的刑徒，希望皇上赦免他们的罪过，然后派发给他们武器，以便攻打盗贼。"秦二世赶忙大赦天下。章邯领导这些人攻溃了起义军，周章被杀。秦二世又派司马欣和董翳领兵协助章邯，先是杀死了陈胜，又击溃了项羽叔父项梁的军队，也击杀了项梁，接着又消灭了另

第卅四章 人不人婢学夫人 鬼不鬼大开杀戒

外一些义军头领。此后，章邯挥师北上，攻打赵歇、张耳建立的赵国，把他们围在巨鹿，起义军的势头受到了遏止。这时，第二批起义军首领横空出世，刘邦率军向西进攻，项羽领兵北上救赵，接着，项羽在巨鹿大战中击败章邯。详情可参看本系列丛书之《楚汉战争》。

◎秦二世亡国七步走

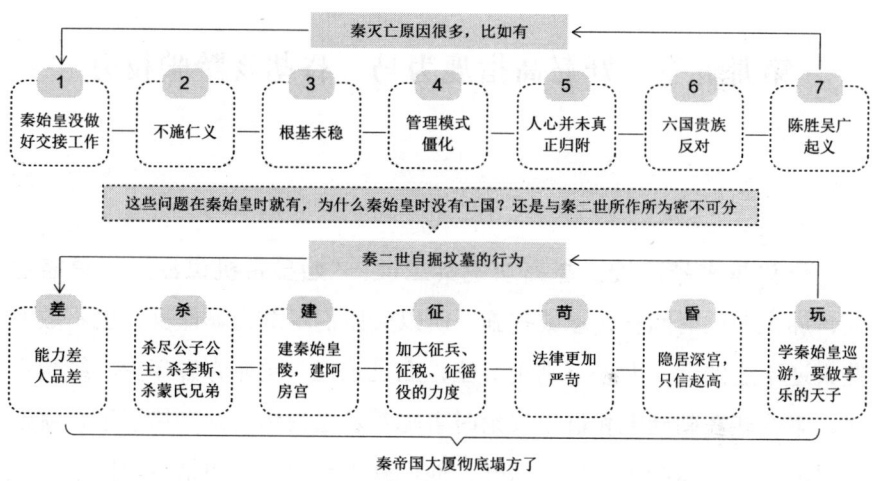

第卅五章　奸赵高指鹿为马　昏胡亥黔驴技穷

形势越来越严峻，赵高劝说秦二世："始皇帝机谋深远，勇略过人，加上在位时间长，恩威并施，所以大臣们不敢为非作歹，也不敢说些大逆不道的话，而陛下刚刚继位，立足未稳，更兼青春年少，经验不足，怎么能在朝廷上和群臣议论时事呢？若是说错了话办错了事，就把自己的短处暴露给了大臣，这样，他们就不会畏服，事情就危险了。作为至高无上的统治者，本来就不应该让他们轻易地听见皇帝的声音。"他之所以劝秦二世搞神秘主义，只是为了掩盖短处，这种"讳疾忌医、故弄玄虚"的做法是要害死人的，但秦二世后来真的躲到了深宫中，公卿们很少能见到他，他只和赵高密谋，决断各项事务。这时天下已经大乱，起义军越来越多，咸阳附近的士兵大多被抽调到东方去平定叛乱。

右丞相冯去疾、左丞相李斯、将军冯劫进言道："如今群盗蜂起，我们派军队征讨，谁知越杀越多，根本不起作用。追究起来，主要是因为徭役频繁、赋税太重、民不聊生，请求暂且停止修建阿房宫，节省民

第卅五章　奸赵高指鹿为马　昏胡亥黔驴技穷

力，收拢民心，这样才能从根本上制止叛乱。"秦二世说："我听韩非说过，尧、舜虽然贵为帝王，可他们的待遇都未必能赶得上现在的看门人。大禹治水的时候，他亲自拿锹（qiāo）挖土，泥水泡得他小腿都没有汗毛了，即使臣仆、奴隶的劳苦也未必能赶上他。我为他们深深惋惜。按道理说，帝王们是应该养尊处优、随心所欲的，他们行使威权，申明法令，使民众惧怕权威，这样，百姓就不敢胡作非为，君主才能驾驭四海。像尧、舜、禹这样的人虽然贵为天子，可还要亲自参加劳作才能教导百姓，这有什么值得效法的呢？我现在也苦恼，因为我只有皇帝的尊号，却不享有君王的实际尊荣，我要用无与伦比的盛大排场来张扬帝王的意志，使我实至名归。先帝从诸侯起家，兼并天下，威加海内，做出了亘古未有的大事业。他建筑宫室是为了彰显自己的丰功伟绩，使天下人知道天命所归，不敢再希图非分之福，你们也都看到了这良好的开端。而我继位才两年，就有盗贼兴风作浪，你们不能剿灭盗贼，还想要废止先帝未竟的事业，这样做既是对先帝的不敬，也是不能为我尽忠的表现。你们无德无能，凭什么占据高位？"他派人把这三人抓进监狱严加拷问，冯去疾、冯劫说："士可杀不可辱，何况是将相呢？"于是他们自杀了。胆小如鼠的李斯还想苟且偷生，千方百计地辩白，可是这时的他遇到了更加卑鄙无耻的赵高，只能甘拜下风了。在赵高的陷害下，李斯被腰斩，并被灭掉三族。

　　赵高铲除了李斯这个政敌后，进一步大权独揽。这时，章邯在"巨鹿之战"中被项羽打败，秦朝的统治从此江河日下，败局一发不可收拾。章邯派长史欣回咸阳汇报工作，另外还想让朝廷再派点兵，可是赵高不见这个使者，因为那时他不信任章邯了。长史欣感受到咸阳政治气氛的紧张，就不敢停留，顺着小道跑回军营，赵高派出的追兵没赶上。

长史欣对章邯说:"赵高一直欺上瞒下,现在他想找替罪羊了,将军处境危急,不管胜败都难逃被诛杀的厄运,您还是尽早为自己的将来打算吧。"章邯穷途末路,只好投降了项羽。

赵高也知道真相早晚会大白于天下,但是他固执地认为,要想让谎言战胜真理,只有继续欺骗,同时自己要找机会把秦二世做掉,这样才能高枕无忧。他想作乱,但是怕大臣不听从自己,就导演了一场政治闹剧。有一天,他把一头鹿献给秦二世,说:"这是一匹马。"秦二世笑道:"丞相弄错了吧?这明明是一头鹿。"他又询问大臣,大臣们有的沉默不语,有的曲意逢迎,有的实事求是。赵高就运用法律条令对那些不顺从自己的大臣加以陷害,此后,群臣都惧怕赵高,这就是成语"指鹿为马"的来历,有颠倒黑白、混淆是非、擅作威福之意。

赵高以前多次说"关东的盗贼成不了什么气候",等到章邯的军队屡战屡败并上书请求增援,义军联盟向西推进的时候,赵高依旧欺上瞒下,把那如同雪片般飞来的奏章都压了下来。但是,当刘邦带兵来到武关的时候,他再也掩盖不住了,这是因为,只要刘邦稍微努力一下,就可以轻而易举地进入咸阳。

刘邦派人和赵高暗中联络,赵高这时也怕秦二世发怒杀了自己,所以他称病不去朝见秦二世。秦二世梦见一只白老虎撕咬自己的左骖马,虽然他杀死了白老虎,可醒来后心中郁闷,就让别人给自己解梦。术士说:"根据卦象显示,这是泾水的水神在作怪。"秦二世就斋戒沐浴,准备用四匹白马祭祀水神,同时又派人去赵高那里询问剿灭盗贼的事。赵高十分恐惧,私下里和他的女婿阎乐、弟弟赵成商议:"皇帝刚愎自用,不听劝谏,如今事态紧急,就想把过错都推到我们家族头上。我想废掉他,改立子婴。子婴仁厚、勤俭,深得百姓信任,应该是不二人

第卅五章　奸赵高指鹿为马　昏胡亥黔驴技穷

选。"赵高先与郎中令勾结，令其做内应，诈称有盗贼，然后让阎乐以搜捕盗贼为名带兵进入宫中，趁机除掉二世。为保险起见，他把阎乐的妈妈扣在自己的府中当人质。

阎乐有进无退，就带了一千多名士兵来到望夷宫殿门外，把看守宫门的长官绑了起来，说："盗贼从这里进去了，你怎么不禁止？"对方回答说："皇宫有重兵把守，盗贼怎么会进入呢？"阎乐没等他把话说完就斩杀了他，带兵横冲直撞，边走边射箭，有抵抗者格杀勿论，杀了几十人。宦官们惊骇异常，大多逃走。乱箭把秦二世座位旁的帷帐都射穿了。秦二世大怒，让左右侍者反击，可谁都不敢格斗，一哄而散，身边只剩一个宦官。秦二世赶忙跑入内宫躲避。他对这个宦官说："事情竟然到了这步田地，你怎么不早告诉我？"宦官回答道："我正是因为不敢说实话，才得以保全。我若实话实说，早就被您诛杀了，哪能活到现在呀？"

阎乐马上又找到秦二世，数落他道："你生性骄傲无知，蛮不讲理，恣意妄为，心狠手辣。如今天理昭然，老百姓都已背叛你了，你还是考虑一下自己的前途吧。"秦二世说："我能否见到赵丞相？"阎乐说："绝不可以。"秦二世说："我想拥有一个郡的土地行吗？"阎乐说："痴心妄想。"秦二世说："那我只做一个万户侯如何？"阎乐道："痴人说梦。"秦二世可怜兮兮地说："我情愿和妻儿做个平民百姓，这总行了吧？"阎乐双眼一瞪，厉声说道："我收到丞相的指令，要替天行道，你虽然说了这些话，可都是不切实际的空想，我不敢回报。"士兵拥上前来，秦二世只好自杀。

第卅六章　成功易终功不易　秦帝国轰然崩塌

阎乐向赵高报告，一切搞定，赵高把所有大臣、贵族召集起来，向他们通报诛杀二世的情况。他说："秦以前是诸侯王国，始皇帝君临天下以后，才称作'皇帝'，可如今六国的后人又重新建国，秦朝所能控制的区域已大大缩水，仍然使用'皇帝'的称号名不副实，应该还像以前那样称'王'，才显得贴切便利。"于是拥立秦二世兄长的儿子子婴为秦王（一说子婴为秦始皇的弟弟、秦二世的叔叔，也合理）。从秦始皇称帝到重新回落到诸侯王的起点，也不过是十五年的光景，他的千秋万代以至无穷的秦王朝的辉煌蓝图，顷刻间化为泡影。

赵高按照平民百姓的规格胡乱安葬了秦二世，又让子婴在约定的日期参加登基典礼。子婴和自己的两个儿子商量（他的儿子能参与决策，说明他的年龄肯定不小，他有可能是秦始皇这一辈的）："赵高在望夷宫杀死了秦二世，害怕群臣讨伐他，才做出伸张正义，要立我为王的姿态。我听说他和起义军订立盟约，灭掉秦的宗室贵族后他可以称王。他让我斋戒

第卅六章　成功易终功不易　秦帝国轰然崩塌

后再去拜祭宗庙，肯定是想在这几天谋划妥当，等我进入宗庙时趁机刺杀我。我若假称有病不去，他一定会亲自来探问，只要他来就让他有来无回。"赵高多次派人请子婴，子婴就是不动身，他果然亲自来催，说："在宗庙中接受印信这么重要的仪式，您怎么还不去呢？"子婴就在斋宫中刺死了赵高，接着在咸阳当众处决了赵高的三族。他成了所谓的"秦三世"。

◎赵高给自己"精心设计"的灭亡之路

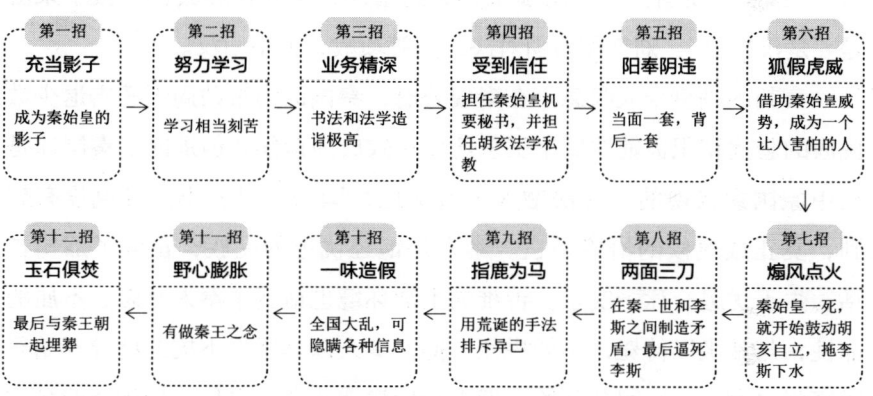

子婴只当了四十六天秦王，刘邦的大军就逼近咸阳。刘邦派人招降子婴，子婴于是用绳子拴着脖子，坐着涂成白色的车子，捧着天子的印信请降，这是成语"素车白马"的来源，"素车"指用白漆涂刷的车子，是在丧事或有其他凶事时使用的车马，现在也指送葬。刘邦于是进入咸阳，废除秦法，只是约法三章（这只是权宜之计，不久逐渐恢复秦法中的法条），杀人者死，伤人及盗窃按照轻重程度论罪。有人劝刘邦杀死子婴，可刘邦认为对方已经投降，若斩尽杀绝有违天意。这时的他已有称霸之志，又听从张良、樊哙的建议，把秦朝的府库宝藏封存起来，退兵到离咸阳不远的霸上。

　　过了一个月左右，项羽也带兵到了咸阳，听说刘邦收买人心，决定攻击他，这时发生了"鸿门宴"。刘邦抓住项羽优柔寡断的性格缺陷巧妙逃脱，双方讲和。然后项羽进入咸阳，杀掉子婴及其宗室的所有人，并对咸阳百姓大开杀戒，烧掉了秦宫室，把美人宫女收掠一空，没收了秦朝的珍宝钱物，伙同其他诸侯瓜分了这些东西。灭秦以后，他把关中的土地分成三块，由投降项羽的三个秦将章邯、司马欣和董翳治理，号为"三秦"，项羽自称西楚霸王，大封诸侯，秦朝彻底灭亡。接下来就是"楚汉相争"，刘邦和项羽对决，刘胜项败，天下归汉。

　　秦朝的兴衰令人叹息。在秦襄公时，秦国因为帮助周天子击退少数民族的骚扰和积极辅助周平王东迁而正式成为诸侯，但那时的秦国还是被中原国家轻视的，无法融入主流文化，国力相对弱小。谁也没有想到，真正成气候的恰恰是它。秦人是饱经忧患的民族，正应了那句古话：生于忧患，死于安乐。苦难的生活环境也造就了秦人坚忍、不屈的品性，与其坐以待毙，不如拼死一搏，秦人以其坚忍不拔的精神开始寻求富强之道。从秦穆公开始，秦人开始崭露头角。秦穆公最优秀的品质就是：任人唯贤。百里奚和蹇叔为奋起直追的秦国开了一个好头。有人说：良好的开端是成功的一半。这种开端为秦国建立了良好的人才任用机制，正是这种机制使秦国吸引了当时最优秀的人才。到了秦孝公时代，商鞅变法更是改造了秦国的政治体制、社会文化和国民素质，有效地增强了战斗力，二十年的工夫就使秦国成为诸侯中的佼佼者。商鞅的改革是改变历史的，秦人由弱变强是有其必然性的。

　　秦国的人才基本上都是外国人。比如说百里奚，当时他周游列国，可就是得不到重用。难道说他在别的国家时一无是处，到了秦国才灵光

第卅六章 成功易终功不易 秦帝国轰然崩塌

一闪突然聪明起来了吗？绝对不是。百里奚始终如一，只是其他国家的统治者缺少一双发现的眼睛罢了，这也是韩愈感慨"千里马常有，而伯乐不常有"的原因。人才是随处可见的，关键就在用与不用。那些优秀的人才，在别处是"虎落平阳被犬欺"，可是一到秦国就能如鱼得水，纵横四海，这是为什么？就在于不同的用人机制。百里奚虚怀若谷，蹇叔目光如炬，商鞅雄才大略，张仪三寸舌抵百万雄师，白起战功赫赫，范雎机谋深沉，李斯是行政奇才……正是这些优秀人才的不遗余力，才塑造了秦国的未来。秦国在人才的大比拼中技高一筹，最后由秦始皇兼收并蓄，运用文治武功，最终取得了天下。只可惜秦二世子不类父，才让秦朝成了昙花一现的短命王朝，悲哀呀！

◎做一道诸子连线题

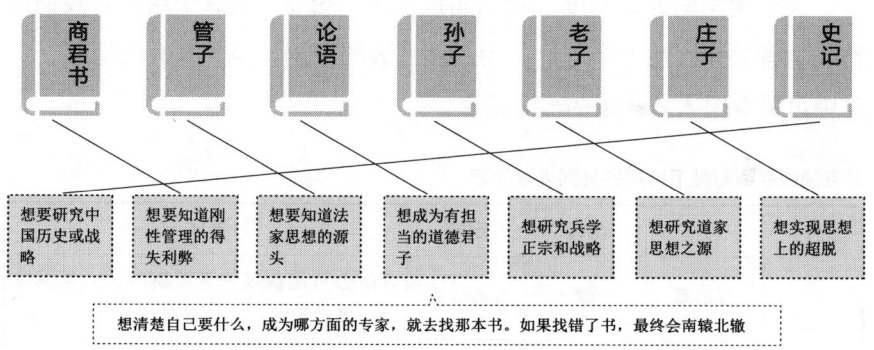

想清楚自己要什么，成为哪方面的专家，就去找那本书。如果找错了书，最终会南辕北辙

第卅七章　迎客卿有容乃大　不择流海纳百川

关于秦国的客卿制度，我们还是从一个图表开始这个话题。我们以清代学者洪亮吉的一个统计作为制作图表的依据，虽然会有所遗漏，但从中可见秦国人才政策的一个缩影。

◎秦国在客卿制度下延揽的外国人才简表

时代	人物	国籍	定位	备注
秦穆公	百里奚	虞	五羖大夫	晋献公假途伐虢，灭掉虞国，百里奚被俘，逃到楚国，后来入秦
	蹇叔	宋（存疑）	上大夫	百里奚副手。此前居住在宋国
	由余	西戎	谋臣	祖籍为晋。反助秦讨伐西戎
	丕豹	晋	谋臣	晋大夫丕郑之子。丕郑被晋惠公杀死，丕豹逃到秦国，不断提出反晋策略
	公孙支	晋（存疑）	大夫	《左传》记为公孙枝。初游晋，后入秦
	内史廖	不详	内史	《说苑·尊贤篇》记载为王子廖

第卅七章 迎客卿有容乃大 不择流海纳百川

续表

时代	人物	国籍	定位	备注
秦穆公	孟明视	新秦人	将领	一说百里奚之子，一说即百里奚
	西乞术	新秦人	将领	蹇叔之子
	白乙丙	不详	将领	
秦孝公	商鞅	卫	商君	中国历史上争议最大的改革家
秦惠文王	公孙衍	魏	纵横家	又名犀首。一说为秦人，曾为秦相
	张仪	魏	纵横家	主要任秦相，后又短暂任魏相、楚相
	司马错	不详	将领	司马迁八世祖。《司马错论伐蜀》体现了他的战略远见
	乐池	赵	相国	一度任秦相
	魏章	魏	将领	任庶长。大破楚军于丹阳
	陈轸	楚	纵横家	
	齐明	齐（一说楚）	纵横家	贾谊《过秦论》中提到过此人。《史记索隐》记载："东周臣，后仕秦、楚及韩。"
秦武王	甘茂	不详	左丞相	下蔡人（安徽境内）
秦昭襄王	田文	齐	相国	即孟尝君。短暂为相，因其他考量而作罢
	楼缓	赵	相国	原赵国贵族，支持赵武灵王改革。后入秦
	寿烛	不详	相国	秦昭王十五年（前292）为相，任职大约一年
	向寿	楚	将领	《史记·樗里子甘茂列传》说他是"宣太后外族"，宣太后为楚人，他也应是楚国人
	白起	不详	武安君	秦国战神

291

秦史之谜

续表

时代	人物	国籍	定位	备注
秦昭襄王	任鄙	不详	将领	秦昭王十三年（前290），出任汉中郡守，与智囊樗里子并称
	吕礼	不详	五大夫	
	蒙骜	齐	将军	秦国骁将
	斯离	不详		2017年冬，在秦咸阳城遗址出土一件蜀郡郡守斯离监造的铜器。尉斯离，应该是蜀郡郡尉斯离，他也曾做过蜀郡郡守
	胡阳	不详	客卿	
	王陵	不详	将领	秦昭王四十八年，秦国发动邯郸之战，王陵为主帅。四十九年正月，王陵因战绩不佳被免职
	王龁	不详	将领	也记为王齮。长平之战前期和邯郸之战后期的统帅
	司马梗	不详	将领	秦昭王四十八年（前259），奉命北定太原，占韩国上党（治所在山西长治）
	张唐	不详	将领	秦昭王四十九年（前260），率军攻魏
	范雎	魏	相国	远交近攻战略的制定者
	蔡泽	燕	相国	替代范雎为相，在相位不久，被谗隐退。历经秦昭襄王、秦孝文王、秦庄襄王、秦王政四代
	将军摎	不详	将军	秦昭王五十一年（前256），攻韩，斩首四万。同年，灭西周国
	魏冉	楚	相国	宣太后芈八子异父同母的长弟，秦昭襄王之舅，曾经左右秦国政局
秦庄襄王	吕不韦	卫	相国	商人政治家
	蒙武	新秦人	将领	蒙骜之子

第卅七章 迎客卿有容乃大 不择流海纳百川

续表

时代	人物	国籍	定位	备注
秦始皇	麃公	不详	将军	姓名失传，因封邑在麃（今陕西洛川），故称。参与攻魏之战，斩首三万
	茅焦	齐	谋臣	茅焦认为，流放母亲，有违孝道，是向天下散布恶名，嬴政才把母亲接回咸阳
	尉缭	魏	国尉	在秦始皇统一六国的过程中，尉缭担任秦王政的参谋长
	桓齮	不详	将军	素有战功，在统一六国的战争中发挥了作用，杨宽的《战国史》中认为他就是樊於期
	王翦	不详	将军	攻赵、平燕、定楚、降伏百越。因功被封为武城侯
	杨端和	不详	将领	与桓齮、王翦齐名，统一六国时有战功
	王贲	不详	将军	王翦之子。与父亲王翦在统一六国的战争中立有大功
	王离	不详	将军	王翦之孙
	王绾	不详	丞相	秦始皇统一六国后为丞相，后来建议实行分封制，遭到李斯反对
	李斯	楚	丞相	争议最大的秦朝丞相
	羌瘣	不详	将领	秦王政十八年（前229），与王翦共同伐赵，第二年，抓住赵王迁
	昌平君	楚	相国	平定嫪毐之乱的功臣
	昌文君	楚	相国	平定嫪毐之乱的功臣
	李信	不详	将军	汉代"飞将军"李广的先人。攻燕、破齐时立下大功，攻击楚国时因轻敌致败
	冯劫	韩人之后	将军	按照一说，冯劫、冯去疾为韩国上党郡郡守冯亭之后，一支归秦，一支降赵，那么他祖上应为韩国人

293

续表

时代	人物	国籍	定位	备注
秦始皇	赵亥	不详	不详	秦始皇时被封为建成侯，曾跟随始皇东巡，刻石颂德
	隗状	不详	丞相	《史记·秦始皇本纪》上记载为隗林，在后世出土的带有秦始皇二十六年诏书的度量衡器上，都是隗状
	王戊	不详	卿	名字出现在秦始皇二十八年（前219）琅邪石刻上
	赵婴	不详	五大夫	名字出现在秦始皇二十八年琅邪石刻上
	杨樛	不详	五大夫	名字出现在秦始皇二十八年琅邪石刻上
	蒙恬	新秦人	将军	蒙骜之孙，蒙武之子。蒙骜是齐国人，在秦昭襄王时投奔秦国，蒙恬应该算是齐人之后，是新秦人。在统一六国的战争中攻齐国有功，后来防守北方，威震匈奴，很受秦始皇宠信。最后被秦二世赐死
	辛胜	不详	将领	秦王政二十年（前227），荆轲刺秦王事件之后，嬴政大怒，派王翦、辛胜进攻燕国，大败燕军

关于这个表格和秦国的客卿制度，还有一些情况需要说明。非同一般的人才政策，是秦文化的一大闪光点。

表中所列人物，是根据洪亮吉总结的名单进行梳理的，并适当做了一些增减。笔者对表中的每一个人物都做了力所能及的考证，至于说还有失误，那就是无心之失了。洪先生认为这些人物都是客卿，也就是说，都是外国专家，可是对于很多人物，笔者并没有找到直接的证据，证明其一定是外国人。有一些人物则明确记载了国别，应该无误。总

第卅七章　迎客卿有容乃大　不择流海纳百川

之，秦国重用外国人才，这是毫无异议的。

在标注孟明视、西乞术时，将其定义为新秦人，是因为百里奚、蹇叔先行入秦，又召二人入秦，此时他们已经是成年人，祖籍应该与各自的父亲相同。所能追索到的信息表明，百里奚是虞国公族，应该出生在虞国。虞国靠近虢国，晋献公在位时，要去讨伐虢国，想要从虞国借道。百里奚和宫之奇劝阻虞国国君，认为虞国与虢国唇齿相依，一国被灭，另一国不得独完。然而，虞国国君贪图蝇头小利，决定借道，于是秦国灭虢国的同时，也灭掉了虞国，百里奚成为俘虏。他逃到了楚国，又被秦穆公以五张公羊皮索回。这在前文都有详述。至于蹇叔是否宋国人，也没有确证。但是，他们都不是土生土长的秦国人，这应该是确实的。蒙武（父）、蒙恬（子）的情况也类似，蒙骜（祖）是在秦昭襄王时来秦国效劳的齐国人，其后代可以称为新秦人。

按照我的考证，有些人物找不到更加权威的说法，只能标注为国籍不详。这些人自身，或者其祖上，应该都不是秦国人，这应该是事实。

公孙支在《左传》中的记载为"公孙枝"，嬴姓，名支。最初他在晋国游历，秦穆公听到其贤名，又把他请回秦国，任大夫。因其多献良策，很有辅助之功，深得秦穆公信任。他曾经举荐百里奚、孟明视。《韩非子·说林上》记载，公孙支"自刖而尊百里"，如果这个记载是正确的，那么公孙支就太伟大了。他担心百里奚不能获得威信，于是故意触犯刑律，让百里奚以刖刑来处罚自己。按照这个说法，公孙支倒不算外国人，应该是秦国人。然而，如果没有秦穆公的礼贤下士，他极有可能在晋国为官做事了。说到底，还是秦人延揽人才的政策起了作用。

昌文君，战国时楚国贵族，芈姓，名字失考。在秦王政初年入秦，任秦相国。嫪毐叛乱之时，他与昌平君奉秦王嬴政的命令率领军队平

295

叛，因功被封为昌文君，后来遭到贬谪、迁徙。关于昌平君，《史记索隐》中记载："昌平君，楚之公子，立以为相，后徙于郢，项燕立为荆王，史失其名。"这样看来，昌平君也是楚国贵族，芈姓，大致也是在秦王政初年入秦，同样参与了平定嫪毐之乱，因功被封为昌平君，后来遭贬，迁徙到郢。秦王政二十三年（公元前 224 年），秦攻打楚，昌平君被楚将项燕拥立为荆王，于淮南反叛秦国，第二年，被秦将王翦攻破，杀死。关于昌平君的问题，是一个学术问题，在此不做深述，有一种可能就是，带领二十万军队攻击楚国的李信，因为遭遇昌平君的叛乱，猝不及防，结果被楚军追杀了三天三夜。因为昌平君之反叛实在是出乎意料，所以秦王嬴政原谅了李信。按照秦国的法令，败军之将没有活路，可是李信并没有因此而死，后来他还与王翦的儿子王贲参与了平定燕、齐的战役。

表中的人物大多是秦昭襄王时代和秦始皇时代负责征战的将军，他们在执行秦昭襄王的远交近攻战略和秦始皇统一六国的战略中发挥了各自的作用。

郑国也应该算作秦国的客卿。《史记·河渠书》记载，韩国听说秦国喜欢搞基础设施建设，就想消耗秦国的人力和财力，从而让秦国没有余力向东用兵。于是韩国派郑国做间谍，以水利技术专家的身份劝说秦国的决策者连接泾水和洛水，长三百多里，用来灌溉田地。此时是秦王政元年（公元前 246 年），正是吕不韦和太后执政的时期。工程历经十来年才完工。在工程将完工时，秦国察觉韩国的意图，想杀郑国。郑国说："刚开始我是间谍不假，然而河渠建成，秦国将获取大利。"秦国认可了，于是把河渠建成。有了这条生命线，四万多顷盐碱地得到浇灌，含有淤泥的黄水可以降低土地的盐碱含量。于是，"关中为沃野，无凶

第卅七章　迎客卿有容乃大　不择流海纳百川

年，秦以富强，卒（cù，最终、终于）并诸侯，因命曰郑国渠"。郑国渠的建成，使得韩国的"疲秦计"变成了"强秦计"。

秦惠文王当政时，张仪和司马错代表了两个战略方向。由于秦在西，韩在秦之东，巴蜀在秦之西南，张仪建议向东用兵，司马错则建议向西南用兵，吞并巴蜀，"得其地足以广国，取其财足以富民缮兵"，最后的结果如司马错所预判："蜀既属秦，秦以益强，富厚，轻诸侯。"等到秦昭襄王任命李冰为蜀郡郡守之后，这位杰出的水利专家修建了举世闻名的都江堰。可以说，夺取巴蜀、修建都江堰、挖掘郑国渠，是秦国历史上三大国家级的战略行动，建立了巴蜀和关中两大粮仓，这是秦国统一六国的经济保障。

第卅八章　魄力大用人不疑　频失策叶公好龙

秦国的人才政策有下列特点：

（1）有浓重的实用主义色彩。从前面的论述中可知，在秦国得到重用的以政治家、纵横家、外交家、谋士、法家和将领为主，基本上没有儒家人士和文学之士，由此可以印证，秦国的国君不重视儒家和文学。秦孝公以后，秦国引进的人才首先就是要有真才实学，其次要符合秦国的农战政策，还要符合秦国统一天下的战略需求。法家人物是秦国最喜欢的，韩非如果不是受到李斯的陷害，也有可能被纳入客卿的队伍。不过韩非虽死，秦始皇却一直执行着韩非的学术思想。这并不是说，秦国一点也不重视儒家思想，《睡虎地秦墓竹简》中的"为吏之道"，就体现了儒家修身、齐家、治国、平天下的精髓。秦始皇统一六国之后，也把一些儒家博士当作皇帝顾问，不过这有装点门面的嫌疑。秦国的政策就是要实效，不尚空谈，这体现在方方面面。虽然这样的用人思路也有弊端，缺少了用人的多样性和学说之间的彼此融合与修正，但是务实，这

第卅八章 魄力大用人不疑 频失策叶公好龙

是用人上最关键的一环。

在这一点上，六国与秦国形成的反差是：用名重于用实。齐国曾经设了一个"稷下学宫"，稷下，在齐国首都临淄城的稷门附近，由此得名，在齐威王时获得了极大的发展，既有固定的先生，也有来此举办学术论坛的先生，孟子就在"稷下学宫"讲过学，淳于髡（kūn）、慎到、申不害、荀子等都是稷下学士。它类似于官方主办、私家运营的学术研究中心，由官方财政拨款，同时又有独立的学术自由，里面的先生可以著书立说，招收门徒，同时可以不担任齐国官方职位，只是参政议政。这个机构对于中国学术思想的研究和传播影响极大，但是对于齐国当时的政局和政策的影响如何，并没有得到大量的验证。这样的机构不可能产生于秦国，这是秦国学术不昌的原因之一，也是秦国在用人思路上与其他国家最大的不同，它太注重实效。这是秦国之长，也是秦国之短；这是齐国之短，也是齐国之长。

（2）人才政策执行得坚定而持久。在引进外国人才的政策导向上，秦穆公确实开了一个好头，这也让后世的国君看到了引进人才的巨大效应。但是在秦穆公之后，大约两百年间，秦国慢慢衰落了。在秦孝公和其父亲秦献公在位之前约四代，秦国的政局不稳，这就进一步削弱了秦国的国力，导致出现"诸侯卑秦"的情况。因此，秦孝公发愤图强，从此之后，秦国就没有关闭人才引进的大门。很多人在其他国家报国无门，或者穷途末路，来到秦国则可以大展雄才。秦国虽然出现了"逐客令"这样的插曲，但毕竟没有变成现实。秦国的人才引进政策从秦孝公时代一直持续到秦始皇统一六国，基本上与农战政策、军功授爵制度并存。秦始皇统一六国之后，认为自己不可一世，智慧超群，这才使秦之人才政策寿终正寝。

秦国在招揽和使用人才上具有一定的格局和魄力，因此名声在外，不断地吸引六国中想要建立一番事业的士子，使秦国一代比一代强。商鞅死后，商鞅变法的政策继续执行；范雎死后，远交近攻的战略并没有终止；虽然郑国阴谋败露，但是郑国渠依然得以修建；韩非被杀，可是韩非的思想在秦国依然得以延续。当时，吸引客卿不是秦国一国的政策，其他国家同样引进外国人才，可是坚持到底，并且大规模使用外国人才的，只有秦国。

在这一方面，六国与秦国形成的反差是：只能强国一代。通常情况下，只要国君一换，上一任国君重用的人才立马会被杀，或者被驱逐，同时被消灭的就是这个人的政策及思想。燕昭王重用客卿乐毅改革燕国内政和军事，并且组织军队击败了齐湣王，可是燕昭王一死，儿子燕惠王继位后，乐毅马上受到猜忌，被迫逃到赵国，燕国马上就雄风不再。

最有代表性的就是吴起的经历，他是商鞅之前的法家人物，卫国人，后来在鲁、魏、楚任职。他也是一个标准的客卿。他到魏国时，执政者是魏文侯，魏惠王的爷爷。前文提到过，魏国实行的"武卒制"，即吴起主导的军事改革，使得魏国成为战国前期的霸主。魏文侯去世后，魏武侯继位，吴起马上被排挤，他去了楚国。楚悼王也想有一番作为，他重用吴起实行变法，主导思想与商鞅变法异曲同工。当然，吴起变法早于商鞅变法，我这么说是为了方便大家理解。吴起变法的目的也是要改变楚国的世卿世禄制度，使得赏赐与功劳挂钩，而不是与血缘挂钩。这就使楚国的宗室大臣与吴起不共戴天。非常不幸的是，吴起没有商鞅的运气，楚悼王主持的吴起变法只有一年，楚悼王去世后，法律也被废掉。宗室大臣联合起来要杀了吴起，吴起就躲在楚悼王的尸体后。可是这些人实在太恨吴起了，竟然不顾楚悼王的尸体，乱箭射死吴起，

第卅八章 魄力大用人不疑 频失策叶公好龙

楚悼王的尸体也中箭。楚悼王的儿子楚肃王继位后，诛杀射中楚悼王尸体的人，株连了七十多家。

（3）相国人选，重视客卿，不看重宗族和国人。秦孝公之后，担任秦国丞相一职的，除了樗里子为秦国宗族之外，其他的都是外国人，这在七国之中是非常独特的。樗里子，也叫樗里疾，是秦孝公的庶子，母亲为韩国人，秦惠文王的异母弟弟，这是货真价实的秦国宗族成员。他能说会道，足智多谋，绰号为智囊，军事和外交能力都比较强。秦惠文王八年，他的爵位为右更，二十等爵中的十四级爵。秦武王继位后，驱逐张仪、魏章，任命樗里子为右丞相，甘茂为左丞相，两人搭档，为秦国的扩张贡献了力量。秦昭襄王七年，樗里子去世。除了樗里子，在秦孝公之后担任秦国相国职位的人中，还未发现有秦国的宗族。这是秦国任用丞相的一个特点。因此，秦国比其他各国更加彻底地铲除旧贵族，铲除世卿世禄制度的土壤，秦国得以脱胎换骨。

六国与秦国形成的反差为：相位基本上由各国的宗族和国人把持。公仲侈（韩侈、公仲明、韩朋），韩国公族，韩宣惠王时任相国。韩国的公仲、公叔为韩襄王时期（公元前311—公元前296年）的重臣，公仲担任过相国。当然，韩昭侯时也任用过郑国的客卿申不害为丞相，实行变法，但是丞相的主流人选以宗族和韩国人为主。

看魏国的情况：魏文侯时的丞相魏成是魏文侯的弟弟，魏惠王时的丞相公叔痤是公族。《史记·魏世家》和《战国策·魏策二》记载了相似的故事：魏哀王时，丞相田需去世，楚国丞相昭鱼担心张仪、公孙衍（犀首）或者田文（即孟尝君。当时人才流动非常频繁，作为齐国宗室，田文出于政治利益，先后担任齐相、魏相）顶替相位，成为楚国的威胁，于是派遣纵横家苏代去魏国干扰魏哀王的人事任命，结果魏国太子被任命为丞相。这个太子应该就是继承魏哀王的魏昭王。魏昭王时的丞相魏齐，也是魏国的宗室公子。魏昭王的继承者是魏安僖王，其小儿子就是大名鼎鼎的信陵君魏无忌。在争霸的过程中，魏国霸权失落，这是非常可惜的。它是一个留不住人才的国家，大量的一流人才在魏国得到了锻炼和成长，最后成为其他国家的人才资源，比如吴起、商鞅、孙膑、范雎、张仪、信陵君这六个人，每一个都是响当当的人物。信陵君因为窃符救赵，加上才干卓著而受到魏安僖王的极度猜忌，不得不滞留赵国。后来他回到魏国，也难展雄才，不得不以醇（chún，酒味浓纯）酒美人自娱，郁郁而终。

赵国的情况和魏国相似。赵烈侯时的丞相公仲连、赵武灵王时的丞相赵豹、赵惠文王和赵孝成王时的丞相平原君赵胜，都是赵国人或者赵国的宗族，虽然也有赵孝成王时客卿田单为相的情况，但相位基本上还是在赵国宗室大臣或赵人的手里。《史记·平原君虞卿列传》中记载了公孙龙对平原君说的一段话，非常能说明问题。公孙龙认为，当初赵王让平原君当丞相，并不是因为他的智慧在赵国独一无二；当初给平原君封赏领地，也不是因为他有什么特殊的功劳。归根到底，就因为平原君是赵王的亲戚。

齐国情况也类似。齐威王时的丞相邹忌，是齐国人；齐宣王时的丞相田婴（孟尝君之父），是齐国宗族；齐湣王时的丞相田文（孟尝君），是齐国宗族；齐襄王时的丞相田单，是齐国田姓王室的远房亲族。在齐国遭受乐毅组织的联军攻击，几乎沦亡的情况下，是田单恢复了齐国的政权，于是他成为齐国丞相。后来他受到猜忌，流亡到赵国，也一度出将入相，这是齐国的损失。

燕国、楚国的情况也都类似，尤其楚国，宗室贵族的势力极其强大。在楚国,芈姓有熊氏、若敖氏、蒍(Wěi)氏、屈氏、昭氏、景氏几大分支,熊氏是王族,若敖氏、蒍氏在春秋时代,屈氏、昭氏、景氏在战国时代,基本上掌控了令尹(相当于丞相)的职位,例外的是吴起(楚悼王时)、春申君黄歇。吴起是鲁国人,算是一个外国人才;春申君黄歇似乎不是楚国的贵族大姓,可也是楚国人。这就是六国与秦国在相国这一重要的人事任用上的主要差别。

(4)基本上可以做到用人不疑、人尽其才。前文提到,孟明视在秦穆公时担任秦军主要统帅,在秦穆公三十三年的崤之战中,全军覆没,孟明视、白乙丙、西乞术都成了晋国的俘虏。他们回到秦国之后,都认为必死无疑,可是秦穆公认为这次失败的领导责任在自己,不是将领的错。他依然信任他们,不仅恢复了他们的职务与爵禄,而且比过去更加厚待他们。秦穆公三十六年时,孟明视起兵,"渡河焚船,大败晋人"。这比项羽的破釜沉舟早了四百年左右,显示了有进无退的意志。至于商鞅,那就不用说了,举国听之,商鞅已经成了不戴王冠的秦王。秦孝公与商鞅之间做到了善始善终。

按照中国人的传统观念,宗族和血缘是重要的情感和信任纽带,家里人、娘家人是比较容易得到信任的,而对于外人,人们往往有很强的戒备心理。相信客卿对秦国忠诚,这不仅需要魄力,更需要相关的用人机制做保证。正是因为秦国没有盲目排外,并且给了客卿足够的发展平台和机会,才出现了李斯《谏逐客书》中所说的一个情况,即"士不产于秦,而愿忠者众"。相对而言,秦国做到了人尽其才。司马错建议讨伐巴蜀,秦王经过理性思考,果断接受其建议,最后获得了巨大的国家利益。郑国的间谍身份曝光后,秦国决策者一旦认可郑国渠的战略价值,就依然支持他继续推进项目,并且命名该工程为郑国渠,认可其个人品牌价值，这些都是其他国家很难做到的。

六国与秦国的反差为：用人上大多数是叶公好龙。这样的案例比较多，我们只选取一个人来做一个说明，这个人就是虞卿。虞卿的名字已失传，他在游说赵孝成王时，被封在虞（今山西平陆），又被拜为上卿，所以被称为"虞卿"。他穿着草鞋，打着雨伞去见赵孝成王，头一次见面，赵王就赐给他黄金百镒、白璧一对，第二次见面就封他为赵国的上卿，这样的经济待遇和政治待遇可是不低了。既然如此看重他，就应该给他实际的权力，或者重视他提出的意见，然而，《史记·平原君虞卿列传》中记载，虞卿提出了三个建议，第一个建议被否决，则是赵国重大的损失；第二个建议，虞卿费了九牛二虎之力才让赵王接受；第三个建议被痛快地接受，但它并不是非常重要的战略决策。

我们重点说一下虞卿的第一个建议。

秦、赵两国在长平交战时，赵国初战不利，损失了一个都尉，于是赵王找来楼昌和虞卿商量。楼昌主张派出高级代表团去秦国求和，虞卿认为大战已经不可避免，秦国已经全力以赴，准备打败赵国，此时派人去求和，只会使赵国丧失外交主动权，现在莫不如拿着贵重礼物去结交魏国和楚国，并且召开盛大的发布会，发布外交公报，造成一种声势，使秦国认为六国合纵抗秦的局面又形成了，这时再去秦国求和，才可能达成求和的心愿。可是赵孝成王没有接受这个建议，他还是派出了和谈代表郑朱去秦国。

虞卿认为，在没有争取到魏、楚等大国支持的情况下派出和谈代表，不但和谈不会成功，而且军事上还要遭遇重大失败。既然郑朱是显贵人物，又是赵王派出的全权和谈代表，秦昭王和相国范雎一定会给予高规格的外交礼遇，不仅接待得好，而且会让各国驻秦使者、外交使团

第卅八章 魄力大用人不疑 频失策叶公好龙

等都参加招待会，以便使其他国家知道赵国向秦国示好求和的事情。楚国、魏国等觉得赵国已经向秦国求和，就不会支援赵国，而当秦国知道楚、魏不会支援赵国时，就不会同意赵国的求和。这样，赵国就变得孤立无援，秦国就会在军事上毫不犹豫地对赵国进行攻击。最后长平之战发生，事态果然如虞卿所分析的那样发展。从这件事上，可以见识到虞卿的真实水平，他有真才实学，不是一个只会耍嘴皮子的人。然而，这样的人在赵国也只能获得一些虚浮的尊敬，并不能真正发挥其价值，也不会被真正授予重任。此中详情，请参见本系列丛书之《长平之战》。

第卅九章　重实用真龙入秦　尚空谈坐以待毙

秦国为挖人才不遗余力。《吕氏春秋》中有一句话："求有道之士，则于四海之内，山谷之中，僻远幽闲之所。"秦国基本上达到了这句话所描述的境界，当真是在四海之内求贤，使得六国的士人争先恐后地投奔秦国。韩、赵、魏和楚是秦国挖掘人才的重点地区。秦国派遣出去的使者，除了完成本职工作之外，非常注意搜罗和挖掘人才。

范雎是魏国人，口才杰出，以辩士的身份出道。他想侍奉魏王，但因为家穷，没有达到目标，就先侍奉魏国中大夫须贾。须贾受魏昭王的派遣去齐国公干，齐襄王听说范雎能言善辩，比较看好他，就派人送给他金十斤，以及牛和酒。这应该是一种善意的举动，但是须贾听说后大怒，以为范雎向齐国泄露了情报才获得此种赏赐。其实须贾这个结论下得为时过早，如果真是秘密交易，应该不会公开奖赏。

须贾回国之后，就把这个事情报告给了魏齐，这个魏国宗室公子怎么能了解下情呢？于是他派门客打断了范雎的肋骨和牙齿。范雎装死，

第卅九章 重实用真龙入秦 尚空谈坐以待毙

被人卷上草席扔在厕所里。魏齐的宾客们喝醉了酒，就在范雎身上撒尿，故意羞辱他，以便杀鸡儆猴。后来，魏国人郑安平救了范雎。

当秦昭襄王派遣使者王稽出使魏国时，郑安平把范雎介绍给王稽，王稽发现范雎是个人才，因此，当王稽返回秦国时，范雎也随之到了秦国。如果没有王稽的冒险，范雎能否顺利到达秦国，完全是未知数。王稽是使者，当然肩负挖掘人才的使命。景监作为宦官，也能推荐人才，前文提到过，他三次推荐商鞅。

更加不可思议的是，秦始皇对韩国发动了一次战争，只是为了逼韩非出现。当然，伐韩更是秦国的既定战略。

《史记·老子韩非列传》记载，韩非是韩国的公子，口吃，但是有思想，文笔极佳，其作品在当时就风靡一时。他是个知名人物。秦王嬴政读完韩非的文章《孤愤》《五蠹》之后，说："嗟（jiē）乎，寡人得见此人与之游，死不恨矣！"秦王嬴政为了得到韩非，立即发兵进攻韩国。韩王原本就不重用韩非，现在事态危急了，便派韩非出使秦国。

嬴政见到韩非很喜欢，只是没有立即任用。非常可惜的是，李斯和姚贾妒忌韩非的才能，进献谗言，认为韩非终究是心向韩国，不一定会全力为秦国谋划。秦王嬴政一时糊涂，就把韩非投入了监狱，可并没有要杀韩非之意，但是李斯抓住这个机会，派人给韩非送去毒药，逼其自杀。韩非想找秦王当面陈述，但是见不到。

后来，嬴政悔悟，赶紧派人去赦免韩非，然而为时已晚。

由此可见，秦国君主真是思贤若渴。韩非在韩国只被看作普通石头，在秦国却被视为宝石。对于创作人来说，如果作品还在，还有人在践行其理论，这就是精神不朽。立德、立功、立言，三不朽，韩非的肉体消亡了，可是他的精神永远不死，一直到现在。

从范雎之死可知，在秦国举荐人才，风险与机遇并存。

前文提到，范雎在自己的祖国魏国遭受了非人待遇和巨大羞辱，多亏郑安平打通秦国使者王稽的渠道，他才得以逃离魏国，进入秦国，郑安平和王稽对范雎有救命之恩和知遇之恩。范雎担任秦相之后，就推荐王稽担任河东郡（战国、秦、汉时称今山西西南部为河东，因其地处黄河以东而得名）郡守，推荐郑安平担任将军。

这本来是一个知恩图报的完美故事，然而实际情况并非如此，历史的真实并不完美。

在秦国，举荐人和被举荐人之间在进行利益捆绑的同时，也有利害捆绑，也就是说，如果被举荐人犯了罪，举荐人是要承担连带责任的。

如果只看《史记》中的记载，看不出范雎最后的结局；如果参考《战国策·秦策三》中的记载，可知有病死说，有被秦王处死说。然而，究竟哪一种才是历史的真实，不便轻易下结论。范雎的荣辱沉浮确实与郑安平和王稽息息相关，我们慢慢说。

秦昭襄王四十七年（公元前260年），长平之战进入决战阶段，秦军的统帅是白起。经过这次战役，赵国元气大伤，秦国其实也是痛苦呻吟。白起作为战役指挥者，对这些情况知道得非常清楚，他认为秦国已丧失灭赵时机，可是秦昭襄王认为，应在和谈条件未满足的情况下发动邯郸战役，一举灭亡赵国。

邯郸之战发生在秦昭襄王四十八年（公元前259年），持续到秦昭襄王五十年（公元前257年），持续了两三年的时间。这是旷日持久的阵地战，对于赵国而言是生死之战，是邯郸保卫战。这次战役也引起了时局的重大变化。赵国平原君拿出私财犒（kào）赏三军将士，死守邯郸，同时组织求援团队，主要的两个目标国家是魏国与楚国，其实这正是虞卿

第卅九章 重实用真龙入秦 尚空谈坐以待毙

在长平之战前的战略思路。求援团队一路去了魏国,导致"信陵君窃符救赵"这一经典历史剧情的上演;另一路去了楚国,产生了"毛遂自荐"这一历史典故。最后,在赵国、魏国、楚国的联合抵抗下,秦国终于退兵了。

邯郸之战影响了很多人的命运,第一个受影响的是白起,本来秦昭襄王想让他做统帅,可是白起正生病,于是王陵当了统帅,这是第二个被影响的人。因为战绩不佳,秦昭襄王又准备让白起担任统帅。此时白起已经病愈,可是他不同意向邯郸用兵,不论谁来说,他都推辞不去,并推托有病。不得已,秦昭襄王让王龁代替白起,可王龁依然达不到战略和战术目标。秦昭襄王又让白起出山,他还是称病不出。秦昭王大怒,把白起一撸到底,进而赐剑让其自杀。

邯郸之战中,郑安平也是秦将之一。《史记·范雎蔡泽列传》中说:"郑安平为赵所围,急,以兵二万人降赵。"如此大规模的降敌,在秦国军事史上是极其少见的。

出现如此重大的政治事故,范雎应该承担连带责任。按照法律规定,范雎要被诛杀三族。

范雎向秦昭襄王请罪,此时秦昭襄王还是信任他、保护他的,秦昭襄王发布命令说:"有敢提郑安平之事者,就按郑安平之罪审判他。"而且赏赐范雎的饮食物品日益丰富,以此来安慰他。

谁知两年之后,王稽也出事了。《史记》中说,王稽作为河东郡郡守,与诸侯私下互相沟通。《战国策》中说,王稽执法苛刻,引起军官的一致不满,他们以谋反罪上告王稽及其副手杜挚。"秦王大怒,而欲兼诛范雎。"也就是说,这一次是想杀了王稽的推荐人范雎。

《战国策·秦策三·秦攻邯郸》中记载,经过范雎精彩的自我辩护,秦昭襄王又原谅了他。正是在这一背景下,来自燕国的蔡泽顶替了范雎。

  以上这些记载都没有说清楚范雎的最终结局,这一直是一个历史悬案。直到《睡虎地秦墓竹简·大事记》的出现,人们才得知答案:"昭王五十二年,王稽、张禄死。"秦昭襄王五十二年,即公元前255年,王稽和张禄先后死去。张禄是谁?就是范雎,这是他刚到秦国时使用的化名。看来,张禄这个姓名才是秦国人熟悉的名字,这一记录也可印证《史记·范雎蔡泽列传》中记载的"任人而所任不善者,各以其罪罪之"的说法。也就是说,秦法规定,任人不当有罪。如果被举荐人表现不佳,保举人也要承担同等的责罚。郑安平的降敌罪,应该被诛灭三族,如果那一次追究范雎,他也应该被诛杀三族,可是秦昭襄王放过了他。这次王稽的罪行依然很重,看来秦昭襄王没有放过他。

  在秦国,当保举人需要谨慎,这也让保举人更加注重考察被举荐人的能力。其实,这也是在推荐人才上的株连制度。

  《史记·孔子世家》记载了一件事。

  鲁昭公二十年(公元前522年),齐景公和晏子参观访问鲁国,从事外交活动。齐景公问孔子:"过去秦穆公时,秦国土地狭小,位置偏僻,怎么能够称霸呢?"

  孔子回答说:"秦,国虽小,其志大;处虽辟(应通"僻"),行中正。身举五羖,爵之大夫,起累绁(通"缧绁",léi xiè,指捆绑罪人的绳索,引申为牢狱)之中,与语三日,授之以政。以此取之,虽王可也,其霸小矣。"孔子大致是说:"秦国的地盘虽小,可是国君的志向远大;秦国的地势虽偏僻,但国君的行为却中正无私。五羖大夫百里奚只是一个被捆绑的奴隶,秦穆公把他提拔起来,封他为大夫,接着又和他谈了三

第卅九章 重实用真龙入秦 尚空谈坐以待毙

天,而后就毫不犹豫地把国家大政交给了他。从这点来看,秦穆公称王天下也可以,称霸还委屈了他呢!"

孔子生活在秦穆公之后,他所能看到的秦国历史,以秦穆公时代最为辉煌,可见他对此是持肯定态度的。而秦孝公和商鞅等人,是在孔子去世一百多年之后出现的,对于那时的秦国施行的政策,如果孔子活着,他一定会严厉批评的。而且可以看到,对人私德要求比较高的孔子,对百里奚也持肯定态度。后来商鞅自比百里奚,可是坚守儒家信仰的赵良认为商鞅无法和百里奚相提并论。

秦孝公之后,秦国在用人上秉持实用主义的态度,而且不太重视私人品德,只要对秦国有好处,秦国就敢用。比如:

(1)商鞅。司马迁对商君的评价是,"其天资刻薄人也""商君之少恩矣",这是说商鞅是刻薄寡恩之人。虽然这一说法有主观因素,并非完全从生平事迹的角度进行评价,但是商鞅私德不修,这是事实,因此秦人只畏惧其权势,而不佩服其为人。当然,一个八面玲珑、明哲保身的人,也做不出商鞅的事业来。

(2)张仪。"倾危之士哉",这是说张仪倾覆邦国,只在唇舌之间。他欺骗楚怀王说,如果楚国与齐国断绝外交关系,秦国愿意拿出方圆六百里的土地补偿楚国。等到楚和齐真的断了邦交,楚怀王找张仪兑现承诺时,张仪说只答应了六里,哪有什么六百里?这样的人是只讲利益不讲信义的。

(3)秦始皇时期的甘罗。甘罗是曾担任秦国左丞相的甘茂之孙,十二岁时就在丞相吕不韦手下做事。民间说"甘罗十三拜相",这是不准确的。按照《史记》的说法,他十三岁成为上卿。这应该是可能的。司马迁认为他"非笃(dǔ)行之君子"。笃,忠实;笃行君子,淳厚老实的正派人。

（4）李斯。"阿顺苟合，严威酷刑"，这是说李斯只知道阿谀奉承，实施严刑酷法。李斯是一个为了荣华富贵甘愿做政治奴婢的人，但他在行政、立法、文学方面有才，书法出众。

（5）白起。在军功授爵制度的影响下，白起残忍好杀。

上述事例，举不胜举。在秦国君主的强力控制下，秦国有一个非常明确的战略目标，那就是一统天下，做到各个层面的标准化。虽然免不了有内部矛盾，但是争执过后，该服从命令还得服从，该遵守法律还得遵守。这是秦国用人制度的一个比较显著的特点。

第卅章　冠带剑秦王掌权　清障碍拳打脚踢

现在我们再来了解一下《谏逐客书》背后的政治斗争。

（1）《谏逐客书》写作的历史背景。按照《史记·李斯列传》中的说法，秦王嬴政发布逐客令的导火索，是修建郑国渠的背后隐藏着韩国"疲秦计"的阴谋，如今这一阴谋被揭露，于是："秦宗室大臣皆言秦王曰：'诸侯人来事秦者，大抵为其主游间于秦耳，请一切逐客。'"意思是说，秦国的宗室大臣都对秦王嬴政说，东方各国来到秦国的人员，差不多都是为各自的主子来当奸细刺探情报的，请大王把他们一律轰走。于是秦王发布了逐客令，这是秦国"史上最严厉"的管理方案，想用强制手段清理咸阳的外来人口。按照《史记·秦始皇本纪》的记载，应该是在秦王政九年消灭嫪毐势力、秦王政十年吕不韦被免职以后，才发布了逐客令。按照《史记·李斯列传》中的说法，是郑国渠的阴谋暴露之后，才有了逐客令。郑国渠的修建年代是哪一年呢？应该是秦王政元年。如果到了秦王政十年，那就快十年了，这条郑国渠应该快完工了。

郑国是间谍的事情，不可能暴露这么晚。秦国马上就能享受到郑国渠的便利，即便修建郑国渠是阴谋，也已经无所谓了。因此，阴谋的暴露一定比较早，此时讨论继续修建还是停止工程，才变得有意义。《史记·秦始皇本纪》记载，秦王政三年，"蒙骜攻韩，取十三城"，《史记·六国年表》却记载，攻取了十二城，这种差别不知道是如何造成的。这是一次大规模的军事行动。从秦王政三年到十年，秦国与韩国之间没有再发生大的战争，所以，秦王政三年，很可能郑国的间谍身份暴露，于是秦国采取了一次报复行动，但是狂热过后，秦国的决策层又恢复了冷静和理性，于是接受郑国建议，继续完成郑国渠。

（2）秦王嬴政掌权不是一件容易的事。任何一个国君一般最关心四件事，一是自己的权力稳不稳，二是自己的享受能否达到极致，三是自己活得够不够长，四是有没有合格的接班人。当然，也会有五、六、七、八，比如考虑自己在历史上的地位、应该承担的责任等，但是，如果从个人私欲的角度来说，前四个是他们最关心的。秦庄襄王——《睡虎地秦墓竹简》中记载为秦庄王——临死时，心里一定不平静：年幼的儿子只有十三岁，子幼母壮，给国家留下了不安定的因素。可是他已经没有能力管了，一切只能交给上天了。嬴政正式登基后，十年之内，吕不韦集团、嫪毐和太后集团执掌了政局。秦王政八年（公元前239年），嬴政的弟弟长安君成蟜趁着率军攻打赵国的机会，起兵反叛，兵败而死，跟着他起兵的军吏都被处死。秦王政九年（公元前238年）四月二十日，秦王嬴政行加冠礼、佩剑，这是成人和开始掌握实权的标志。此时秦王嬴政与嫪毐集团开始直面冲突，九月，嬴政胜利。秦王政十年十月，"相国吕不韦坐嫪毐免"，相国吕不韦受嫪毐的牵连被罢官。秦王政十一年（公元前236年），吕不韦回到洛阳的封地，各国的宾客、使者们

第卅章　冠带剑秦王掌权　清障碍拳打脚踢

络绎不绝地到洛阳拜会吕不韦,这让嬴政非常不安。秦王政十二年(公元前235年),嬴政要把吕不韦迁徙到蜀地,吕不韦被逼自杀。嬴政彻底剪除了威胁个人权威的势力,开始迫不及待地在权力场上冲刺。

李斯的《谏逐客书》没有明确标注发表时间,因此给后人造成了极大的困扰。这篇文章的发表时间,应该在秦王政九年九月到秦王政十年十月这个区间,也就是嫪毐倒台与吕不韦被免职这一区间内。这里有个问题必须说明一下。如果用公元纪年来表达,很容易造成时间上的误会,因为秦国的纪年比较特殊。例如,秦王政九年九月到秦王政十年十月,用公元纪年的话,会以为是前后13个月。实际上并不如此。秦以十月为岁首,记录这一段时间,应该是这样的:(秦王政八年)八月—九月(秦王政八年岁末)—(秦王政九年)十月—十一月—十二月——一月(正月)—二月—三月—四月(嬴政亲政)—五月—六月—七月—八月—九月(秦王政九年岁末。嫪毐被杀)—(秦王政十年)十月(秦王政十年岁首。吕不韦免相)—十一月……也就是说,从嫪毐被杀到吕不韦免相应该只有一两个月。嬴政发布逐客令,应该是为扳倒吕不韦制造舆论,剪除吕不韦的政治翅膀,因为吕不韦的势力太过强大。

(3)门客文化是春秋战国时期的一大特色。前文提到过,在军功授爵制度下,每一级爵位的政治待遇和经济待遇都完全不同,爵位对于秦国人来说,就是官阶、等级、军衔、职称,也是犯罪时的护身符。《商君书·境内第十九》中有一条规定,原来爵位是五大夫(第九级爵位)的,如果他有收取六百户人家租税的封邑,就可以收养门客。由此可见,允许收养门客在商鞅变法之时是一项政治特权。要达到一定的政治级别和经济实力,才可以收养门客,这说明秦国开始介入门客制度了。其实,门客文化的形成,早已有之。随着西周严密宗法制度在某种程度上的瓦解,社会上释放出一大批人力资源,有落魄的贵族,有知识分子,有技术人员,他们出现了大规模的流动倾向,加上当时诸侯与诸侯之间、大夫与大夫之间、诸侯与大夫之间出现了非同寻常的竞争关系,此时想要巩固、提高自己的地位,在竞争中获取利益、避免失败,就必须获得人才的支持,所需要的人才包括文士、武士、财务人员、管理人员、外交人员等。文士可以出谋划策,武士可以保护安全,财务人员负责税收管理,外交人员则负责公共关系。尤其到了春秋战国时代,国君、大夫、权贵养士成风,战国时代最知名的四君,即平原君、信陵君、孟尝君和春申君,其所豢(huàn)养的门客人数以千来计算,号称食客三千。处士、食客、门客、舍人,都指同一类人,他们寄养在恩主的门下,接受恩主的经济供养,同时也为恩主排忧解难。如果恩主失势或者破产,除了个别的死忠分子,大多数食客都会作鸟兽散,另投别家。廉颇、孟尝君和西汉时的魏其侯窦婴等人,都经历过门客弃之而去的苦楚。

(4)吕不韦的门客势力不容小觑。《史记·吕不韦列传》记载:"当是时,魏有信陵君,楚有春申君,赵有平原君,齐有孟尝君,皆下士喜宾客以相倾。吕不韦以秦之强,羞不如,亦招致士,厚遇之,至食客三千人。"战国四君全都是礼贤下士的人,喜欢结交宾客,以便互相竞争。吕不韦认为秦国有如此强的实力,在这方面也不应该比别国差,于是也招纳士人,以礼相待,他门下的食客竟然达到了三千。食客三千,这可能是夸张的说法,人数不少,这肯定是真的。一般来说,食客的成分复杂,能力多样,素质不同,有文才盖世型,有忠心为主型,有出谋划策型,有舍生取义型,有大智大勇型,当然,也有见风使舵型,有名不副实型,有鸡鸣狗盗型,有见利忘义型,等等。相对来说,从《吕氏

第卌章　冠带剑秦王掌权　清障碍拳打脚踢

春秋》的编辑出版来看，吕不韦的门客素质其实是相当高的。其他四个知名人物中，信陵君的门客质量相对高一些，有一定的专业素养，可惜由他们编辑的《魏公子兵法》失传了。吕不韦身为秦国相国，还有十万户的封地，这十万户的税收不进入国家税务局，而是进了他个人的口袋。吕不韦本身就权倾朝野，加上富可敌国，秦王嬴政不可能不心存忌惮。

逐客令的发布和《谏逐客书》的创作极有可能是在秦王政九年九月到秦王政十年十月这段时间。这正是嫪毐被杀、吕不韦被免相的时间。也就是说，发布逐客令与吕不韦免相，孰为因孰为果，是解开这个问题的关键。如果按照《史记·李斯列传》《史记·吕不韦列传》和《史记·秦始皇本纪》中的记载，似乎有三个因素导致嬴政在宗室大臣的强烈建议下发布逐客令：第一，嫪毐事件的余波；第二，吕不韦被免相的余波；第三，郑国间谍身份的暴露。嫪毐、吕不韦、郑国三人中，嫪毐国籍不详，其他两人都是非秦国人。嫪毐曾经在吕不韦门下当门客，他应该不是秦国人。

从商鞅变法开始，外国人抢夺了宗室大臣的权力和饭碗，宗室对外国人有非常复杂的心情：一方面，他们确实没有外国专家优秀，秦国之强大需要这些人；另一方面，秦国的君主非常强势，相对比较信任客卿，宗室对此也没有办法。宗室第一次大联合是在处决商鞅时，这一次又采取了联合行动，从而促使嬴政驱逐客卿。这样来理解因果关系，也是说得通的。

嫪毐与吕不韦的势力太大了，足以威胁到嬴政甚至嬴姓宗族的统治安全。嫪毐因为与太后赵氏存在超友谊的关系，得以受封长信侯，太后对他"赏赐甚厚，事皆决于嫪毐。嫪毐家童数千人，诸客求宦为嫪毐舍人者千余人"。在嬴政正式执政之前，太后与吕不韦参与国家管理，而太后则表达嫪毐的意志，国家的很多事都是嫪毐说了算，以至于嫪毐家里的奴仆达到数千人之多，主动找上门想要当嫪毐门客的也有上千人。这些门客首先要对嫪毐效忠，作为掌握国家政权的国君，不可能不对这样的安全威胁视而不见。受嫪毐事件的牵连，被夺爵和迁徙到蜀地的有四千多家，这是一个非常庞大的群体。吕不韦与嫪毐最大的不同是，吕不韦比嫪毐更有能力，更得人心，加上曾经做了将近十二年的秦国相国，树大根深，不像嫪毐，趋附于他的都是一些势利小人。担任吕不韦门客的人，还是有一定水平的。

  对于嫪毐，嬴政是毫不犹豫地予以铲除，因为嫪毐对秦国的发展意义不大，对其个人情感又产生了重大伤害。他与嬴政的母亲生了两个儿子，让嬴政非常难堪，于公于私，嫪毐都很难活着了。但是对于吕不韦，嬴政的感情是复杂的，可以说，没有吕不韦，他的父亲不会成为王位继承人，自己也就无从掌握秦国的权力。吕不韦在他没有掌权的十年里，对秦国的发展是有贡献的，对他巩固权力也是有功的。前文说过，吕不韦是一个商人，他天生具有投机性，嫪毐实施阴谋时，他确实没有采取过什么积极、主动、有效的措施和手段。他认为，哪一方获胜，自己的地位都不会受影响。他确实低估了嬴政的意志、能力和冷血，以至于打错了算盘。

第卅一章　秦嬴政敲山震虎　谏逐客始皇一统

发布逐客令应该是敲山震虎。这个结论是推论，不一定是历史的真实。为什么我判断逐客令的发布时间在秦王政九年九月到秦王政十年十月这个区间呢？这是因为，通过处理嫪毐一案，嬴政看到了波及面之广，如果此时直接对吕不韦下手，那么，一旦引起像嫪毐集团那样的叛乱，就不好收场。吕不韦是相国，比嫪毐的势力和影响力大多了。但是，对吕不韦又必须动手，于是，嬴政采取了步步为营的打法，发布逐客令其实就是一种宣示。嬴政应该知道客卿对于秦国意味着什么，驱逐客卿，不一定是嬴政的真实想法，但是可以起到敲山震虎的作用。王权与相权如今已经出现了矛盾，是站在王权一边，还是站在相权一边，何去何从？吕不韦当了秦国相国十多年，与他发生交集的人太多了，嬴政通过这样的姿态，展示了王权的稳固与成熟，需要吕不韦的门客或者与吕不韦势力相关联的人做出选择。

嬴政知道，这种一刀切的行政命令发布之后，必然会引起舆论的反弹，一定会有人提出反对意见，如果他顺坡下驴，就能争取客卿的心。他发布逐客令，说明他对国家大政方针具有掌控力，而他收回逐客令，说明他对客卿价值的认可，此时的嬴政，已经显示出一个成熟政治家的老练。

前面提到过，他对吕不韦的感情是复杂的，因此他处理吕不韦的问题时，小心翼翼。仔细梳理嬴政对吕不韦采取的行动，不难发现，他有这样几步：第一步，发布逐客令，再取消逐客令，既向秦国客卿宣示王权的稳定，也在争取客卿的支持，尤其要让吕不韦的门客看清形势；第二步，免除吕不韦的相国职务；第三步，让吕不韦回到洛阳的封地上；第四步，命令吕不韦迁徙到蜀地。

通过查询《史记》，仔细比较一些言辞间的深意，我这样分析是有一定道理的。

《史记·吕不韦列传》中有这样一句话："王欲诛相国，为其奉先王功大，及宾客辩士为游说者众，王不忍致法。"本来嬴政想直接下手的，可是考虑到他侍奉先王的功劳大，加上宾客、辩士为其讲情，所以不忍心杀他。于是才有这个情况："秦王十年十月，免相国吕不韦。"嬴政只是把吕不韦免职了。

然而，吕不韦回到洛阳后，在一年多的时间里，"诸侯宾客使者相望于道，请文信侯"，也就是说，虽然吕不韦退休了，但是，各国的宾客、使者仍然络绎不绝地到洛阳封地去拜会他，于是，"秦王恐其为变"，嬴政担心吕不韦再出什么乱子，这才给他发了一封措辞严厉的信件："君何功于秦？秦封君河南，食十万户。君何亲于秦？号称仲父。其与家属徙处蜀。"你对秦国有什么功，以至于享用洛阳的封地十万户？你跟秦国有什么亲缘关系，以至于让人家称你为仲父？你要带着你

第卅一章 秦嬴政敲山震虎 谏逐客始皇一统

的家属搬到蜀地去。吕不韦因此而害怕,这才饮毒酒自杀。事后,并没有见到嬴政处理吕不韦的家属的记载。因此我才说,不应该是因为嫪毐、吕不韦、郑国事件的影响而发布逐客令,而是为了打击吕不韦才发布逐客令的。此外,发布逐客令不应该是嬴政的本心,而是他的政治策略。

还有一个证据可以证明,发布逐客令不是嬴政的本意,而是一种孤立对方的策略。《史记·吕不韦列传》记载:"秦王所加怒吕不韦、嫪毐皆已死,乃皆复归嫪毐舍人迁蜀者。"秦始皇见自己所憎恨的吕不韦、嫪毐都已经死了,就下令放回了那些被流放到蜀地的嫪毐门客。其实,这也是为了安抚吕不韦的门客。此时的嬴政,已经非常成熟了。

《谏逐客书》一文震动朝野。按照标准,李斯也位列被驱逐出秦国的黑名单当中。有一种说法是,他在离开秦国的路上写了这篇文章。如果进行综合评价,从气势、文采、论点的鲜明度、论据的充足度、论辩的说服力、论证的严谨性来看,这篇文章词锋似剑,文笔如刀。李斯不仅是客卿,还是吕不韦的门客,这是双重的不利标准,但是,李斯在此之前与嬴政有交集,因此,他应该有直达嬴政办公室的渠道。吕不韦看李斯贤能,就推荐他担任秦王嬴政的郎官,这是君王的侍从官,后来李斯升为长史,又被拜为客卿。这是战国时代的特色职位,任职者来自别的国家,但在该国担任高级辅佐官,位同列卿,参与最高决策,同时国君往往待之如上宾,因此被称为客卿。秦国兼并六国之后,天下为一国,这个职位就失去了存在的意义。

李斯在文中提到:秦穆公任用百里奚等五人,称霸西戎;秦孝公用商鞅之法,国家富强;秦惠文王采纳张仪之计,向西吞并巴蜀,向北夺得上郡,向南占据汉中,向东制约六国(夺取巴蜀是司马错的战略思想);

秦史之谜

秦昭襄王实施范雎之策，远交近攻，蚕食诸侯。这些人都是客卿，可是对秦国的贡献难道不是极大吗？客卿何曾辜负了秦国？如果把客卿驱逐，不是把人才都输送给敌国了吗？尤为关键的是："是以太（泰）山不让土壤，故能成其大；河海不择细流，故能就其深；王者不却众庶，故能明其德。"泰山不拒绝土壤，才能成就其高大；江河湖海不舍弃细流，才能成就其深邃；有志于建立王业的人不嫌弃民众，才能彰显他的胸怀和德行。好在秦始皇终究是秦始皇，他在这个关键时刻保持了战略清醒，或者如我上文所推断的，他就从来没有糊涂过，逐客令只是他敲山震虎的策略，并不是他的真实想法。统一六国的历史任务，非秦始皇莫属，而李斯因祸得福，一文震动天下，也开始创造他个人的历史。

第卅二章 读秦史书生着迷 看战略价值无双

《秦史之谜》就要结束了。这一次研究秦史，重新创作二十万字，有快乐，也有痛苦。快乐之处，是阅读了大量的资料，从很多的细节之处重新认识秦史，就好像一个已经精疲力竭的水手突然发现新大陆一样感到惊喜，也深感震撼。然而，痛苦同样存在，隔着文字都能听见秦国人在严苛的秦法压迫之下发出的痛苦喘息声。

放眼未来的一大价值，就是思考人才战略对团队和个人的影响，在此我们稍微探讨一下秦始皇统一六国之后的人才政策。前文详细说明了秦国的军功授爵制度和客卿制度对秦国统一六国的积极作用，但是，在秦始皇统一六国之后，秦朝的人才政策出现了一些让人心痛的变化，大致有这样几方面：

第一，秦始皇垄断了权力市场，仕途从"卖方市场"转为"买方市场"。当此之时，如果想要获得荣华富贵，想要施展抱负，除了向皇权俯首帖耳之外，似乎没有更好的选择，士人不可避免地丧失了春秋战国时形成的具有独立精神的士文化品格，成为皇权的附庸。《汉书·东方朔传》中，东方朔说过一段非常心酸的话："尊之则为将，卑之则为虏；抗之则在青云之上，抑之则在深泉之下；用之则为虎，不用则为鼠。"用你，你就是将，是虎，在青云之上；不用你，你就是虏，是鼠，在深泉之下。以李斯为首的士人集团成为皇权脚下驯化的奴才，因此可为龙虎，可为将相，可以平步青云。

第二，皇权的傲慢，使得客卿制度失灵。客卿制度首先是唯才是举，唯贤是用，是对人才的极大尊重，是君主与人才之间的妥协、容忍、欣赏、互助、共赢。然而，武力统一六国的成功使得秦始皇认为，权力无所不能，秦军天下无敌，铲除六国如同摧枯拉朽，这一切足以证明他的强大，因此，他停止了对六国人才的招纳和任用，没有把六国的人才和旧贵族吸纳进来。虽然秦始皇也招纳了一些儒生、方士，以备政策咨询，可这些人，或者成为政治花瓶，或者成为歌功颂德的御用文人，或者成为为秦始皇寻找长生不老药的诈骗团伙成员，并不能深刻影响秦朝的现实政治。秦始皇此时对原六国贵族的解决方案就是迁徙，强迫六国旧贵族和豪富离开本土，迁徙到首都咸阳或者其他地方。这个工作治标不治本，后来这些人还是成为秦王朝的掘墓人。

《汉书·高帝纪》记载，汉高祖九年（公元前 198 年）十一月，"徙齐楚大族昭氏、屈氏、景氏、怀氏、田氏五姓关中"，由此可见，刘邦执政之后，依然对楚地的屈、景、昭、怀氏和山东的田氏采取迁徙政策，只是汉朝的统治稳定，策略对头，才算抑制住了旧贵族和大家族的破坏力。秦统一六国后，以"秦本位思想"为指导的人才政策占据了上风，取代了之前用人不拘一格的开放的人才政策，既得利益者变得保守和自私，这就使秦朝统治集团很难像种子一样，在原六国的土地上扎根、开花、结果,因此,在六国旧地上始终潜藏着一股强大的、极端仇视秦朝统治者的反动势力,这也是导致秦朝灭亡的一大原因。嬴政成为秦始皇之前,一看到《谏逐客书》,立刻改正错误;听说尉缭要走,千方百计挽留他;听到茅焦说他对待母亲的态度有问题,马上做出调整;李信遭遇失败后,他认识到自己的错误,亲自去王翦家里道歉。此后,那个秦王政"死了",只剩下一个唯我独尊、空前绝后的秦始皇了。

第三,天下大定之后,军功授爵制度可能有某种程度的失灵。记住,这里有"可能"二字,是一种推论,并没有直接证据。但军功授爵制度确实有一个致命的缺点,它是战时人才上升的阶梯,是打天下的利器,而不是守天下的良方。在打天下的过程中,军功爵制具有极强的动员能力,所有官吏都要参加战斗,郡守、郡尉、县令、县尉等都需要参军,这些人上马管军、下马管民,军政不分,因此,秦国的官僚机构有强烈的军事色彩,政治机构也是准军事机构,很容易把平民百姓当成军人来管理。

《韩非子·定法篇》中说:"商君之法曰:'斩一首者爵一级,欲为官者为五十石之官;斩二首者爵二级,欲为官者为百石之官。'官爵之迁与斩首之功相称也。"这种以爵授官的制度,是秦战时的利器,是国家机器军事化的产物。可这里也有问题,就像《韩非子·定法篇》中继续探讨的那样:"今有法曰:斩首者令为医匠,则屋不成而病不已。夫匠者,手巧也;而医者,齐药也;而以斩首之功为之,则不当其能。今治官者,智能也;今斩首者,勇力之所加也。以勇力之所加,而治智能之官,是以斩首之功为医匠也。"

这两段引文大意为:商君的法令说,斩获一枚甲首,就赏给爵位一级,想要做官就做俸禄为五十石的官;斩获两枚甲首,赐爵两级,想要做官就做俸禄为一百石的官。官职和爵位的晋升与斩杀敌人首级的功劳是相当的。现在如果有一条法令说,让那些斩杀敌人首级而立功的人去做医生、工匠,那么房屋就会盖不成,疾病也就治不好。因为成为工匠,靠的是手艺精巧;成为医生,靠的是调配药剂的专业素养。如果凭借砍头的功劳去做这些工作,那就和他们的才能不相匹配了。有些官职需要的是智慧和技能,而斩首的功劳需要的是勇敢和力气。现在让施展勇气和力气而立功的人去担任需要智慧和技能才可胜任的官职,这就好比让只会凭借勇力砍杀首级的人去做医生、工匠。韩非认为商君这个规定有不合理之处。战场杀敌和安邦定国,需要不同的管理理念和管理方法。

可以说,直到秦朝灭亡,从秦始皇、李斯一直到秦朝的基层官吏,可能都没有想明白这里面的道理,没有处理好这件事,而刘邦懂得了"马上打天下,不可马上治天下"的道理,并做了相应的调整。因此我推断,在秦统一六国后,军功授爵制度会有部分失灵的可能性。

第四,官、爵分离,有利有弊。一般情况下,官职与爵位是紧密相连的。爵位,指个人在社会上的等级身份。官职,是个人在国家机构中担任的职务。两者紧密相连,但又不是一码事。一般来说,官、爵合一,即个人的等级身份和在国家机构的职务相一致。商鞅变法破坏了基于血缘的世卿世禄制度,扩大了社会人群获得爵位的机会。此前,爵位的获得不是面向普通大众的,是贵族小圈子的特权,而商鞅改变玩法,只要足够勇敢,运气足够好,一级公士、二级上造、三级簪袅、四级不更等低级爵位,都有机会获得。哪怕是国君的亲属宗族,不是立有战功、经过评定,不得列入宗室的谱牒。有军功的享受荣耀,没有军功的,即使富有,也没有地方显示他的尊荣。扩大授爵范围,是秦国提升战斗力的最强大武器。

但是我发现,在秦国,想要获取高级爵位,并不是一件容易的事情,秦国对于高级爵位的管控和授予是非常谨慎和严格的。从秦孝公到秦始皇时代,比较知名的、获取高级爵位的有商君商鞅、穰侯魏冉、华阳君芈戎、武安君白起、应侯范雎、文信侯吕不韦、长信侯嫪毐等少数几个,像秦始皇时代的丞相隗林、王绾,秦二世时代的丞相冯去疾、李斯,除了李斯有通侯(秦称彻侯,避汉武帝刘彻之讳,改称通侯,汉时称列侯)之爵,其他三位可能都没有爵位。在秦朝,有官者不一定有爵,有爵者不一定有官,如建成侯赵亥、五大夫赵婴、武信侯冯毋择、五大夫杨樛,只看见他们随秦始皇东巡的记载,没有见到授官记录。通武侯王贲,王翦之子,在统一六国的战争中建立大功,有授爵记载,无授官记载。这些人的官职,有可能没有,有可能有但是没有记录,也可能秦统一六国后任官制度有些变化。有一种可能性是,秦始皇不仅不封叔伯兄弟子侄为诸侯王,对高级侯爵的授予也非常严格和谨慎,以加强中央集权。不论是王还是侯,都有很大的离心力,像文信侯吕不韦,食邑是洛阳十万户,能养三千门客,这个侯太肥了。个人有了割据实力,对国家利益是有损害的。

第五,秦朝对知识分子的高压政策,使得知识分子要么明哲保身、大隐于朝,要么浪迹江湖、小隐于市,总之就是不合作。在"事皆决于法""以吏为师"的管理思路之下,法官、法吏、法家学说研究者都得到了重用,其他学派的知识分子则受到不同程度的排挤,有的虽然也在官府任职,但是选择了明哲保身、大隐于朝的策略,最为典型的就是叔孙通。有人说他十易其主,但是可以看到的应该是六易其主。在秦朝时他是待诏博士,小心翼翼、唯唯诺诺地侍奉着秦始皇和秦二世。陈胜吴广起义之后,他"审时度势"地给出"盗贼"的定性,结果获得了赏赐,而说真话的人都受到了惩罚。

还有一类人隐藏于江湖之间,以张耳、陈馀为代表。《史记·张耳陈馀列传》记载,两人都是大梁人。秦灭魏几年之后,听说两人是魏国的名士,于是发出通缉令,有人捉拿到张耳赏赐一千金,捉拿到陈馀赏赐五百金,这可是重赏。于是张耳、陈馀改名换姓,小隐于市。后来,他们成为三大反秦中心之一赵地的一支重要力量。

除了隐于朝、隐于市,还有一种隐居方式就是隐于山林,典型代表是"商山四皓",四人"皆修道洁己,非义不动",因"见秦政虐",于是隐居起来,直到汉初才出山。

第六,由于秦朝对法家之外的学术人才极端蔑视,因此,一些人选择另外一种反抗方式——传承学术。《史记·六国年表》记载:"秦既得意,烧天下《诗》《书》,诸侯史记尤甚,为其有所刺讥也。《诗》《书》所以复见者,多藏人家。"秦国兼并天下之后,烧《诗》《书》,对诸侯国的史记烧得尤其厉害,这是因为诸侯的史记里有讽刺秦国的话。《诗》《书》之所以还能看到,是因为这些书大多数藏在私人家里。这是知识分子的担当,他们冒着杀头的危险,保留了学术根脉,代表人物是伏生。伏生为秦博士,济南人,治《尚书》。"秦时焚书,伏生壁藏之。其后兵大起,流亡,汉定,伏生求其书,亡数十篇,独得二十九篇,即以教于齐、鲁之间。学者由是颇能言《尚书》,诸山东大师无不涉《尚书》以教矣。"秦朝焚书,伏生把《尚书》藏在夹壁墙内。后来兵连祸结,人们四处逃亡。汉朝平定天下后,伏生寻找到他藏在墙壁内的《尚书》,失去了几十篇,只剩二十九篇,就用它们在齐、鲁地区教授。学者们从此能解释《尚书》了,华山或崤山以东地区各位经学大师无不涉猎《尚书》去教授。后来,汉文帝想要征召他去讲《尚书》,可他已经九十多岁了,汉文帝只好派晁错去学习。

还有两个代表人物叫浮丘伯和申培公。浮丘伯是荀子的学生,李斯与韩非也是荀子的学生,只是后来三人选择的道路不尽相同。李斯走上了仕途,韩非钻研法家学术,浮丘伯对《诗经》很有研究。刘邦的小弟弟刘交和申培公都师从浮丘伯,申培公的学术造诣很深,是"鲁诗"的创始人,刘交之子刘郢与之学,后刘郢继位为楚王,让申培公教授太子刘戊,刘戊就是"吴楚之乱"中的楚王戊(也是成语故事"醴酒不设"中的楚王戊)。当时太子戊不爱学习,很厌恶申培公,他成为楚王之后,丧

◎以荀子和申培公为核心的学术传承

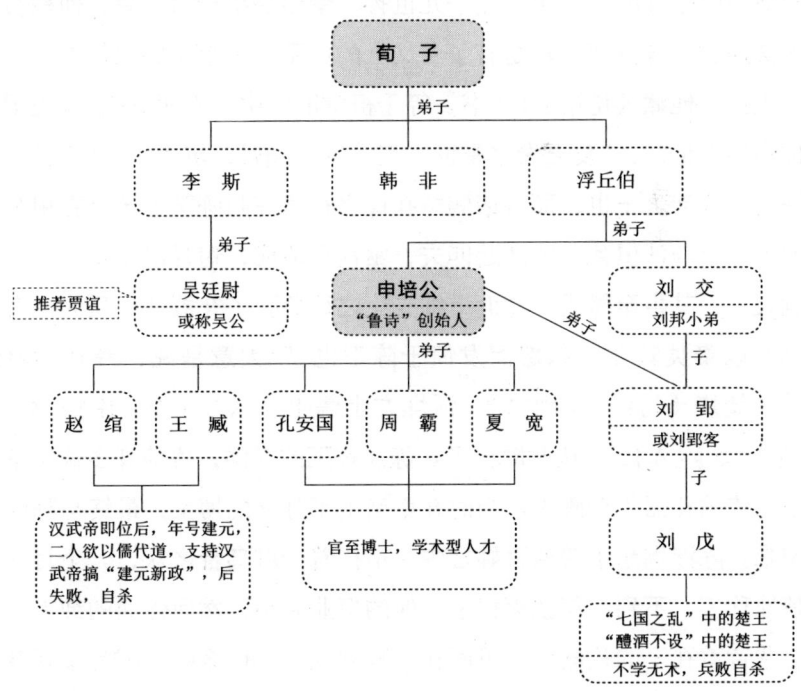

心病狂地对申培公施以苦刑,用绳索牵着申培公强迫他劳动。身心遭受双重打击的申培公回到了鲁地。他本是曲阜人,教授《诗经》,弟子众多,最有名的是赵绾、王臧。在汉武帝刚继位,搞"建元新政"时,他们俩和卫绾是核心骨干,然而因为排挤道家,被汉文帝之妻、汉武帝之祖母、太皇太后窦氏抓入监狱,二人自杀。申培公的弟子中,成为博士者十余人,以孔安国、周霸、夏宽最为有名,成为大夫、郎中、掌故的数以百计。这些都属于秦朝失去的学术人才和行政人才。当秦始皇醉心于"政统"的强而有力时,他并不知道,"道统"和"学统"却有着超乎寻常的生命力,生生不息。

第七,还有一些士人放下笔杆子,拿起枪杆子,和秦王朝死磕。比较典型的是孔鲋,字甲,孔子九世孙。秦始皇统一六国后,他被召为鲁国文通君,拜少傅,算是有了名义上的任用。可李斯倡议焚书,得罪了孔先生,他藏《论语》《尚书》等于祖堂旧壁中,隐居嵩山。《史记·儒林列传》记载:"及至秦之季世,焚《诗》《书》,坑术士,《六艺》从此缺焉。陈涉之王也,而鲁诸儒持孔氏之礼器往归陈王。于是孔甲为陈涉博士,卒与涉俱死。陈涉起匹夫,驱瓦合适戍,旬月以王楚,不满半岁竟灭亡,其事至微浅,然而缙绅先生之徒负孔子礼器往委质为臣者,何也?以秦焚其业,积怨而发愤于陈王也。"大意是说,等到秦朝的末世,焚烧《诗经》《尚书》,活埋方士儒生,六经(即《诗》《书》《礼》《易》《乐》《春秋》)从此缺少了。陈涉称王的时候,鲁地许多儒生拿着孔子家传的礼器投奔陈王。当时孔甲当上了陈涉的博士,最终与陈涉一起殉难。陈涉崛起于普通百姓之中,指挥着一群乌合之众,一个月内就在楚地称王,不到半年就灭亡了。他的事业微小,然而体面的绅士、儒生之辈背着孔子的礼器作为见面礼归顺称臣,为什么呢?因为秦朝焚毁了

第卅二章　读秦史书生着迷　看战略价值无双

他们的书籍，他们心中积下了仇怨，想依靠陈王来报仇雪恨。在汉初的功臣中，有一人叫孔聚，《汉书》中叫孔聚，被封为蓼侯，排名三十，不知道此人是不是孔子之后。

　　成书于秦王政八年（公元前 239 年）的《吕氏春秋》，是杂家之典范著作，博采战国以来儒、道、墨、阴阳、法、纵横、兵、农、名等诸家之说，并形成自己独特的学术体系。吕不韦及其门客站在百家之上，博取百家之长，用有益于统治这个标准去综合百家，而非拼凑。如果秦国按照《吕氏春秋》的思路来发展，秦始皇不会偏激到极致。然而，最终还是《商君书》《韩非子》打败了《吕氏春秋》。在秦王政发布逐客令之时，他还谦虚、明断，知错能改，撤回了看得见的逐客令，而当他"罢黜百家，独尊法术"时，他已变得骄横跋扈、不可一世。虽然他没有明文颁布逐客令，但他把旧贵族、士人和一切应该纳入麾下的各行各业的人才都驱逐了。这些人身在秦王朝的疆域之内，心中却对秦王朝有着刻骨的仇恨，最终成为秦王朝的掘墓人。

　　《史记·六国年表》中，司马迁曾经对秦朝的问题做过一番非常中肯的评论。当时，秦朝焚书的第一重点是《诗经》《尚书》，第二重点则是六国的史记，原文是"秦既得意，烧天下《诗》《书》，诸侯史记尤甚，为其有所刺讥也"。当时，六国对秦国的基本态度是惧怕、讽刺、谩骂、鄙夷，因为六国自认为占据道德制高点，有文化优越感，因此，六国只把秦国视为野蛮之国，并没有研究、学习，也没有吸取其优点，坐视秦国强大，自己日益弱小，行动上毫无建树，只是在口诛笔伐的过程中获得精神上的快感和心理上的安慰。这就会影响到六国在记录秦国时的客观性。而对于秦始皇来说，这样的黑历史必须除之而后快，于是他决定一烧了之。司马迁连说"惜哉"，"独有《秦记》，又不载日月"，这给战国史的研究造成了极大的困难，这个困难不是现在的学者才遇到的，在汉武帝时就有了。

司马迁认为，虽然"秦取天下多暴"，但是研究秦国的历史是非常有必要的，不能因为秦国用暴力手段兼并天下，就把它一棒子打死。法家讲究"法后王"是有其合理性的，离自己最近的历史，往往具有更多的可参考性。时代变了，很多情况都在改变，不能用古代的模式套用现代的情况。这就好比胶柱鼓瑟、削足适履，把调琴弦的柱子粘住了，琴就只有一个调子；为了适应鞋子的尺寸，不惜把自己的脚砍了，这是非常愚蠢的事情。应根据曲子的要求，调整琴弦的松紧；应根据脚的大小来找鞋子。虽然这是简单的道理，然而在管理上，总有人犯这一类的低级错误。

司马迁说："学者牵于所闻，见秦在帝位日浅，不察其终始，因举而笑之，不敢道，此与以耳食无异。"看来学者的这些问题，不仅是现代常见，在司马迁时代就是常态。一般学者受到先王仁义之说的影响，又看秦朝在帝位的时间短，不认真考察秦朝所以兴起、所以灭亡的原因，只盯着它用暴力夺取天下而享国不久的缺点，讥笑它，不敢、不愿、不屑谈论秦国的法制，这就好比"耳食"，可悲啊！耳食，可以翻译为用耳朵吃饭，这样肯定不知道饭菜的滋味。像普通学者那样看秦史，是不公平、不公正、不客观的。

如果用一种偏激的、道德批判的眼光来看待事情，往往只能看到冰山一角，并不能看到历史的全貌和历史的真实，这样做历史研究，不但对现实无益，甚至有害。秦朝是汉朝强大的基础，没有秦朝的各种探索，就没有汉朝的文治武功。

如今已经是 21 世纪了，我们要有更宽广的眼光，不要把秦朝只视为嬴姓的秦朝,要把秦朝视为中国人的秦朝。秦朝二世而亡,当然需要批判,因为密室政治的不确定性和弊端显而易见,但是,如果把秦、汉视为一体,就不会轻易否定秦朝的价值——虽然秦朝有许许多多的痛点、弱点和败点,但是它毕竟给后代两千多年提供了一个无法超越的"秦朝模式",在没有找到更恰当的解决方案之前,在没有找到克制"秦朝模式"弊端的方法之前,还要深入研究它的模式。不仅研究秦朝如此,研究其他任何事情都应该如此。如果当世的人还局限于汉朝学者的学术眼光和认知水平,那才是司马迁的悲哀,更是历史的悲哀。

秦史,是永远说不完的历史,是永远让人唏嘘感叹的历史,未尽事宜,只好另外作文,也期待有更多的学问大家解读出不一样的秦史。《后汉书·郭符许列传》记载了一个典故"破甑(zèng)不顾"。甑,是一种瓦制炊器。有一人叫孟敏,字叔达,有一次他挑的甑掉到地上,打碎了,他看也不看,起身就走。另一人叫郭太,字林宗,问他为何一眼都不看。他说:"甑以(已)破矣,视之何益?"这让郭太刮目相看。十年后,孟敏天下知名。孟敏性情豁达,知道既成事实,追悔无益,可是大多数人往往对不可逆转的事情一味纠缠。对于当代人来说,秦史永远不可改变了,一味批评秦史,徒劳无功,吸取秦史教训,善莫大焉。秦史里包含着中国人自己淌下的泪,流过的血,犯过的错,这是祖先给我们留下的最重要的精神财产。我们读秦史,只是为了未来的中国人更少流泪,更少流血,更少犯错。